TUJIE XINXING DIANDONG QICHE
JIEGOU YUANLI YU WEIXIU

2017版

图解**新型电动汽车**
结构·原理与维修

瑞佩尔　主编

U0367000

化学工业出版社
·北京·

图书在版编目（CIP）数据

图解新型电动汽车结构·原理与维修/瑞佩尔主编．
北京：化学工业出版社，2017.8（2018.5重印）
ISBN 978-7-122-29864-5

Ⅰ.①图…　Ⅱ.①瑞…　Ⅲ.①电动汽车-结构②电动
汽车-车辆修理　Ⅳ.①U469.72

中国版本图书馆 CIP 数据核字（2017）第 128292 号

责任编辑：周　红	文字编辑：陈　喆
责任校对：边　涛	装帧设计：王晓宇

出版发行：化学工业出版社（北京市东城区青年湖南街 13 号　邮政编码 100011）
印　　刷：三河市航远印刷有限公司
装　　订：三河市瞰发装订厂
787mm×1092mm　1/16　印张 14½　字数 362 千字　　2018 年 5 月北京第 1 版第 3 次印刷

购书咨询：010-64518888（传真：010-64519686）　　售后服务：010-64518899
网　　址：http://www.cip.com.cn
凡购买本书，如有缺损质量问题，本社销售中心负责调换。

定　　价：69.00 元

前言 PREFACE

广义的电动汽车包括纯电动汽车（BEV）、混合动力汽车（PHEV）、燃料电池汽车（FCEV）。狭义的电动汽车是指以车载电源为动力，用电动机驱动车轮行驶，符合道路交通、安全法规各项要求的车辆。由于对环境影响相比传统汽车较小，其前景被广泛看好。它靠存储在电池中的电来发动。在驱动汽车时有时使用 12 或 24 块电池，有时则需要更多。

电动汽车的组成包括电力驱动及控制系统、驱动力传动等机械系统、完成既定任务的工作装置等。电力驱动及控制系统是电动汽车的核心，也是区别于内燃机汽车的最大不同点。电力驱动及控制系统由驱动电动机、电源和电动机的调速控制装置等组成。电动汽车的其他装置基本与内燃机汽车相同。

插电式混合动力汽车（Plug-in Hybrid Electric Vehicle，PHEV）是新型的混合动力电动汽车。区别于传统汽油动力与电驱动结合的混合动力，插电式混合动力汽车的驱动原理、驱动单元与电动车相同，唯一不同的是车上装备有一台发动机。

插电式混合动力汽车与普通混合动力汽车的区别是，普通混合动力汽车的电池容量很小，仅在启/停、加/减速的时候供应/回收能量，不能外部充电，不能用纯电模式较长距离行驶；插电式混合动力汽车的电池相对比较大，可以外部充电，可以用纯电模式行驶，电池电量耗尽后再以混合动力模式（以内燃机为主）行驶，并适时向电池充电。

据相关数据统计，我国 2015 年累计生产新能源汽车 37.89 万辆，同比增长 4 倍。其中，纯电动乘用车生产 14.28 万辆，同比增长 3 倍；插电式混合动力乘用车生产 6.36 万辆，同比增长 3 倍；纯电动商用车生产 14.79 万辆，同比增长 8 倍；插电式混合动力商用车生产 2.46 万辆，同比增长 79%。2009～2015 年我国累计生产新能源汽车 49.7 万辆，在全球新能源汽车销量中占比超过 30%。

在全球销量前 20 名中，除比亚迪外，还有 8 个我国车企上榜，分别为北汽、江淮、上汽荣威、众泰、康迪、江铃、奇瑞和吉利。

由此看来，我国电动汽车的春天已经来了！介于目前介绍电动汽车构造、原理与维修的书籍很少，为了更好地迎合市场的需求与时代的需要，我们编写了这本《图解新型电动汽车结构·原理与维修》。该书既可供高等院校电动汽车专业作为教材使用，也可供电动汽车从业技术人员及售后服务人员作为自学读本参考学习。

本书以市面主流插电式混合动力车辆（比亚迪秦、唐）及纯电动车辆（比亚迪 E6、特斯拉MODEL S、宝马 i3、荣威 E50、众泰 100S、知豆、雪佛兰赛欧 EV）为例，依次讲述了电动汽车的定义与分类，电动汽车使用与维修规范，电动汽车电源系统、动力系统、冷却系统、高压系统、低压系统、空调系统的构造与原理、检测及故障诊断，并在本书的最后，用附录介绍了电动汽车常见英文缩写的释义。

本书由瑞佩尔主编，朱其谦、杨刚伟、吴龙、张祖良、汤耀宗、赵炎、陈金国、刘艳春、徐红玮、张志华、冯宇、赵太贵、宋兆杰、陈学清、邱晓龙、朱如盛、周金洪、刘滨、陈棋、孙丽佳、周方、彭斌、王坤、章军旗、满亚林、彭启凤、李丽娟、徐银泉参与编写。在编写过程中，参考了国内外相关文献资料，在此，一并表示由衷的感谢！

由于水平所限，不足之处在所难免，敬请读者批评指正。

编　者

目 录 CONTENTS

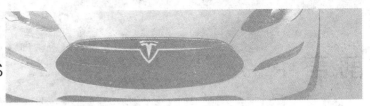

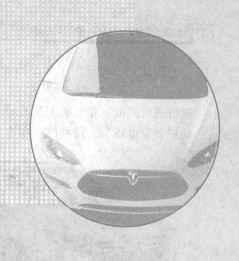

第1章
电动汽车概述

1.1 电动汽车定义与分类

全部或部分由电动机驱动并配置大容量电能储存装置的汽车统称为电动汽车（EV，Electric Vehicle），包括纯电动汽车（BEV，Battery Electric Vehicle）、混合动力电动汽车（HEV，Hybrid Electric Vehicle）和燃料电池电动汽车（FCEV，Fuel Cell Electric Vehicle）三种类型。

1.1.1 纯电动汽车

纯电动汽车是完全由可充电电池（如铅酸电池、镍镉电池、镍氢电池或锂离子电池）提供动力源的汽车。典型车如图 1-1 所示的特斯拉 MODEL S 电动汽车。

纯电动汽车的优点如下。

- 无污染、噪声小。
- 结构简单，使用维修方便。
- 能量转换效率高，同时可回收制动、下坡时的能量，提高能量的利用效率。
- 可在夜间利用电网的廉价"谷电"进行充电，起到平抑电网的峰谷差的作用。

图 1-1　特斯拉 MODEL S 电动轿跑车

1.1.2 混合动力电动汽车

混合动力电动汽车是指使用电动机和传统内燃机联合驱动的汽车，按动力耦合方式的不同可以分为串联式混合动力汽车、并联式混合动力汽车和混联式混合动力汽车。

串联式混合动力汽车（SHEV）：车辆的驱动力只来源于电动机的混合动力（电动）汽车。其结构特点是发动机带动发电机发电，电能通过电机控制器输送给电动机，由电动机驱动汽车行驶。另外，其动力电池也可以单独向电动机提供电能驱动汽车行驶。

并联式混合动力汽车（PHEV）：车辆的驱动力由电动机及发动机同时或单独供给的混合动力（电动）汽车。其结构特点是驱动系统可以单独使用发动机或电动机作为动力源，也可以同时使用电动机和发动机作为动力源驱动汽车行驶。

PHEV 的另一个定义是指新能源汽车中的插入式混合动力电动汽车（Plug-in Hybrid Electric Vehicle），是特指通过插电进行充电的混合动力汽车。这种汽车一般需要专用的供电桩进行充电，在电能充足的时候，采用电动机驱动车辆；电能不足时，发动机会参与到驱动或者发电环节。这种汽车在市场上比较典型的是如图 1-2 所示的比亚迪秦。

图 1-2　比亚迪秦 PHEV

混联式混合动力汽车（CHEV）：同时具有串联式、并联式驱动方式的混合动力（电动）汽车。其结构特点是可以在串联混合模式下工作，也可以在并联混合模式下工作，同时兼顾了串联式和并联式的特点。

混合动力电动汽车的主要特点如下。

· 采用小排量的发动机，降低了燃油消耗。

· 可以使发动机经常工作在高效低排放区，提高了能量转换效率，减少了排放。

· 将制动、下坡时的能量回收到蓄电池中再次利用，降低了燃油消耗。

· 在繁华市区，可关停内燃机，由电动机单独驱动，实现"零"排放。

· 电动机和内燃机联合驱动提高了车辆动力性，增强了驾驶乐趣。

· 利用现有的加油设施，具有与传统燃油汽车相同的续驶里程。

1.1.3　燃料电池电动汽车

燃料电池电动汽车是利用氢气和空气中的氧在催化剂的作用下在燃料电池中经电化学反应产生的电能，并作为主要动力源驱动的汽车。

燃料电池电动汽车，其主要特点如下。

· 能量转化效率高。燃料电池的能量转换效率可达 60%～80%，为内燃机的 2～3 倍。

· 零排放，不污染环境。燃料电池的燃料是氢和氧，生成物是清洁的水。

· 氢燃料来源广泛，可以从可再生能源获得，不依赖石油燃料。

1.2　电动汽车基本结构

电动汽车的组成包括电力驱动及控制系统、驱动力传动等机械系统、与传统汽车类似的车身电器装置等。电力驱动及控制系统是电动汽车的核心，也是区别于内燃机汽车的最大不同点。电力驱动及控制系统由驱动电动机、电源和电动机的调速控制装置等组成。电动汽车的其他装置基本与内燃机汽车相同。

1.2.1　电源

在目前的电动汽车上，车载动力源一般都是各式各样的蓄电池，利用周期性的充电来补充电能。动力电池组是电动汽车的关键装备，它储存的电能、质量和体积，对电动汽车的性能起到决定性的影响。目前，电动汽车用电池已经经过了三代的发展。

第一代电动汽车用电池都是铅酸电池，由于铅酸电池的比能量和比功率不能满足电动汽车动力性能的要求，所以就进一步发展了阀控铅酸电池、铅布电池等，使得铅酸电池的比能量有所提高，仍能够满足作为电动汽车的电源使用要求。

第二代的高能电池有镍镉电池、镍氢电池、钠硫电池、锂离子电池等。第二代动力电池的比功率和比能量都要比铅酸电池高出很多，大大提高了电动汽车的动力性和续驶里程。但是第二代动力电池现在依然是在"电能—化学能—电能"的化学反应过程中储存和供给电能，有一些特殊使用条件和一定的局限性，其中有些高能电池还需要复杂的电池管理系统和温度控制系统，各种电池对充电技术还有不同的要求。而且第二代电池在使用一定的次数后会出现老化甚至报废的情况，几乎或者完全丧失充放电能力，并且会造成污染。这无疑又增加了电动汽车的使用成本。

第三代电池是以燃料电池为主的电池，燃料电池直接将燃料的化学能转化成电能，能量转变的效率高，比能量和比功率高。并且燃料电池的能量转化过程可以连续进行，反应过程能够有效地控制，是比较理想的电动汽车用电池。但是燃料电池的燃料往往有毒、有害而且价格昂贵，需要对车辆进行额外的设计，增加了设计和制造成本。

除此以外，飞轮储能器、超级电容也是常见的电动汽车车载动力源。飞轮储能器是"电能—机械能—电能"转换装置，可以瞬间输出很高的功率。而超级电容则具备了"电能—电位能—电能"转换的能力，而且其充放电时间相比传统电池来说有很大的缩短。

以上种种装置都有自己的优缺点，现代电动汽车普遍使用先进的高能电池作为其动力源。但是综合现有技术条件以及相关技术的成本，以高能锂电池为动力源的电动汽车仍为主流。

对动力电池组的管理包括对动力电池组的充电与放电时的电流、电压、放电深度，再生制动反馈的电流，电池的自放电率，电池温度等进行控制。因为个别的蓄电池性能变化后，影响到整个动力电池组的性能，所以用蓄电池管理系统对整个动力电池组和动力电池组中的每一个单体电池进行控制，保持各个电池间的一致性，还要建立动力电池组的维护系统，来保证电动汽车的正常运行。

由于充放电性能对电动汽车动力电池的性能表现有着重要的影响，因此电动汽车动力电池对充电时的电压和电流都有一定的要求。因此高效率的充电装置和快速充电装置也是电动汽车使用时必须的辅助设备。一般常见的充电装置有地面充电器、车载充电器、接触式充电器和感应式充电器等。

电池充电系统、管理系统、维修系统和再生制动能量的回收等，是一个全新的系统工程。因为其是保证电动汽车能够安全稳定工作的必要条件，所以其重要性不亚于电动汽车本身。因此需要建立充电站系统，使电动汽车的充电能够像内燃机汽车加油站那样方便、那样普及。与此同时，还应该建立蓄电池回收和报废工厂，使电动汽车废旧电池对环境的污染降到最低。

1.2.2 驱动电动机

驱动电动机是电动汽车的动力装置，这是电动汽车和传统汽车最根本的区别。现代电动汽车一般使用的是交流电动机、永磁电动机或者开关磁阻电动机。

由于电动汽车制动时使用再生制动的方式，因此一般可以回收 $10\%\sim15\%$ 的能量。再生制动能量是电动汽车节能和延长续驶里程的重要措施之一。再生制动显然不可能在内燃机汽车上实现。在电动汽车的制动系统中，还保留着常规制动系统和ABS，以保证车辆在紧急制动时，有可靠的制动性能。

　　电动汽车的驱动系统由驱动电动机和驱动系统共同组成，随着电动汽车结构形式的不同，采用了不同的驱动系统。电动汽车的驱动系统有电动轮方案（轮边驱动系统）和差速半轴方案（集中驱动系统）两种。

　　电动轮方案是采用多电动机，将电动机装配于车轮上，或者和轮边减速器相配合。差速半轴方案采用单电动机系统，其动力布置方案和传统汽车相一致，即电动机输出扭矩，通过变速装置传输到差速器上，差速器再通过半轴传输到轮上。

　　电动轮技术可以减小电动机的直径，便于在电动汽车底盘下部布置，能够减轻电动汽车的簧载质量。轮毂电动机的出现改变了汽车的传动形式，每个车轮都是由独立的电动机来驱动，这与内燃机汽车有着截然的不同。

1.2.3　电动机调速控制装置

　　电动机调速控制装置是为电动汽车的变速和方向变换等设置的，其作用是控制节能环保电动机的电压或电流，以完成电动机的驱动转矩和旋转方向的控制。

　　早期的电动汽车上，直流电动机的调速采用串接电阻或改变电动机磁场线圈的匝数来实现。因其调速是有级的，且会产生附加的能量消耗或使电动机的结构复杂，现在已很少采用。目前电动汽车上应用较广泛的是晶闸管斩波调速技术，通过均匀地改变电动机的端电压，控制电动机的电流，来实现电动机的无级调速。在电子电力技术的不断发展中，晶闸管斩波调速装置也逐渐被其他电力晶体管（如 GTO、MOSFET、BTR 及 IGBT 等）斩波调速装置所取代。从技术的发展来看，伴随着新型驱动电动机的应用，电动汽车的调速控制转变为直流逆变技术的应用，将成为必然的趋势。

　　在驱动电动机的旋向变换控制中，直流电动机依靠接触器改变电枢或磁场的电流方向，实现电动机的旋向变换，这使得电路复杂、可靠性降低。当采用交流异步电动机驱动时，电动机转向的改变只需变换磁场三相电流的相序即可，可使控制电路简化。此外，采用交流电动机及其变频调速控制技术，使电动汽车的制动能量回收控制更加方便，使控制电路更加简单。

1.2.4　传动装置

　　电动汽车传动装置的作用是将电动机的驱动转矩传给汽车的驱动轴，当采用电动轮驱动时，传动装置的多数部件常常可以忽略。因为电动机可以带负载启动，所以电动汽车上无需传统内燃机汽车的离合器。因为驱动电动机的旋向可以通过电路控制实现变换，所以电动汽车无需内燃机汽车变速器中的倒挡。当采用电动机无级调速控制时，电动汽车可以忽略传统汽车的变速器。在采用电动轮驱动时，电动汽车也可以省略传统汽车传动系统的差速器。

1.2.5　行驶装置

　　行驶装置的作用是将电动机的驱动力矩通过车轮变成对地面的作用力，驱动车轮行走。它同其他汽车的行驶装置的构成是相同的，由车轮、轮胎和悬架等组成。

1.2.6　转向装置

　　转向装置是为实现汽车的转弯而设置的，由转向机、方向盘、转向机构和转向轮等组成。作用在方向盘上的控制力，通过转向机和转向机构使转向轮偏转一定的角度，实现汽车的转向。多数电动汽车为前轮转向，工业中用的电动叉车常常采用后轮转向。电动汽车的转向装置有机械转向、液压转向和液压助力转向等类型。

1.2.7 制动装置

电动汽车的制动装置同其他汽车一样，是为汽车减速或停车而设置的，通常由制动器及其操纵装置组成。在电动汽车上，一般还有电磁制动装置，它可以利用驱动电动机的控制电路实现电动机的发电运行，使减速制动时的能量转换成对蓄电池充电的电流，从而得到再生利用。

1.3 电动汽车运行原理

下面通过与传统汽车的比较来说明电动汽车在结构及运作原理上的不同。

传统汽车底盘由传动系统、行驶系统、转向系统和制动系统四部分组成，其作用是支承、安装汽车发动机及其各部件、总成，形成汽车的整体造型，并接受发动机的动力，使汽车产生运动，保证正常行驶。电动汽车的底盘及车身电器部分基本是一样的，这部分的结构、原理及检修、故障排除均可以参照以往传统汽车的技术知识、维修实践进行。这也是本书内容只以高压系统及驱动电动机、动力电池为主要讲解内容的原因所在。

电动车的基本结构主要可分为三个子系统，即主能源系统（电动能源）、电力驱动系统、能量管理系统。其中电力驱动系统由电控系统、电动机、机械传动系统和驱动车轮等部分组成；主能源系统由主电源和电源管理系统构成；能量管理系统是实现电源利用控制、能量再生、协调控制等功能的关键部件。电力驱动及控制系统是电动汽车的核心，也是区别于内燃机汽车的最大不同点。

电动汽车的工作原理：蓄电池→电流→电力调节器→电动机→动力传动系统→驱动汽车行驶。

纯电动汽车，相对燃油汽车而言，主要差别（异）在于四大部件：驱动电动机、调速控制器、动力电池、车载充电器。如图1-3所示为特斯拉电动汽车 MODEL S 车型结构。

与内燃汽车相比，电动汽车的特点是结构灵活。内燃汽车的主要能源为汽油和柴油，而电动汽车是采用电力能源，由电动源和电动机驱动。传统内燃汽车的能量是通过刚性联轴器和转轴传递的，而电动车的能量是通过柔性的电线传输的。因此，电动汽车各部件的放置具有很大的灵活性。

电动汽车经过近 20 年的快速发展，在能源动力系统方面形成了极具特色的三大类动力系统结构技术特点。

纯电动汽车、油电混合动力汽车和燃料电池汽车是目前电动汽车领域的三大种类。油电混合动力汽车目前被国内外各大汽车企

空气减震器

驱动电动机

前悬挂

后悬挂

电池组

图 1-3 电池安置于底盘中间（特斯拉 MODEL S）

业最早列入产业化计划，并联混合动力和混联混合动力是被电动轿车广泛采用的主流动力系统结构。近几年，随着储能电池技术水平的飞速发展，以车载动力蓄电池提供电能驱动的纯电动汽车得到快速发展，多个电机驱动的动力分散结构的纯电动动力系统受到国内外研究机构的广泛关注。以氢和氧通过电极反应转换成电能驱动的燃料电池电动汽车，采用电-电混合动力结构，能量转换效果比内燃机高 2～3 倍，是未来清洁能源汽车的重要发展方向之一。多能源并用的整车控制系统方案如图 1-4 所示。

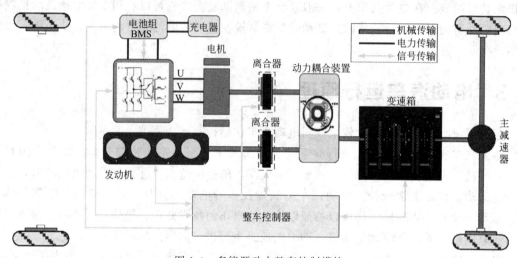

图 1-4　多能源动力整车控制模块

变速传动系统是电动车驱动子系统的一个重要部件，它指的是驱动电机转轴和车轮之间的机械连接部分。对于传统汽车来说，变速器是必要的部件，设计时主要考虑采用什么类型的变速器。但对于电动汽车则不同，由于驱动电动机的转矩和转速完全可以由电子控制器进行全范围的控制，因此变速系统的设计就可以有多种不同的选择，既可用传统的变速齿轮箱变速，还可以用电子驱动器控制电动机直接变速。究竟采用哪种方案，主要还应考虑电动汽车的能量和经济性，也涉及电机和控制器的设计。

为了提高电动汽车的传动效率，人们开发了电动汽车专用的电机和变速传动一体化的两速或三速自动传动桥。先进的两速电机/多速传动桥将变速齿轮组与高速异步电动机完全结合为一体，并且直接安装在电动汽车驱动轮的驱动轴上，构成重量轻、体积小、效率高、结构紧凑和成本低廉的传动系统。

由于电动汽车采用电力能源，因此电气化技术对汽车结构性能的创新提供了更多的可能性。底盘系统将逐步采用电动化执行部件，结构也会随之发生革新，并将推动汽车模块化、智能化的发展。

电动汽车采用安装在车轮内的电机直接驱动，可实现动力分散控制。与传统的内燃机汽车和单一电机中央驱动的电动车辆相比，四轮驱动方式实现了各车轮的独立分散驱动，各车轮均可实现制动能量回收，还可省去变速器、离合器、传动轴等复杂的机械传动装置，使传动效率提高。

无论是串联（燃料电池可视为特殊的串联结构）、并联、混联式的混合动力车，还是由电池提供能量的纯电动汽车，其动力装置的布置往往是在原发动机前舱布置的基础上进行的，并力求把相应的电气装置布置在前舱（如 DC/AC、DC/DC 等），所以对部件小型化提出了更高的要求。此外，并联或混联式混合动力由于采用两个以上的动力装置，在布置上要求更为严格。

电动汽车的制动装置同其他汽车一样。电动汽车将惯性能量通过传动系统传递给电机，电机以发电方式工作，为动力电池充电，实现制动能量的再生利用。与此同时，产生的电机制动力矩又可通过传动系统对驱动轮施加制动，产生制动力。

传统的燃油汽车在制动时是将汽车的惯性能量通过制动器的摩擦转化成热能散发到周围环境中去的。

对于电动汽车而言，由于电机具有可逆性，即电动机在特定的条件下可以转变成发电机运行，因此可以在制动时采用回馈制动的办法，使电机运动在发电状态，通过设计好的电力装置将制动产生的回馈电流充入储能装置中，这样就可以回收一部分可观的惯性能量，提高电动汽车的续驶里程。电动汽车的制动能量回收系统原理如图 1-5 所示。

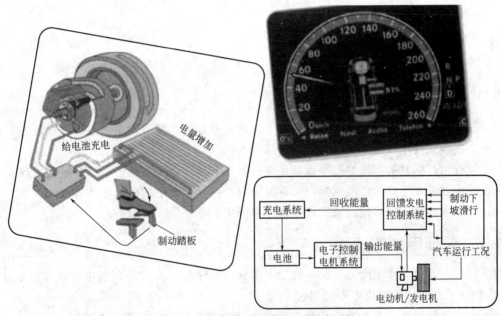

图 1-5　电动汽车制动能量回馈发电系统

第2章
电动汽车使用与维修规范

2.1　电动汽车使用安全

2.1.1　高压系统作业说明

① 高压系统有交流和直流两种高压电，可能造成烧伤、触电甚至死亡等严重伤害。

② 禁止触碰高压线缆（橙色）及其连接接头。

③ 带有橙色标签的部件都是高压系统部件，务必遵守高压系统警示标签上的内容要求。

④ 禁止非专业维修人员随意接触、拆解或安装高压系统中的任何零件。

⑤ 禁止未经培训人员接触或操作手动维修开关。

2.1.2　高压电池的使用

① 高压电池包工作温度为−20～45℃。不允许车辆在45℃以上环境中停放超过8h；不允许车辆在−20℃以下环境中停放超过12h。

② 车辆需要保持干燥，避免长时间在潮湿环境下停放。若车辆浸水或涉水（涉水深度超过120mm），则应置于干燥地方停放。

③ 尽量采用车载充电器对车辆进行充电，应避免高压电池组频繁使用快充。因为快充对高压电池包寿命影响较大，所以快充次数每周不应超过2次。

④ 每个月使用车辆1次并对车辆进行均衡充电，慢充8h。在明确长时间不使用（超过3个月）时，确保高压电池组电量在50%（仪表上高压电池组电量显示3格位置）左右进行存放；不允许车辆在高压电池组电量低（仪表上高压电池组电量显示1格位置）的情况下停放超过7天。

⑤ 电池管理系统会监控高压电池组状态。娱乐系统显示屏上会出现"请慢充充电至少8h以均衡保养高压电池组"的警告信息。此时，用户必须对其进行慢速充电作业。

⑥ 车辆在使用过程中出现意外碰撞和刮擦等情况时，均需及时检查高压电池包是否有变形、外壳裂纹等；如果车辆事故严重则应立即停驶，用拖车拖回专业检修中心检查。

⑦ 车辆出现严重事故后，车内人员需尽快离开车辆，并马上联系检修中心处置。

⑧ 当由于事故车身受损，需要修复或喷漆时，为避免高压电池包人为损坏或起火，必须联系检修中心，在卸除高压电池包之后进行相关作业。

2.1.3 充电作业要求

(1) 充电要求

① 在充电作业的操作过程中，不允许周围的人靠近操作员和车辆。

② 先将充电手柄与车身插座连接，再对充电装置进行操作。

③ 充电结束后，要先关闭充电装置，然后将充电手柄与车身分离，并将车身充电口盖盖好。

④ 当出现充电站故障时，立即通知相关专业人员进行解决，操作人员不可任意处理。

⑤ 如果在充电过程中出现下雨的情况，则应马上停止充电作业。这是针对充电场所为露天的情况，如果在特定的房间里充电则不存在此问题。

⑥ 在充电过程中，不允许插入钥匙开关并进行启动等操作。

(2) 充电环境要求

① 充电设备的有些模块内部可能会产生电火花，为避免出现意外，请不要在加油站、有易燃气体或液体的地方进行充电作业。

② 充电作业时间会受到外界温度影响。例如，温度低于0℃时，所需要的充电时间比在0℃以上温度下的充电时间长。

③ 在进行充电作业时，作业区域内可能会产生电磁场干扰。禁止没有接收专业培训的人员靠近充电作业中的车辆，尤其是携带可植入式心脏起搏器、可植入式心血管除颤器的用户。

(3) 慢速充电作业

慢速充电作业时，请关闭点火开关，并拔出点火钥匙，遵照如下说明进行操作。

① 选择220V/16A、有可靠接地的三相插座，拔掉车钥匙。

② 用手轻按慢充小门右侧中间部位，小门轻微弹出，拉开小门。

③ 松开塑料卡扣。

④ 打开塑料盖。

⑤ 从后备箱的随车工具箱中取出3PIN交流充电线。

⑥ 将充电手柄与车身慢充口的充电插座相连接。

⑦ 将3PIN充电插头接入民用电网。

⑧ 在3PIN充电线连接后，仪表上红色充电连接指示灯 会点亮。

⑨ 在充电过程中，仪表上黄色充电状态指示灯 会闪烁，充满后会熄灭。

⑩ 充电完成后，先拔掉3PIN充电插头，再断开充电手柄与车身慢充口充电插座的连接。

⑪ 将车身慢充电口塑料盖和慢充口小门依次合上盖好。

(4) 充电桩充电作业

使用交流充电桩7PIN充电线时，请关闭点火开关，并拔出点火钥匙，遵照如下说明进行操作。

① 用手轻按慢充小门右侧中间部位，小门轻微弹出，拉开小门。

② 松开塑料卡扣。

③ 打开塑料盖。

④ 将7PIN充电线一端的充电手柄与车身慢充口的充电插座相连接。

⑤ 将7PIN充电线另一端充电手柄与慢速充电桩充电插座相连接。

⑥ 在7PIN充电线连接后，仪表上红色充电连接指示灯 会点亮。

⑦ 在充电过程中，仪表上黄色充电状态指示灯 会闪烁。

⑧ 充电完成后，先拔掉 7PIN 充电插头，再断开充电手柄与车身慢充口充电插座的连接。

⑨ 将车身慢充电口塑料盖和慢充口小门依次合上盖好。

（5）快速充电作业

进行快充作业时，请关闭点火开关，并拔出点火钥匙，遵照如下说明进行操作。

① 从车内拉动位于仪表板总成处的快充电口开启拉手。

② 从车外打开快充口小门盖。

③ 松开塑料卡扣。

④ 打开塑料盖。

⑤ 将充电站充电手柄连接到快速充电口。

⑥ 组合仪表上的红色充电连接指示灯 █ 点亮。

⑦ 打开充电桩电源，使车辆充电。

⑧ 在充电过程中，仪表上黄色充电状态指示灯 █ 会闪烁。

⑨ 在充电过程中，组合仪表上的电池电量表条形格会相应点亮，实时显示电池电量。

⑩ 充电完成后，先关闭充电装置，再将充电手柄拔下，并将车身充电口塑料盖盖好。

⑪ 将车身快充口小门合上盖好。

说明：以上充电操作内容以荣威 E50 为例，其他电动汽车可以参考。

2.1.4 车辆发生事故后安全事项

① 将车辆处于 P 挡，关闭汽车，移出钥匙。

② 如果电线裸露或破损，则禁止触摸，以防触电，将车辆交给经过培训的人员处理。

③ 如果发生火灾，则应立刻离开车辆并用磷酸铵盐类灭火器灭火。

④ 发生碰撞时，不允许再次启动，施救时先将手动维修开关断开。

⑤ 车辆浸没在水中时，应关闭车辆并逃离。拖运前将手动维修开关断开。若无气泡或嗞嗞声，则可以进行打捞作业；若有气泡产生或嗞嗞声，则应等到无气泡或嗞嗞声后再进行作业。

⑥ 事故发生后，要求客户将车辆送至服务中心检修。

2.2 电动汽车维修安全事项

2.2.1 电动汽车维修安全守则

（1）拖车注意事项

拖车要求：不允许使用前轮着地的牵引方式。

牵引前，做以下准备工作。

① 开启点火开关至位置 2，将换挡杆至于 N 挡。

② 松开电子驻车制动（如果电子驻车制动处于启用状态，则应先打开点火开关，松开电子驻车制动）。

③ 使用专用牵引车牵引车辆时，要确保从地上牵引到甲板的速度保持在 5km/h 以下。牵引时禁止牵引速度超过 30km/h，禁止牵引距离超过 50km。

（2）高压电系统安全防范

高压电系统安全防范的基本要求如下。

① 对车辆进行维修时，非相关人员不允许随意接触车辆。

② 对贴有高压警示标识的部件都不可随意触摸。

③ 如果需要拆解相关高压部件，则拆解人员必须参加过本公司的高压电安全培训，熟悉高压电系统。

④ 操作人员还需参加高压电事故急救培训（如由红十字会组织）。

⑤ 对高压部件进行操作时，操作人员需要穿戴好劳保用品，同时还必须使用绝缘手套。

⑥ 对外露高压系统部件进行操作时，必须使用万用表进行测量是否存在高压电，在确保没有高压电的情况下再进行操作。万用表需要定期标定，内阻应不低于 $10M\Omega$。

⑦ 驾驶结束后，关闭车辆，如果需要对高压系统进行拆解，则需要等待 5min 后再进行。

⑧ 当拆解或装配电器部件时，必须断开 12V 电源和高压蓄电池上的手动维修开关。

⑨ 在高压部件拆装后，重新接通高压电之前，需要检查所有高压部件的装配、连接，确保其可靠性。

⑩ 所有高压部件都应该保证接地良好。

⑪ 确保高压系统的维修人员具备安监局监制的电工特种作业操作证。禁止未参加该车型高压系统知识培训的维修人员拆解高压系统（包括手动维修开关、高压电池包、驱动电机、电力电子箱、高压配电单元、高压线束、电空调压缩机、交流充电口和交流充电线、快速充电口、电加热器、慢速充电器）。

⑫ 在开始维修作业前，维修人员必须穿戴好劳保用品（戴好绝缘手套，穿好高压绝缘鞋）。在戴绝缘手套前，必须要检查绝缘手套是否有破损的地方，要确保手套无绝缘失效。

⑬ 在安装和拆卸的过程中，应防止制动液、洗涤液、冷却液等液体进入或飞溅到高压部件上。

绝缘防护用品必须符合国家标准。电绝缘鞋必须符合国家标准 GB 12011—2009《足部防护　电绝缘鞋》；电绝缘手套必须符合国家标准 GB 17622—2008《带电作业用绝缘手套》。

2.2.2　无压状态下切换高压系统

高压系统有生命危险，在遵守电动汽车的操作安全提示。请务必遵循以下操作步骤。

以宝马 i3 电动汽车为例，工作开始之前务必遵守下列几点。

① 拔下可能已连接的高压充电电缆。

② 打开发动机舱盖。

③ 关闭点火开关。

④ 在脱开高压安全插头之前应确保车辆处于"休眠状态"。

遵守再次试运转的操作步骤如下。

① 如果已连接，则断开 12V 充电器。

② 移除挂锁。

③ 连接高压安全开关。

④ 进行 2 次总线端切换（操作 4 次启动/停止按钮，每次间隔 1s）。

在无压状态下切换高压系统。注意高压安全插头不能完全脱开。

如图 2-1 所示，将高压安全插头 1 解除联锁，并将其拔出，直至插头 2 和插座上的孔不

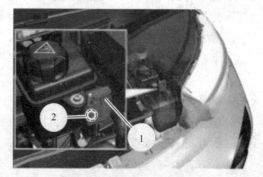

图 2-1　拔出高压安全插头

1—高压安全插头；2—插头

再连接。在高压安全插头上能够看到"关闭"标记。

防止高压系统再次连接。如图 2-2 所示，将挂锁 1 插入高压安全开关预留孔 2 中并锁定；注意挂锁的钥匙应置于安全位置保管。

确定无电压，见图 2-3。

图 2-2　将挂锁插入高压安全开关

1—挂锁；2—高压安全开关预留孔

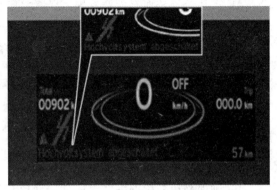

图 2-3　确定无电压

在进行后续维修工作前务必要进行以下检查。

打开点火开关，检查组合仪表无电压。检查控制信息，必须显示"高电压系统已关闭"。注意出现的高压警告牌（指示灯、检查控制等），找出原因并排除故障。

只有当组合仪表中显示检查控制信息"高电压系统已关闭"时，才允许将 12V 蓄电池断开。

点火开关关闭且高压安全插头脱开时，依据标准检查控制信息将显示"高压系统故障"。只有点火开关打开时，才能显示无电压（高电压系统已关闭）。

如果未明确确定 KOMBI 组合仪表中无电压，则不允许开始工作，否则会有生命危险。

在开始工作之前，必须由具备资质且经过认证的 1000V DC 电气专业人员，使用相应的测量仪/测量方法确定已断电。

2.2.3　电动汽车维修注意事项

① 在车体高电压或高温处均有警告标示，严格按标示要求操作。

② 洗车时请勿将高压水枪向充电口部位喷射，以避免充电口进水，发生触电危险。

③ 使用指定的充电插座及充电线，切勿自行选择充电设备。

④ 对车辆进行消防灭火时，禁止使用水浇法，应采用干粉灭火器。

⑤ 维修车辆时，不可使车体湿润或带水操作。

⑥ 更换电池包时，注意防酸碱，使用工业"防碱手套"，并佩戴防护目镜。

⑦ 拆装车辆时，不可同时操作正负极。

⑧ 禁止正负对接，避免正极或负极经人体接地。

⑨ 拆开的高压线接口要绝缘处理。

⑩ 双人操作，一人监护，一人操作。

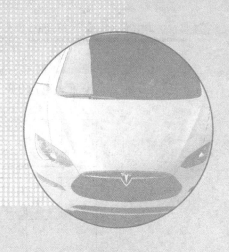

第3章
电动汽车电源系统

3.1 动力电池

3.1.1 动力电池结构与特性

不同品牌电动汽车装用电池的情况如表 3-1 所示。

表 3-1 电动汽车使用动力电池类别示例

车型	特斯拉	普锐斯	北汽 EV200	e6 先行者
正极材料	三元锂电池	镍氢电池	三元锂电池	磷酸铁锂
电池供应商	松下	松下	韩国 SK	BYD
电池容量/kW·h	85	1.4	30.4	82
续航里程/km	426	4	245	400

（1）比亚迪铁锂电介绍

磷酸铁锂电池与其他材料电池相比的优劣势如表 3-2 所示。

表 3-2 磷酸铁锂电池与其他材料电池比较

电池特性 ＼ 电池类型	磷酸铁锂	钴酸锂	锰酸锂
理论比容量/(mA·h/g)	170	274	148
实际比容量/(mA·h/g)	125	140	105
电压/V	2.0～3.8	2.7～4.3	2.7～4.3
材料结构	橄榄石型	层状	尖晶石型
材料优势	·循环寿命长 ·安全性能优异 ·材料结构稳定 ·充放电倍率高	·快速充放电 ·比容量高 ·合成简单	·工作电压高 ·功率特性优良 ·成本较低
材料劣势	·工作电压低 ·合成成本高 ·本体导电性较差	·材料成本高（Co 源昂贵） ·安全性能差（充放电结构变化，释放 O_2）	·日历寿命和循环寿命差（尤其高温下，Mn 溶解） ·比容量低
安全性能	优异	差	良好

比亚迪铁电池经过独特的低温设计，在低温上仍然有很好的性能发挥。如图 3-1 所示，即使在 −30℃ 低温下，电池仍可保持 90% 以上的容量输出。

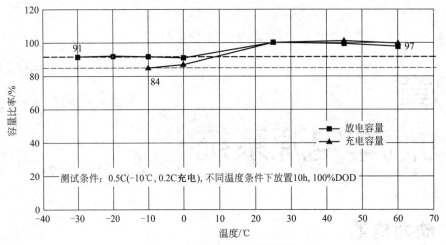

图 3-1　电池容量与温度特性

比亚迪铁电池具有极高的能量转换效率（充电-放电这样一个循环的效率），在 0.5C 以下的倍率，充放电转换效率达 96% 以上。作为对比，铅酸电池在此倍率下效率低于 80%，所以铁电池具有良好的节能效果，见图 3-2。

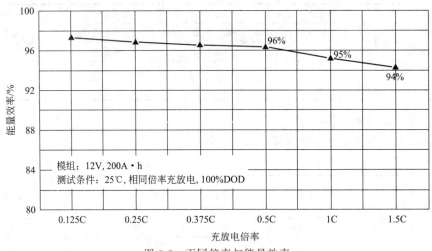

图 3-2　不同倍率与能量效率

比亚迪铁电池采用低阻抗设计，因此即使在大电流情况下，电池本身的发热也非常小，200A·h 的电池以 200A 的电流充放电，温升也仅在 5℃ 左右，这与其很高的能量效率是一致的。图 3-3 展示了不同倍率充放电时的温升情况。

比亚迪铁电池具有超长的使用寿命，一般手机电池的循环次数在 500 次左右，但比亚迪铁电池的循环次数至少在 4000 次以上。单体电池常温循环如图 3-4 所示，成组电池常温循环如图 3-5 所示。

一般情况下，锂离子电池在低温下的表现略差，但在独特的电池技术和经过充分验证的低温策略下，比亚迪电动车电池产品在低温下的寿命并未受到影响，如图 3-6 所示。

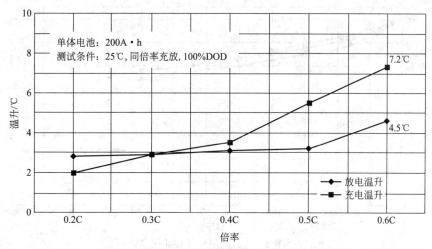

图 3-3 不同倍率放电温升特性

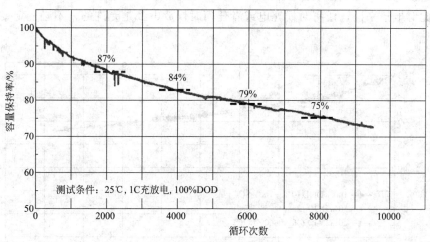

图 3-4 单体电池常温循环

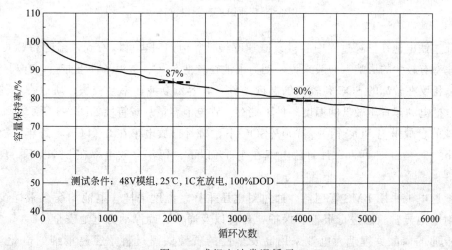

图 3-5 成组电池常温循环

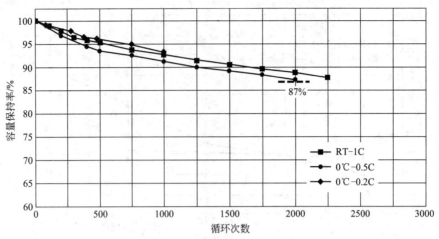

图 3-6　不同温度循环曲线

　　比亚迪铁电池没有记忆效应，从图 3-7 中也可以看到不同 DOD 循环对电池寿命几乎无影响，因此对电池来说，任何时候充电或者任何时候放电都是允许的，不必一定要在放完电后才开始充电。

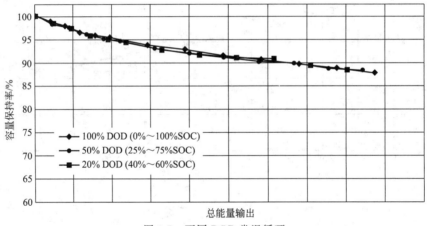

图 3-7　不同 DOD 常温循环

　　比亚迪铁电池在储存过程中容量衰减速率极低，但同时也可以看到，温度和 SOC 对容量的衰减速率有较大的影响。一般来说，动力电池在较低 SOC、常温条件下储存，有利于降低寿命衰减；相反在较高的 SOC 和较高的温度条件下，容量衰减速率会较快。所以在可能的情况下，尽量把电动车置于较低的温度条件下储存。铁电池容量衰减特性如图 3-8 所示。

　　电池的自放电与 SOC 相关。100％SOC 下，每月自放电率在 2％ 以下，每年自放电率在10％以下；50％SOC 下，每月自放电率在 1.5％ 以下，每年自放电率在 5％ 以下。自放电特性见图 3-9。

　　比亚迪电池采用 BMS 管理器，通过对电压采样、温度采样、电池均衡、采样线异常检测等，对电池异常状态进行报警和保护、自检以及通信，确保动力电池安全。

　　比亚迪的磷酸铁锂动力电池采用高安全性的磷酸铁锂材料，经过精细的电化学设计、电极设计、电芯及成组结构设计、全自动生产线及严格的品质控制等全方位的安全设计

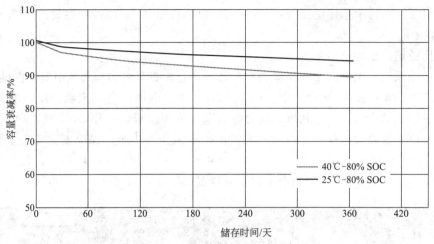

图 3-8　不同温度衰减特性

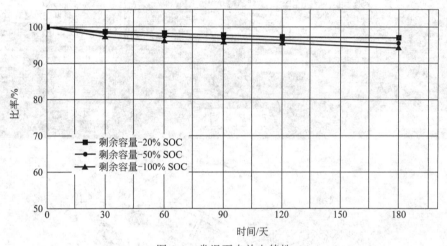

图 3-9　常温下自放电特性

及防护措施，同时通过一系列严格的实验表明，该磷酸铁锂动力电池即使在极端的情况下也不会发生爆炸。

　　电池碰撞后，壳体变形，若变形严重，则电池短路，瞬间释放能量，内部将产生气体，气体达到一定量时电池防爆阀启动，气体从防爆阀处泄漏排出，电池不会发生爆炸。

　　根据国际认可的低频电磁场辐射强度安全限值为 $100\mu T$，动力电池包的低频电磁场辐射强度为 $58.8\mu T$，是绝对安全的。

　　以 F3DM 电动汽车为例，该车型动力电池包共有 10 个模组，每个模组有 10 个单体，电压采样线 101 条，温度采样线 110 条，正负极母线各 1 条，托盘 1 个，压条。该动力电池包的内部结构见图 3-10。

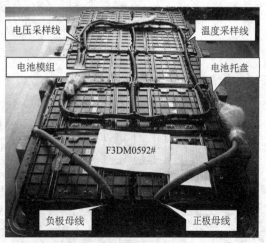

图 3-10　比亚迪 F3DM 动力电池包

电池包参数：每个单体电压为 3.3V，电池包标称电压为 330V，容量为 45A·h，一次充电 15kW·h。

（2）比亚迪秦动力电池系统

动力电池系统是电动汽车主要动力能源之一，它为整车驱动和其他用电器提供电能。

秦动力电池系统由 10 个动力电池模组、10 个动力电池信息采集器、动力电池串联线、动力电池支架、动力电池包密封罩、动力电池采样线等组成，相比 2014 款，动力电池包模组内部的继电器保险改为外挂，继电器数量由 4 个减少为 1 个，保险变为 1 个。10 个动力电池模组中各有 14～18 节数量不等的电池单体，总共 160 节串联而成。额定总电压为 528V，总电量为 13kW·h。动力电池包安装位置如图 3-11 所示。

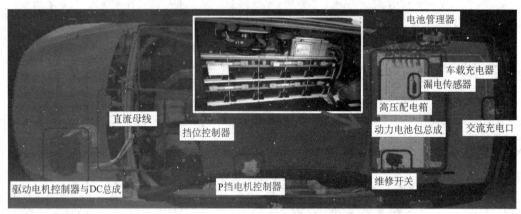

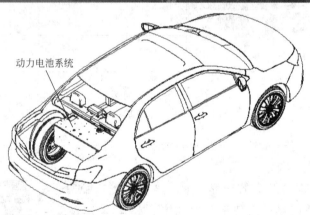

图 3-11 动力电池包安装位置

电池模组连接方式如图 3-12 所示。

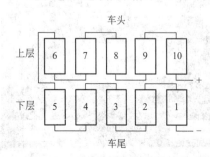

图 3-12 电池模组连接方式

2014 款秦电池包（152 节，501.6V，26A·h）单体连接与成组分布见图 3-13。

2015 款秦电池包（160 节，528V，26A·h），下层每个模组都是 18 节单体，上层每个模组都是 14 节单体。其电池模组分布方式见图 3-14。

注意：2014、2015 款模组、BIC（电池信息采集器）均不能混用，否则可能短路。

① 电池模组分配情况如表 3-3 所示。

12节单体+1个接触器   14节单体

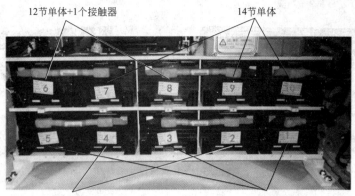

16节单体+1个接触器   18节单体

图 3-13   2014 款比亚迪秦电池包布置

接触器   保险

图 3-14   2015 款比亚迪秦电池包布置

表 3-3   比亚迪秦电池模组分配情况

2014 款模组	2015 款模组
1-3-5	1-3-5
2-4	2-4
6-8	6-8-10
7-9	7-9
10	

② 采集器分配情况如下。

2014 款：1-3-5、2-4、6-8、7-9-10，可互换测试，不可互换使用。

2015 款：1-2-3-4-5、6-7-8-9-10，可互换测试，不可互换使用。

DM 二代的每一个高压回路均有保险作为过流保护。电池包内部增加了一定数量的保险盒接触器进行保护，动力电池的每根采样线也有单独的保险保护。电池包熔丝位置见图 3-15。

即使发生碰撞短路，也可保证电池包等高压器件及线束不会短路损坏或起火。

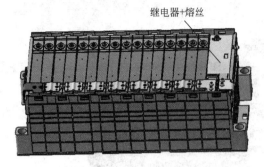
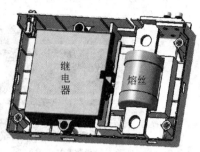

图 3-15　电池包保护

维修开关（Service Switch），位于动力电池包总成上方的左上角，如图 3-16 所示，连接了动力电池的一个正极和一个负极；它的主要作用是在车辆维修时直接断开高压回路，从而保证操作人员的安全。维修开关正常状态时，手柄处于水平位置；需要拔出时，应先将手柄旋转至竖直状态，再向上拔出；需要插上时，应先沿竖直方向用力向下插入，再将手柄旋转至水平状态。

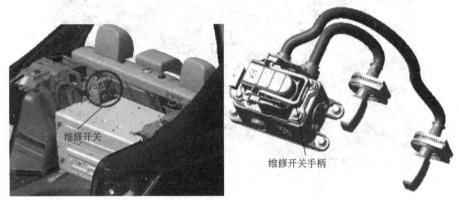

图 3-16　维修开关位置

(3) 比亚迪 E6 动力电池分布

比亚迪 E6 动力电池包采用分布式管理器，每个单体电压为 3.3V，共 93 个单体，电池包标称电压为 306.9V，容量为 200A·h，一次充电 61kW·h 左右。该动力电池包安装位置与部件分布如图 3-17、图 3-18 所示。

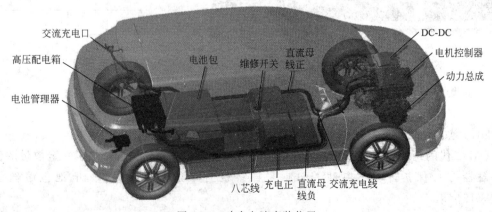

图 3-17　动力电池安装位置

新电池包已取消 E 组模组，C1/B1 增加 1 节电池，取消 E/C1/B1 保险，在维修开关位置增加 1 个保险。新电池包模组组成见图 3-19。

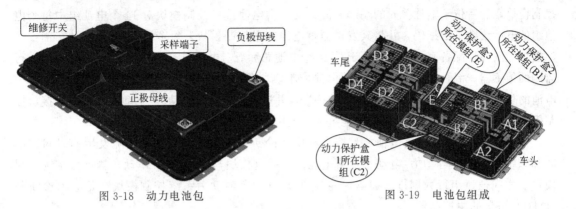

图 3-18　动力电池包　　　　　　　　　　　　图 3-19　电池包组成

D1～D4 均是 12 节，A1、A2 都是 4 节，C1 是 8 节，C2 是 7 节，B1 是 9 节，B2 是 10 节，E 是 3 节，共 93 节。

动力电池采样端子针脚分布如图 3-20 所示。

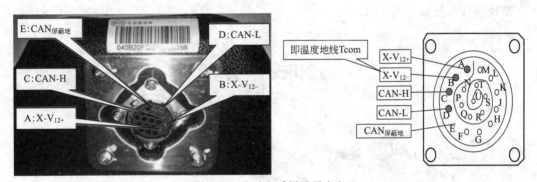

图 3-20　电池包采样端子定义

检测动力电池包体采样端子如下。

① $X-V_{12+}$ 与 $X-V_{12-}$ 电压：12V 左右（此值为线束端的测量值）。

② CAN-H 与 CAN-L 阻值：122Ω 左右。

③ CAN-H 与屏蔽地阻值：正常值＞1MΩ。

④ CAN-L 与屏蔽地阻值：正常值＞1MΩ。

⑤ 电池包正极与 $X-V_{12-}$ 电压：正常值＜20V。

⑥ 电池包负极与 $X-V_{12-}$ 电压：正常值＜20V。

⑦ 电池包正极对负极：电池包总电压。

（4）雪佛兰赛欧 EV 动力电池

混合动力蓄电池包含 336 个电池。3 个并联焊接的电池称为一个电池组。混合动力蓄电池总成中共有 112 个电池组，这些电池组以电气连接方式串联连接。每个电池组的额定电压为 3.3V，系统额定直流电压为 369V。每个电池单元中有 28 个电池组。蓄电池组共同组成 4 个同等的电池单元。4 个电池单元是不可单独维修部件。

蓄电池能量控制模块通过 8 个混合动力蓄电池接口控制模块监测 112 个蓄电池电池组的电压。各电池单元上均有 2 个混合动力蓄电池接口控制模块。电压感知线路连接至每个电池组，且这些感知线路端接于电池单元各端部的连接器。每个连接器连接着 14 个电压感知线路或电池单元总共 28 个电池中的一半。该连接器通过一个电压感知线束连接至混合动力蓄电池接口控制模块,后者位于电池单元的端部。混合动力蓄电池接口控制模块对 14 个电池组中每个电池组的电压读数进行编码,并将其发送至蓄电池能量控制模块。每个混合动力/电动车辆蓄电池接口控制模块配备有一个同样用于对 14 个电池总和或对电池单元总共 28 个电池的一半进行监测的传感器。混合动力/电动车辆蓄电池控制模块监测 14 个电池组的每个电池组以及 14 个电池的总和或电池单元总共 28 个电池的一半,并进行比较。混合动力/电动车辆蓄电池接口控制模块、混合动力/电动车辆蓄电池能量控制模块和低压线束均为可维修部件。

混合动力/电动车辆蓄电池能量控制模块将诊断自身系统,并确定故障发生的时间。诊断和系统状态在混合动力/电动车辆蓄电池能量控制模块与混合动力/电动车辆动力系统控制模块 2 之间通过串行数据进行通信。混合动力/电动车辆动力系统控制模块 2 是故障诊断码(DTC)信息的主控制器。

混合动力蓄电池位于车辆下面的后车轴上方。蓄电池能量控制模块、混合动力蓄电池接口控制模块 1~8、混合动力蓄电池接口控制模块 9(也称为电流传感器模块)、加热器控制模块和高电压接触器位于混合动力蓄电池总成内。混合动力控制模块 2 位于前排驾驶员座椅下。部件连接及分布见图 3-21。

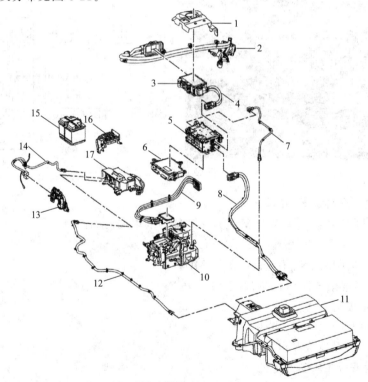

图 3-21　赛欧 EV 蓄电池与其他组件连接
1—动力电源逆变控制模块盖;2—驱动电机蓄电池充电器插座(带快充);3—高压充电连接管理模块(HPCC);
4—高压电缆(HPCC 至 TPIM);5—动力电源逆变控制模块(TPIM);6—附件直流电源控制模块(APM);
7—变速器油泵电机线束;8—高压电缆(TPIM 至蓄电池);9—三相高压电缆(TPIM 至驱动单元);
10—变速器驱动单元;11—蓄电池组;12—高压电缆(OBCM 至蓄电池);13—驱动电机蓄电池
充电器插座(不带快充);14—高压电缆(OBCM 至充电插座);15—附件蓄电池;
16—驱动电机控制模块总成;17—车载充电模块(OBCM)

(5) 宝马 i3 高压蓄电池

高压蓄电池单元的电压明显超出 60V。因此，每次对高压蓄电池单元执行维修工作前必须遵循电气安全规定。

① 切换到无电压。

② 防止重新接通。

③ 确定无电压。

主要通过外部电网的能量为高压蓄电池单元充电，但是也可以通过制动能量回收利用重新为高压蓄电池单元部分充电。

选装的增程设备同样可以借助汽油发动机和另一个电机提供电能。但是这主要用于高压蓄电池放电较多时维持充电状态。因此可以提高 i3 的可达里程。

高压蓄电池电源由以下部分组成：存储器电子管理系统（SME）控制单元、安全箱、电池监控电子设备、电池模块、制冷剂单向阀、带冷却通道和电气加热装置的热交换器（与装备有关）。

带有总共 96 个单格电池的 8 个单格电池模块提供的额定电压为 355.2V；可用能量为 18.2kW·h；放电时的最大功率为持续 40kW；直流充电时的最大功率为 50kW（0.4h 内快速充电到 80% 的充电状态）；交流充电时的最大功率为 7.4kW（2.8h 内快速充电到 80% 的充电状态）。宝马 i3 动力电池安装位置与接口部件如图 3-22 所示。

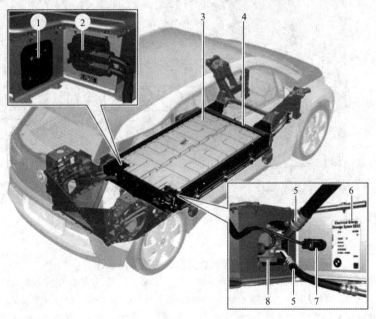

图 3-22　宝马 i3 动力电池部件分布

1—排气单元；2—高压接头；3—高压蓄电池单元；4—框架；5—制冷剂管路；6—带系列号的型号铭牌；
7—至 12V 车载网络的接口，至车辆的通信；8—制冷剂单向阀（带膨胀阀）

除了高压接口外，高压蓄电池单元还有一个至 12V 车载网络的接口，借此为集成式蓄能器电子管理系统（SME）提供电压、总线信号和传感器信号。

高压蓄电池单元接入制冷剂循环回路内以便冷却。通过安全箱控制电气加热装置。

高压蓄电池单元上的提示牌用于提示进行这些组件方面工作的人员，在此使用的技术以及可能存在的电气和化学危险。

在无需拆卸高压蓄电池单元的情况下，可以断开导线（高压接口和至12V车载网络的接口）以及制冷剂管路。高压蓄电池单元位于车厢内部之外。如果单格电池因故障严重而产生过压，则相应气体无需通过放气管向外排出。高压蓄电池单元壳体上的放气单元已足够进行压力补偿。

高压安全开关（Service Disconnect）不是高压蓄电池单元的组成部分。高压安全开关位于前机盖下。

宝马高压蓄电池单元内部电路连接如图3-23所示。

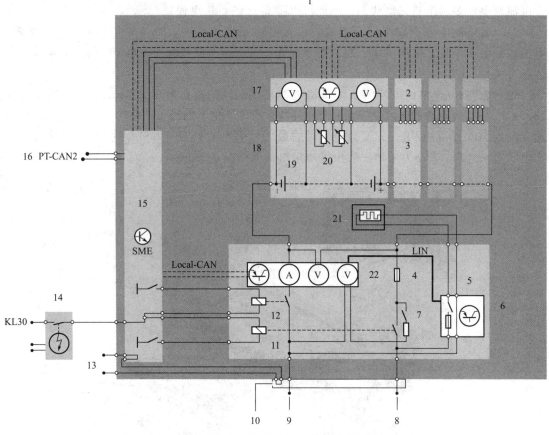

图3-23　电源总成内部连接电路框图

1—高压蓄电池单元；2—电池监控电子设备；3—电池模块；4—熔丝；5—加热装置的电子控制装置（取决于装备）；
6—安全箱；7—预负荷接触器；8—高压蓄电池单元的高压接口（正极）；9—高压蓄电池单元高压接口（负极）；
10—高压车载网络高压接口的高压触点监测装置；11—接触器（正极）；12—接触器（负极）；13—高压触点
监测装置电路的接口；14—安全蓄电池接线柱；15—SME控制单元；16—总线连接（PT-CAN2）；
17—带用于测量单个电池电压的传感器的电池监控电子设备；18—带多个单格电池的电池
单元模块；19—锂离子电池；20—用于测量电池单元模块内温度的传感器；21—高压
蓄电池的加热装置（取决于装备）；22—电压电流传感器

高压蓄电池单元用于吸收、存储和准备电动驱动装置和高压车载网络的电能。高压蓄电池由多个电池单元模块组成，而电池单元模块则带有相应的多个单格电池。电池单元模块串联连接，结构如图3-24所示。高压蓄电池技术参数见表3-4。

表 3-4 宝马高压蓄电池参数

参 数	值
单格电池数量（锂离子电池）	96
电池单元模块数量（各12个单格电池）	8
额定电压	355.2V
100%充电状态时的电压	393.6V
0%充电状态时的电压	259.2V
电容量	60A·h
可用能量	18.1kW·h
壳体尺寸（长度×宽度×高度）	1659.5mm×964mm×173.5mm
质量	约235kg

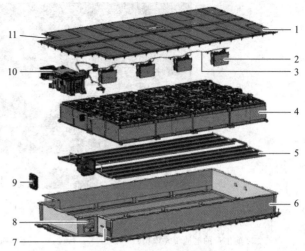

图 3-24 蓄电池单元结构

1—壳体盖；2—电池监控电子装置；3—电池监控电子设备电线束；4—电池模块；5—带冷却通道和加热装置的热交换器；6—壳体；7—电子插头；8—制冷剂管路接口；9—通气口；10—安全箱；11—存储器管理电子装置（SME）

为了实现可追溯性，出厂时会记录高压蓄电池单元的组成：在存储器电子管理系统（SME）内存储有最重要部件的系列号。如果高压蓄电池单元在保养时进行修理，则将新装不可见的系列号存储在 SME 内，并通过 ISTA 记录。

将记录下列部件的系列号：8个电池单元模块；8个附属的电池监控电子设备。电池模组位置如图 3-25 所示。

为了在修理前和/或修理时提供帮助，可以打印该文件并将内部部件的系列号记录到表格内。

在电池单元模块上边缘，按照商标和总成分组（BMW 6127）读取电池单元模块的28位系列号，范例如图 3-26 所示。

2015 年以后生产的电池单元模块取消了标记上八位的供应商编号：BMW 6127 7625066-09 DE 02-09-15 00287。

此后标记的系列号只由以下部分组成。

① 7625066：七位零件号码。

② 09：两位更改索引。

③ 02-09-15：六位生产日期（年、月、日）。

④ 00287：五位连续编号。

此外，在 SME 中存储每个电池单元模块的28位完整系列号。从型号铭牌上读取电池监控电子设备的系列号，范例如图 3-27 所示。

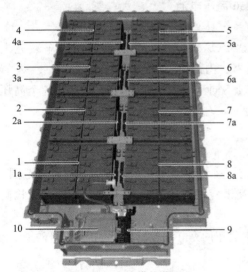

图 3-25 电池模块位置

1—电池单元模块1；1a—电池监控电子设备1；
2—电池单元模块2；2a—电池监控电子设备2；
3—电池单元模块3；3a—电池监控电子设备3；
4—电池单元模块4；4a—电池监控电子设备4；
5—电池单元模块5；5a—电池监控电子设备5；
6—电池单元模块6；6a—电池监控电子设备6；
7—电池单元模块7；7a—电池监控电子设备7；
8—电池单元模块8；8a—电池监控电子设备8；
9—安全箱；10—SME

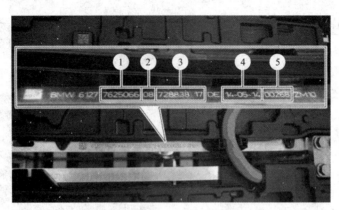

图 3-26 电池序列号标签位置

1—7625066：七位零件号码；2—08：两位更改索引；3—728838 17：八位供应商编号（仅用于 2014 年 12 月之前生产的电池单元模块）；4—14-05-14：六位生产日期（年、月、日）；5—00268：五位连续编号

图 3-27 电池单元型号系列号释读

1,2—电池单元型号系列号

图 3-27 中所示系列号含义如下：

① 7825081：七位零件号码。

② 03：两位更改索引。

③ 114191 10：八位供应商编号。

④ 19.02.13：六位生产日期（日、月、年）。

⑤ 00031：五位连续编号。

（6）荣威 E50 高压电池

高压电池包系统具有以下功能。

① 4 路独立的 CAN 网络，分别与整车、车载充电器、非车载充电器、内部控制模块通信。

② 提供高压电池包的状态给整车控制器，通过不同高压继电器的通断，实现各个高压回路的通断，使其实现充放电管理和高压电池包电池状态的指示。

③ 车载充电管理。

④ 非车载充电管理。

⑤ 热管理功能。通过水冷的方式控制高压电池包在各种工况下工作在合适的温度范围。

⑥ 高压安全管理。实现绝缘电阻检测、高压互锁检测、碰撞检测功能，具备故障检测管理及处理机制。

⑦ 实现车载和非车载充电器的连接线检测，控制整车的充电状态和充电连接状态灯的指示。

荣威 E50 高压电池包安装位置如图 3-28 所示。

高压电池组参数如表 3-5 所示。

高压电池包系统组成如下。

① 高压电池组电池模块。包含 5 个模块，其中 3 个大模块（27 串 3 并），2 个小模块（6 串 3 并）；电池共 93 个串联。

② 高压电池包电池管理控制器。汇总内部控制器采集的电池信息，通过一定的控制策略，向整车控制器提供电池运行状态的信息，响应整车高压回路通

表 3-5 高压电池组参数

总能量	18kW·h
可用能量	16kW·h
总容量	60A·h
防护等级	IP67
总电压范围	232.5～334.8V
单体电池电压范围	2.5～3.6V
单体电池容量	20A·h

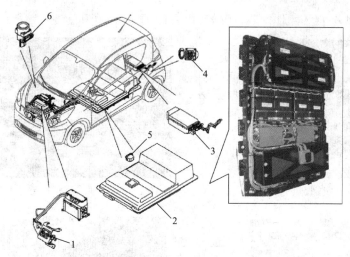

图 3-28　高压电池安装位置

1—快速充电口；2—高压电池包；3—慢速充电器；4—慢速充电口；5—手动维修开关；6—高压惯性开关

断命令，实现对电池的充放电和热管理。

③ 高压电池包电池高压电力分配单元。通过不同高压继电器的通断，实现各个高压回路的通断。

④ 高压电池包电池检测模块。实现电流检测和绝缘检测等功能。

⑤ 高压电池包电池采集和均衡模块。实现对电池电压和温度的采集、电池均衡功能；每个大模块由 2 个电池采集和均衡模块管理，每个小模块由 1 个电池采集和均衡模块管理。

⑥ 高低压线束及接插件。

⑦ 冷却系统附件，如冷却板和冷却管路等。

⑧ 外壳。

高压电池内部组成如图 3-29 所示。

高压电池包接口插件连接如图 3-30 所示。

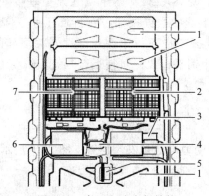

图 3-29　高压电池内部结构

1—高压电池组电池模块（27 串 3 并）；2—高压电池组电池
模块（6 串 3 并）；3—高压电池包电池管理控制器与电池
采集和均衡模块（6 串 3 并）；4—高压电池包电池检测
模块；5—手动维修开关；6—高压电池包电池高压
电力分配单元与电池采集和均衡模块（6 串 3 并）；
7—高压电池组电池模块（6 串 3 并）

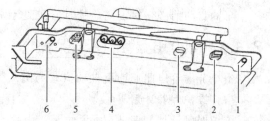

图 3-30　高压电池包接口

1—冷却水管入口；2—低压接插件（整车低压
接插件 BY113）；3—低压接插件（充电低压
接插件 BY115）；4—高压接插件（整车
快充接插件）；5—高压接插件
（车载充电接插件）；
6—冷却水管出口

高压电池模块上相关部件安装位置如图 3-31～图 3-34 所示。

图 3-31　电池管理单元位置

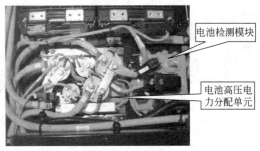

图 3-32　电池检测模块与电力分配单元位置

图 3-33　通气孔塞位置

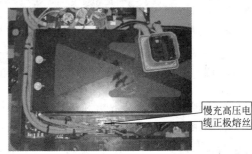

图 3-34　慢充正板熔丝

图 3-35　高压惯性开关位置

如果发生碰撞或突然冲击，则当其撞击加速度达到一定值时，会触发高压惯性开关打开，自动切除高压供电系统。组合仪表显示动力系统切断警告。此时车辆无法正常启动。经过排除故障、确认安全后才可以进行复位操作。

高压惯性开关位于手套箱右后方，固定于车身右侧 A 柱上，见图 3-35。高压惯性开关垂直安装，在其顶面上有一个重置按钮，在拆卸下手套箱后，可以用手触摸到。按下位于高压惯性开关顶部的按钮（图 3-35 中箭头标出）可使惯性开关重新复位。

车辆启动前必须保证高压惯性开关处于复位位置。

3.1.2　动力电池维护与保养

本小节内容以比亚迪唐电动汽车为例。该汽车的动力电池包安装位置如图 3-36 所示。

（1）维护保养计划

维护保养计划如表 3-6 所示。

表 3-6　维护保养计划

序号	维护保养项目	维护保养周期	适用范围
1	外观检查	每 6 个月或 5 万千米	动力电池
2	绝缘电阻测试	每 6 个月	独立动力电池
3	容量测试及校正	每 6 个月或 5 万千米	动力电池

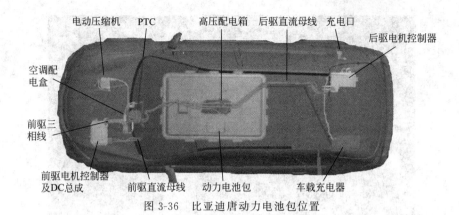

图 3-36　比亚迪唐动力电池包位置

（2）动力电池外观检查

动力电池的外观检查主要针对动力电池托盘底部。检查步骤如下。

① 将轿车停在举升机两柱之间。

② 举升轿车，高度为 1.2m 左右，观察动力电池托盘边缘及底部。

③ 检查并确认托盘边缘无开裂、无液体流出，托盘底部无凹陷变形。

④ 确定无问题后放下轿车。

（3）容量测试及校正

· 放电至下限保护电压（单节电压为 2.2V），即 0%SOC。

· 充电至上限保护电压（单节电压为 3.8V），即 100%SOC。

· 记录充入的容量 C。

· 充电结束后，拔掉充电器，关闭充电口舱门。

· 连接 VDS1000，将标称容量更改为 C。

电池包标称容量标定方法，以唐为例。

① 确认电池包标称容量（品检代号）、SOC。

② 进入系统标定设置。操作界面如图 3-37 所示。

注：品检代号命名规则：A 为 0、B 为 1、C 为 2、……。

另一种电池包出厂容量标定方法的操作界面如图 3-38 所示。

（4）独立动力电池的维护和保养

独立动力电池包模块接口插件如图 3-39 所示。

动力电池包检修标准与维修方式见表 3-7。

表 3-7　动力电池包检修标准和维修方式

序号	标　准	不符项处理措施
1	密封盖无裂痕，无凹陷、凸起等变形	更换
2	托盘边缘无变形	更换
3	托盘压条螺钉无松动	重新紧固
4	正、负极标识和高压警示标识清晰，无破损	更换标识
5	正、负极引出插孔内无异物	用气枪吹出清理异物
6	正、负极引出附近螺栓无断裂	更换
7	采样线接口无破损	更换

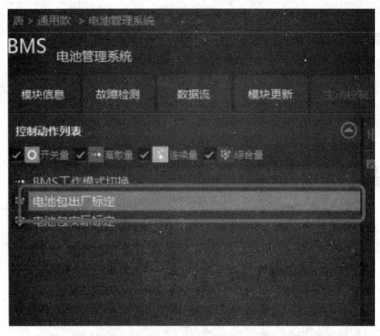

图 3-37　容量标定操作界面

图 3-38　电池包出厂容量标定

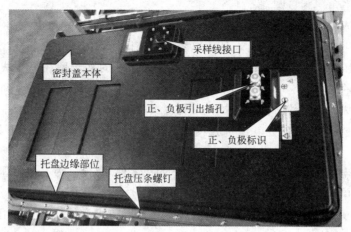

图 3-39　动力电池连接端子分布

（5）宝马相关高压蓄电池维护说明

① 专用工具说明如下。

最重要的专用工具有用于拆卸和安装高压蓄电池单元的移动式机组升降台 MHT 1200＋适配器组件；高压蓄电池单元的电池单元模块充电器；用于修理的高压蓄电池单元的测试仪；用于拆卸和安装电池单元模块的提升工具；用于在高压蓄电池单元内部松开夹子的由塑料制成的饰板楔子；用于整个高压蓄电池单元的提升横梁；高压截止带；推荐带闪光贴纸的黄色封口圆盖。

只有具备高压蓄电池单元修理资质的服务员工才能执行此维修工作。

只有检测计划存在"拆卸和打开高压蓄电池单元"一项并且满足"高压电池单元外表无可见机械损坏"的前提下，才可以打开高压蓄电池单元并更换由检测计划所确定的故障组件。除更换故障组件外，未规定高压蓄电池单元中的任何维修工作。

为了更换故障组件，准确遵守维修说明中规定的工作步骤非常重要，使用其中提到的专用工具也至关重要。

② 安全规定如下。

在修理高压蓄电池单元时打开壳体盖后的第一个步骤是目检是否存在机械损坏。

在每个工作步骤进行时或进行前后，都需要仔细地目检工作范围内的组件。例如在拆卸某个组件时，就应该检查被取下的其他组件是否损坏。如果壳体或内部高压组件损坏，则应联系专业电工或接通技术支持。出于安全考虑，应立即终止高压蓄电池单元上的作业。

检查高压蓄电池单元控制单元上的绝缘监控器导线的插头是否正确嵌入。如果该插头未完全嵌入，则可能没有识别到绝缘故障。

在打开的高压蓄电池单元中进行维修工作之前，始终需要脱开两个电池单元模块（在高压蓄电池单元连接侧对面）之间固定在壳体内部的高压线，以中断串联（额外的安全性）。

用于高压蓄电池单元修理的工作场地必须干净（无油脂、无污渍且无金属屑）、干燥（无泄漏的液体），并且没有飞溅的火星。因此应避免在车辆清洁区或进行车身维修工作的工作场所附近。必要时应使用活动隔板进行分离。

为确保工作场地免受未经授权的访问（资质不足的人员、客户、来访者等），以及在高压本安型缺失/状态不明的情况下，需要使用高压截止带。离开工作范围时建议放置一个带闪光贴纸的黄色三角形封口圆盖。

在高压组件或高压线处及其附近区域请勿使用有尖锐或锋利边缘/棱角的工具或其他物品。例如禁止使用剪线钳、刀等。在低压电线束上允许使用剪线钳打开导线扎带。

不得切开高压线处或12V导线处的导线扎带。损坏的夹子留在高压线或12V导线处。将高压线上残留的已损坏夹子移动到不会磨去夹子的位置，然后安放一个新夹子。

失效的或损坏的高压线必须废弃掉，以免再次使用。

不得将工具遗忘在高压蓄电池单元内部。在关闭壳体盖前，检查工具箱中工具的完整性。

必须重新取出高压蓄电池单元内遗忘/落下的小零件/螺栓。为了在修理时不会将螺栓遗忘在高压蓄电池单元内，建议使用一般磁化工具。

如果工作中断，则应放上壳体盖并旋入几颗螺栓以防止意外打开。使用高压截止带隔离工作范围。

由于水箱非常平坦的结构设计，拆卸和安装过程中的损坏风险升高。此时务必要仔细地进行操作，因为水箱损坏时（弯曲、凹陷）无法再确保电池单元模块的冷却。这样一来车辆的电动可达里程和功率就会大大降低。在极端的情况下，这可能会导致抛锚情况。

在拔下和插上高压蓄电池单元控制单元（输入安全箱）上的绝缘监控器线路时尤其需要小心地处理，因为橘黄色细导线上存在高压。此时不得在导线上拉拽（例如为了拔下插头等）！插入时其必须安全地嵌入。

在电池单元模块上进行维修工作（拆卸、安装及提取）时应注意，模块的塑料盖板不得松开。其下方是带电压的电池电极系统。盖罩松开时不允许再继续工作，应联系专业电工或接通技术支持。

拆卸前应除去高压蓄电池单元盖罩区域内的残余水分和严重污物。

重新安装前应使用规定的清洗剂清洁密封件和密封面（排气单元、高压插头、信号插头、水箱接口）。

如果高压蓄电池单元中有污物，则在明确原因后，应小心地清洁相关位置。

许可的清洗剂：酒精、挡风玻璃清洗剂、玻璃清洁剂、蒸馏水。带绝缘装置的吸尘器在安装状态下（车厢下）目检壳体以及接口和脱气单元的污物及损坏情况。排气单元中的膜片损坏可能是存储单元损坏的迹象表现。此处在检查和打开高压蓄电池单元时也要特别小心。

电解液的主要成分是锂镍锰钴氧化物的混合物，并且是固定的。高压蓄电池单元中游离电解液的量非常小。这是一种对健康有害的、有刺激性的液体，因此必须避免皮肤直接接触到泄漏的液体，它可能会导致灼伤。如果皮肤或眼睛接触到这些液体，请用大量清水冲洗并立即咨询医生。同样，也存在电解液燃烧或蒸发的危险。小心，不得吸入！应确保有足够的新鲜空气输送。如果呼吸停顿，应进行人工呼吸并立即咨询医生。失火情况下应通知消防队；立即清空该区域并封锁事故现场；在不会伤及人员的前提下尝试灭火并使用合适的灭火剂（例如水）。

③ 修理拆下的高压蓄电池单元。

高压蓄电池单元是一个尺寸大且重量重的组件。只有壳体及其内部固定的电池单元模块构成的组合才能为高压蓄电池单元提供行驶模式下恰好需要的充分的稳定性（刚度）。因此在更换和固定电池单元模块的过程中应注意，壳体位于专为其提供的机组升降台的固定装置/适配接口上。这样可以避免在安装高压蓄电池单元到车上时壳体被拉紧。

　　借助测试仪将更换组件的系列号和安装位置记录到 SME 中并传送到诊断系统中非常重要。否则会由 SME 自动分配新安装位置，结果便是不正确的位置说明，因为 SME 分配的是不正确的位置。在新一次修理高压蓄电池单元时，诊断出的故障将显示出错误的安装位置。这样组件就会被更换到错误的位置上。

　　在诊断中无法输入电池监控电子设备的系列号。系列号将通过 CAN-BUS 从电池监控电子设备中传输至 SME，然后 SME 分派相应的位置分配。分配运行时不一定是毫无问题的。因此，在成功进行修理后必须在诊断中检查已更换电池监控电子设备的系列号和安装位置。如果位置不相匹配，则可以通过诊断执行位置变化，来输入电池监控电子设备的新系列号。

　　注意：不得使用电动扳手，否则由于高压蓄电池单元中的扭矩较低会造成螺栓/螺纹撕裂！

　　每次取下壳体盖后必须更新密封件，以确保高压蓄电池单元的密封性。

　　螺栓为自攻螺栓，因此在使用工具继续工作前请小心地手动放置，否则可能会损坏壳体下部件的螺纹！

3.1.3　特斯拉 MODEL S 动力电池拆装

　　说明：若车辆配有空气悬架，则在举起并支撑车辆前启动触摸屏上的 JACK 模式。

　　将无线电钻与 3/8in 驱动装置接合器和 3/8in 驱动装置气动棘轮扳手配合使用来执行此程序。不要使用冲击扳手拆卸电池紧固件。以下拆装步骤应该由 2 名技术人员配合完成。

（1）电池拆卸步骤

①升起并支撑车辆。

②拆卸后护板。

③拆卸将左侧剪力板固定到副框架的螺母（扭矩为 35N·m）。

④拆卸将电池固定到车身的中心螺栓（×6）（扭矩为 38N·m），见图 3-40。

⑤在电池下面正确放置电池工作台。确保该工作台保持水平并且可以支撑电池的全部重量。

⑥如果装配了防撞板压铸件，请将其拆下。

⑦拆卸将高压电池固定到前副框架和车身的螺栓（×2）（扭矩为 115N·m），见图 3-41。

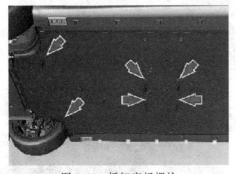

图 3-40　拆卸底板螺栓

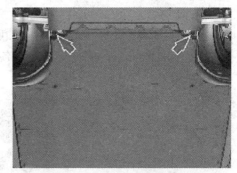

图 3-41　拆卸前副框架固定螺栓

⑧拆卸将高压电池固定到前副框架的螺栓（×4）（扭矩为 30N·m），见图 3-42。

⑨拆卸将高压电池固定到车身左侧车门槛板的螺栓（×8）（扭矩为 55N·m），见图 3-43。

图 3-42　拆卸电池前副框架固定螺栓

图 3-43　拆卸车身左侧固定螺栓

⑩ 对于固定到车身右侧车门槛板的电池，操作过程与步骤⑨相同。

⑪ 拆卸将电池固定到车身的其余螺栓（×6）（扭矩为 38N·m），见图 3-44。

⑫ 使用辅助设备小心地降低电池总成，拆下电池总成，见图 3-45。

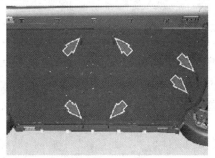

图 3-44　拆卸其余固定螺栓

图 3-45　拆电池总成

⑬ 使用万用表检查高压电池处的电压：B＋到地面；B－到地面；B＋到B－。若电压读数超过 10V，则说明接触器没有完全打开，应立即中断作业。

⑭ 将一个高电压盖（1038478-00-A）和一个低电压盖（1028325-00-A）插入高压和低压电池端口。如果没有此类护盖，则使用 3M 2480S 遮蔽胶带［2in（1in＝0.0254m）宽］或 3M 471 红色聚氯乙烯绝缘带（2in 宽）密封这些端口，见图 3-46。使用前，验证盖上的密封并未损坏。

（2）安装步骤

注意：更换所有尼龙嵌件式防松螺母和所有补件螺栓；不要用冲击扳手安装电池紧固件。

安装以与拆卸相反的步骤进行，以下各项例外。

① 将电池抬升入位并确保电池线束连接器和定位销（×2）连接到电池，见图 3-47。

图 3-46　检查端口密封

1—高压侧；2—低压侧

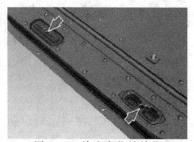

图 3-47　检查定位销就位

② 使用高压速接头安装工具，确保高压速接头正确就位。

a. 将手伸到后副框架上方并将高压速接头用力向下拉。

b. 定位高压速接头就位工具，使下臂支撑在后副框架底部，上臂位于车辆侧面速接头高压电缆中间。

c. 将把手朝向车辆后部拉动，确保速接头正确就位。

③ 检查并加满冷却系统。

3.1.4　特斯拉 MODEL S 电气绝缘步骤

注意：如果已断开 12V 电源，则在车门玻璃处于关闭位置时，请勿尝试打开车门，若不遵守则会导致车门玻璃破碎。

(1) 断开 12V 和高压电源

① 断开 12V 电源。

② 确保紧急响应程序回路（X536）已断开了至少 2min。

③ 检查驱动变流器、直流-直流变流器或前接线盒处是否存在高电压。

(2) 检查驱动变流器处是否存在高电压

① 升起并支撑车辆。若车辆配有空气悬架，则在举起并支撑车辆前启动触摸屏上的 JACK 模式。

② 拆卸中间护板。

③ 断开低压线束，然后松开螺栓，并拆卸橙色驱动变流器盖（扭矩为 3N·m），见图 3-48。

④ 将驱动变流器外壳用作底盘接地。如图 3-49 所示测量以下电压：B+到 B−；B+到地面；B−到地面。如果电压高于 10V，则表明并没有完全打开高压接触器，此时存在电击危险。因存在触电死亡危险，故在以上 3 项电压低于 10V 之前，请勿在高压电路上工作。

图 3-48　拆卸驱动变流器盖

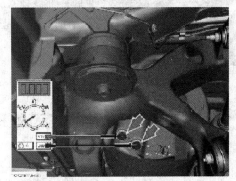

图 3-49　测量电压

(3) 检查直流-直流变流器处是否存在高电压（仅限第一代）

① 拆卸右上方前轮拱内衬。

② 拆卸直流-直流变流器上的高电压盖（扭矩为 18N·m），见图 3-50。

③ 将直流-直流变流器外壳用作底盘接地。如图 3-51 所示测量以下电压：B+到 B−；B+到地面；B−到地面。如果电压高于 10V，则表明并没有完全打开高压接触器，此时

存在电击危险。因存在触电死亡危险，故在以上 3 项电压低于 10V 之前，请勿在高压电路上工作。

图 3-50　拆卸 DC 转换器上的盖板

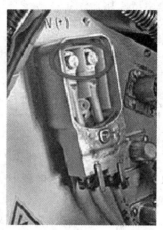

图 3-51　检查接线端电压

（4）检查前接线盒（FJB）处是否存在高电压（仅限第二代）

① 拆卸前备厢储物盒。

② 从通向直流-直流变流器的高压接线盒上松开蓝色 KE 丁连接器。

③ 将直流-直流换流器外壳用作底盘接地。测量以下电压：B＋到 B－；B＋到地面；B－到地面。如果电压高于 10V，则表明并没有完全打开高压接触器，此时存在电击危险。因存在触电死亡危险，故在以上 3 项电压低于 10V 之前，请勿在高压电路上工作。

图 3-52　O 形环位置

（5）安装步骤

安装程序与拆卸程序相反，以下各项除外。

如果已拆卸驱动变流器盖，则检查驱动变流器盖 O 形环是否变形或损坏，并根据需要进行更换，以防进水。重新安装驱动变流器盖时，以一定的角度插入盖，以防损坏 O 形环。在左侧（B＋）O 形环到位后，将盖旋到位，见图 3-52。

3.1.5　动力电池故障检测及处理

（1）相关事故故障处理

① 碰撞。新能源车辆发生碰撞时，请根据实际情况按照以下方法对车辆进行操作。

a. 在有绝缘防护的条件下，将车门打开。

b. 检查车辆是否在 OFF 挡。

c. 断开前舱 12V 蓄电池。

d. 断开维修开关（唐车型已取消）。

e. 查看动力电池托盘边缘是否开裂，有无明显液体流出。

f. 若有漏电、漏液现象，则及时拆下动力电池及断开各模组采样线、高压连接线。

② 水淹。若新能源车辆浸入深水中（深度超过电池托盘），请根据实际情况按照以下方法对车辆进行操作。

a. 在有绝缘防护的条件下，将车辆从水中移出并打开车门。

b. 检查车辆是否在 OFF 挡。

c. 断开前舱 12V 蓄电池。

d. 断开维修开关（唐车型已取消）。

e. 清除车辆内部水迹，检查车辆动力电池是否漏电。

f. 若漏电则及时拆下动力电池及断开各模组采样线、高压连接线。

③ 泄漏。如果动力电池发生泄漏（有明显液体流出），请按照以下方法对车辆进行操作。

a. 请将车辆退电至 OFF 挡，断开前舱 12V 蓄电池。

b. 断开维修开关。

c. 及时拆下动力电池及断开各模组采样线、高压连接线。

发生少量泄漏时，请远离火源，使用吸液垫吸附后置于密闭容器中，或采用焚烧方式处理。操作前请佩戴防腐蚀手套。

发生大量泄漏时，请统一收集，按照危险化学品处理，可加入葡萄糖酸钙溶液来处理有毒气体 HF。

当人体不慎接触泄漏液体时，应立即用大量水冲洗 10～15min。如果有疼痛感，可用 2.5％的葡萄糖酸钙软膏涂敷，或用 2％～2.5％的葡萄糖酸钙溶液浸泡止痛。若无改善或出现不适症状，请立即就医。

④ 冒烟起火。如果车辆起火，请根据实际情况按照以下方法继续对车辆进行操作。

a. 若条件允许，则将车辆退电至 OFF 挡，断开前舱 12V 蓄电池，断开维修开关。

b. 使用灭火器（请勿使用水基型灭火器）灭火，并立即拨打 119 电话救援。

c. 如果火势较大、发展较快，请立即远离车辆，并立即拨打 119 电话救援。

（2）电池包常见故障分析

① 温度类。车辆上不了 OK 挡，仪表盘提示动力电池温度过高。出现温度告警后，首先需排除管理器、连接线束等因素（更换管理器、管理器与电池包连接采样线束）；更换后若故障仍存在，则判断为动力电池故障。

② 动力电池包漏电类。仪表 OK 灯不亮，仪表提示请检查动力系统，高压系统漏电故障。

断开电池包与车身的所有连接（正负极引出、采样线接口），闭合维修开关总成，用万用表测试电池包各项参数。

a. 闭合维修开关。

b. 使用万用表测量动力电池总电压 U。

c. 使用万用表测量正极与车身电压 U_1。

d. 使用万用表测量负极与车身电压 U_2。

e. 万用表笔更换为并联定值电阻表笔，并将挡位拨至电阻挡，测量定值电阻值 R。

f. 万用表挡位拨回直流电压挡，测量并联电阻后正极与车身电压 U_1'。

g. 测量并联电阻后负极与车身电压 U_2'。

h. 测量结束后断开维修开关。

分别用以下公式进行计算。

$$R_1 = \frac{U_1 - U_1'}{U_1'} \times \frac{R}{U} \text{ 和 } R_2 = \frac{U_2 - U_2'}{U_2'} \times \frac{R}{U} \text{（计算结果的单位为 }\Omega/V\text{）}$$

两者中的最小值为绝缘电阻（计算过程中，U、U_1、U_1'、U_2、U_2' 的单位为伏特 V，R 的单位为欧姆 Ω）。若绝缘电阻值小于 500Ω/V，则为漏电。

测量正、负极对采样线接口 V_{12-} 电压，见图 3-53。

正、负极对采样线接口 V_{12-} 正常电压 <1V，正、负极任意一侧与 V_{12-} 电压大于 20V，即判断为温感漏电。

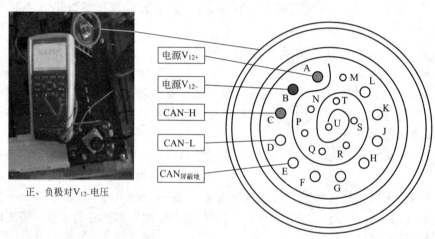

正、负极对V_{12-}电压

图 3-53　检测采样线电压

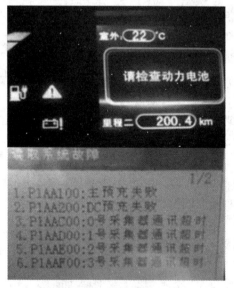

图 3-54　故障读取信息

③ 采集器通信超时类。

故障案例：车辆无法上高压，挂挡不走。用诊断仪检测电机控制器无故障码，检测高压电池管理器均报 0～9 号采集器通信异常，见图 3-54。

检测电池包采样线无 12V 输入，CAN-H 与屏蔽地阻值大于 1MΩ。

a. X-V_{12+} 与 X-V_{12-} 电压：12V 左右（此值为线束端的测量值）。

b. CAN-H 与 CAN-L 阻值：122Ω 左右。

c. CAN-H 与屏蔽地阻值：正常值 >1MΩ。

d. CAN-L 与屏蔽地阻值：正常值 >1MΩ。

e. 电池包正极与 X-V_{12-} 电压：正常值 <20V。

f. 电池包负极与 X-V_{12-} 电压：正常值 <20V。

g. 电池包正极对负极：电池包总电压。

④ 动力电池严重不均衡类。

故障案例：E6 充满电后只能行驶 80km 左右。诊断仪读取故障码为"P1AB800：BIC 均衡硬件严重失效"，"P1ABA00：电池严重不均衡"，见图 3-55。

检查方法如下。

a. 对车辆进行全充全放一次。

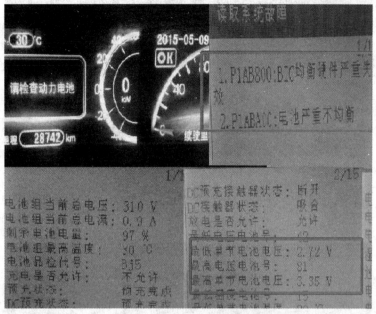

图 3-55　故障读取信息

b. 倒换 BMS 测试 80%、50%、0%单节电池电压数据流,观察最低电池电压是否一致。

故障依旧,更换动力电池。

⑤ 动力电池 SOC 跳变类。

故障描述:车辆在高速上 SOC 从 68%迅速跳至 0%。用诊断仪读取最低单节电池电压为 2.10V,最高为 3.33V,如图 3-56 所示。

故障排查如下。

a. 经检查发现电脑上位机读取数据显示第 37 节电池电压严重过低。

b. 倒换 BMS,最低单节电池仍为第 37 节,因此排除 BMS 故障。

c. 举升车辆发现电池包托盘有被撞击的痕迹。根据撞击部位与第 37 节电池布置吻合,判断此故障是由撞击导致的,建议尽快报保险处理。

(3) 故障维修案例

① 动力电池包故障案例。

故障现象:比亚迪唐车辆无 EV 模式。组合仪表提示"请检查动力系统",如图 3-57 所示。

诊断过程如下。

a. 用 VDS1000 读取发现 BMS 电池管理系统内有故障码"P1A2000:BIC1 温度采样

图 3-56　单节最低电压

图 3-57　请检查动力系统的仪表提示

异常故障""P1A5000：电池管理系统自检故障""P1A9500：因采样系统故障导致充放电功率为 0"（图 3-58）。初步怀疑是动力电池内部故障。

故障码	故障描述
P1A2000	BIC1温度采样异常故障
P1A5000	电池管理系统自检故障
P1A9500	因采样系统故障导致充放电功率为0

图 3-58　系统故障码信息

b. VDS1000 读取的 BMS 系统数据流，如图 3-59～图 3-61 所示。

数据项	数据值		最小值	最大值
满电次数	1	次	0	65535
SOC	99	%	0	100
电池组当前总电压	718	V	0	1000
电池组当前总电流	-0.4	A	-500	1000
最大允许充电功率	0.0	kw	0	500
充电次数	0			
最大允许放电功率	161.2	kw	0	500
累计充电电量	41	AH		
累计放电电量	28	AH		
累计充电电能	6656	kwh		
累计放电电能	4608	kwh		
历史顶端压差	212	mV	0	5000
历史底端压差	379	mV	0	5000
绝缘阻值	65535	KΩ		
放电是否允许	不允许			

图 3-59　数据流信息（一）

c. VDS1000 读取的 BMS 系统模组信息数据流，如图 3-62～图 3-66 所示。

通过 VDS1000 读出的 BMS 系统和电池包各模组的数据流信息并没发现数据异常。

d. 用上位机检查发现第 138 节电池单节电压约为 2.1V，第 139 节电池单节电压约为 4.5V，相差很大。由此确认为动力电池包内部故障。

数据项	数据值		最小值	最大值
充电是否允许	不允许			
充电感应信号-交流	无			
预充状态	未预充			
主接触器状态	断开			
负极接触器状态	断开			
预充接触器状态	断开			
分压接触器1状态	断开			
分压接触器2状态	断开			
高压互锁1	未锁止			
高压互锁2	未锁止			
高压互锁3	未锁止			
高压系统状态	正常			
最低电压电池编号	102		1	256
最低单节电池电压	3.323	V	0	5
最高电压电池编号	174		1	

图 3-60　数据流信息（二）

数据项	数据值		最小值	最大值
最高单节电池电压	3.330	V	0	5
最低温度号	28		0	256
最低温度	35	℃	-40	160
最高温度号	8		0	256
最高温度	37	℃	-40	160
电池组平均温度	36	℃	-40	160
向上均衡出发次数	0			
向下均衡出发次数	0			
均衡状态	无效数据/预留			
智能充电	无效数据/预留			
用电设备工作状态	无效数据/预留			

图 3-61　数据流信息（三）

数据项	数据值		最小值	最大值
模组1最低电压电池编号	2		1	256
模组1最低单节电池电压	3.331	V	0	5
模组1最高电压电池编号	5		1	256
模组1最高单节电池电压	3.336	V	0	5
模组1最低温度电池号	2		1	256
模组1最低单节电池温度	35	℃	-40	160
模组1最高温度电池号	2		1	256
模组1最高单节电池温度	35	℃	-40	160
模组2最低电压电池编号	3		1	256
模组2最低单节电池电压	3.330	V	0	5
模组2最高电压电池编号	13		1	256
模组2最高单节电池电压	3.336	V	0	5
模组2最低温度电池号	2		1	256
模组2最低单节电池温度	35	℃	-40	160
模组2最高温度电池号	3		1	256

图 3-62　BMS 数据流信息（一）

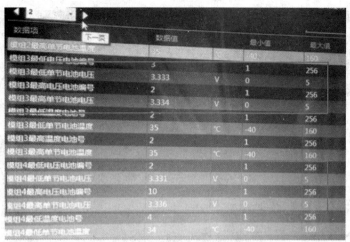

图 3-63 　BMS 数据流信息（二）

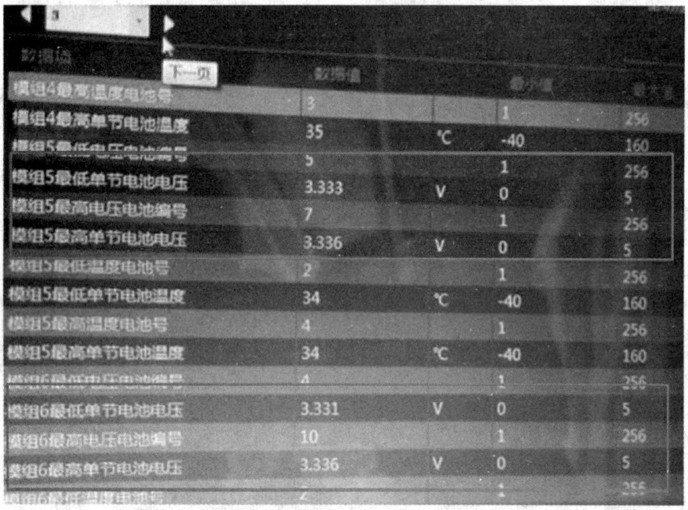

图 3-64 　BMS 数据流信息（三）

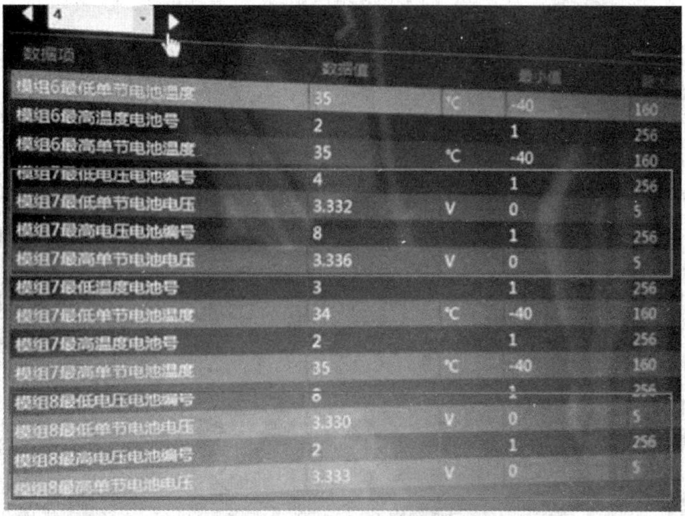

图 3-65 　BMS 数据流信息（四）

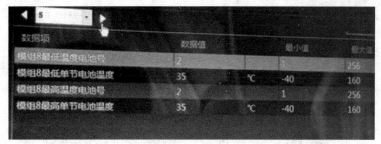

图 3-66　BMS 数据流信息（五）

处理方案：更换动力电池包总成。

② 电池采样线故障案例。

故障现象：车辆 SOC 78%，无 EV 模式。仪表提示"请检查动力系统"，BMS 故障码为"P1A3D00：负极接触器回检故障"，见图 3-67、图 3-68。

故障分析如下。

a. 因车辆动力系统故障，且 BMS 故障码为"P1A3D00：负极接触器回检故障"，故首先对 BMS 负极接触器电源、控制电路进行检查。

图 3-67　仪表提示

b. 检查 BMS 负极接触器 F 脚电源供给正常（k161 母端）。

c. 进一步排查发现动力电池采线端子（k161 公端）F 脚出现退针现象，见图 3-69。

故障处理：更换动力电池包（没有分件前更换总成）。

图 3-68　故障码信息读取

图 3-69　连接端子针脚故障

3.2　电池管理系统

3.2.1　系统功能与原理

（1）比亚迪秦分布式电池管理系统

分布式电池管理系统（Distributed Battery Management System，DBMS）由 10 个电池信息采集器（Battery Information Collector，BIC）和 1 个电池管理控制器（Battery Management Controller，BMC）组成。

10 个 BIC 分别位于 10 个动力电池模组的前端，BMC 位于行李箱车身右 C 柱内板后段，见图 3-70。

图 3-70　电池管理控制器位置

BIC 的主要功能是电压采样、温度采样、电池均衡、采样线异常检测等；BMC 的主要功能是充放电管理、接触器控制、功率控制、电池异常状态报警和保护、SOC/SOH 计算、自检以及通信等。

10 个电池信息采集器分别位于动力电池包内部每个动力电池模组的前端，见图 3-71。

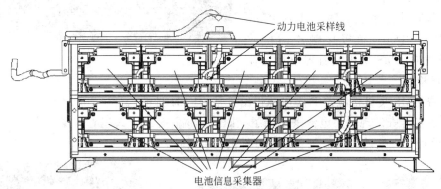

图 3-71　电池信息采集器位置

电池管理控制器系统原理如图 3-72 所示。

本车采用直流式漏电传感器。当高压系统漏电时，传感器会发出报文给电池管理器，电池管理器接收到漏电报文后会根据漏电情况马上报警或者控制马上断开高压系统，防止高压漏电对人或者物品造成伤害和损失。漏电传感器安装位置如图 3-73 所示，安装在电池包安装支架上的启动电池与配电箱中间。

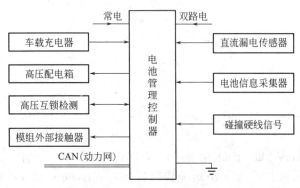

图 3-72　电池管理系统框图

图 3-73　漏电传感器安装位置

（2）比亚迪 E6 分布式电池管理

动力电池采用分布式管理器，负责整车电动系统的电力控制并实时监测高压电力系统的用电状态，采取保护措施保证车辆安全运行。

分布式管理器的主要作用：动力电池状态监测、充放电功能控制、预充控制。

分布式电池管理器与集中式电池管理器相比，优势如下。

① 结构更加优化、智能，原来的电压、温度采样线现在已经被替代。

② 布置更加合理，上位机的体积减小，有利于整车空间的充分利用，便于布置。

③ 性能更加完善，增加下位机采集器后，能够更加精确地控制电池的电压，通过均充均放保证单体的一致性，提高电池性能。

④ 整车更加安全，在电池内部增加继电器和熔丝，不仅保证了电池包本身的安全，同时也为整车提供了安全保障。

⑤ 电压采样线和温度采样线走线比较方便，固定比较容易。

⑥ 分布式电池管理器的防水等级更高（IP67），而且安装的位置比较高，更加可靠。

⑦ 安全性更好。集中式的电压采样线从电池包直接引出到电池管理器，若线束破损或者接插件进水则容易产生安全隐患，还容易使电池管理器短路而烧毁。

E6 分布式电池管理控制器安装位置如图 3-74 所示。

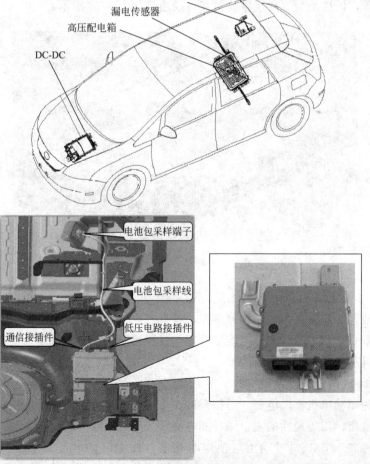

图 3-74 分布式管理器安装位置

分布式管理控制单元端子针脚见图 3-75。其端子定义见表 3-8。

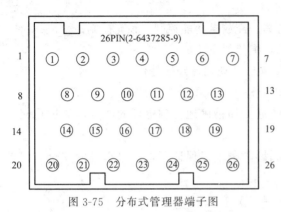

图 3-75　分布式管理器端子图

表 3-8　分布式管理器端子定义

1 脚	CAN3L(采集器)	14 脚	12V DC(双路电)(预留)
2 脚	采集器 CAN3 屏蔽地	15 脚	12V DC(双路电)(预留)
3 脚		16 脚	
4 脚		17 脚	
5 脚		18 脚	
6 脚		19 脚	
7 脚	BIC 电源＋12V_ISO	20 脚	电池内部接触器控制 1
8 脚	CAN3H(采集器)	21 脚	
9 脚		22 脚	
10 脚		23 脚	
11 脚		24 脚	
12 脚		25 脚	
13 脚		26 脚	BIC 电源地 GND_ISO

（3）比亚迪 E6 集中式电池管理系统

集中式管理器动力电池包每个单体电压为 3.3V，电池包标称电压为 316.8V，容量为 180A·h，一次充电 57kW·h。该电池包的组成：共有 96 个单体，电压采样线束 1 条，温度采样线束 1 条，托盘 1 个。高压电池包接口线连接如图 3-76 所示。

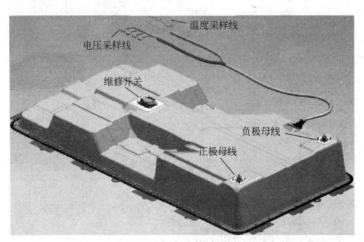

图 3-76　集中式管理电池包

E6 电池管理系统采用集中式电池管理器系统（Battery Management System，BMS），是电动汽车电池系统的参数测试及控制装置，具有安全预警（温度、电压、漏电、碰撞）与控制、剩余电量估算与指示、充放电能量管理与过程控制、信息处理与通信等主要功能。管理模块安装位置见图 3-77。

（4）众泰 100S 电池管理系统

动力电池为驱动电机提供电能，是整车的动力来源。动力电池由 400 块单体电池串、并联组成动力电池组，用周期性的充电来补充电能。

电池管理系统（BMS）对动力电池组的充电与放电时的电流、电压、放电深度、电池的自放电率、电池温度等进行控制。由于个别单体电池性能变化后，会影响整个动力

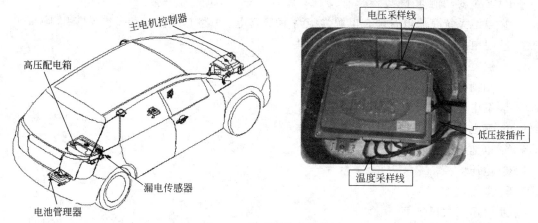

图 3-77　管理模块安装位置

电池组的性能，因此用电池管理系统（BMS）对整个动力电池组和动力电池组中的每一单体电池进行监控，保持单体电池性能的一致性，建立动力电池组的维护，保证车辆的正常运行。

BMS 电池管理系统可根据启动能力对充电状态（SOC）、健康状态（SOH）和功能状态（SOF）进行快速、可靠的监测，以提供必要的信息。因此，BMS 能够最大限度地减少因为电池意外失效而导致的汽车故障次数，从而尽可能地延长电池使用寿命和提高电池效率。BMS 的关键技术是智能控制，它可以测量电池的端电压、电流和温度，并计算出电池的状态，对电池在使用中出现的异常状况进行有限控制。BMS 控制系统原理如图 3-78 所示。

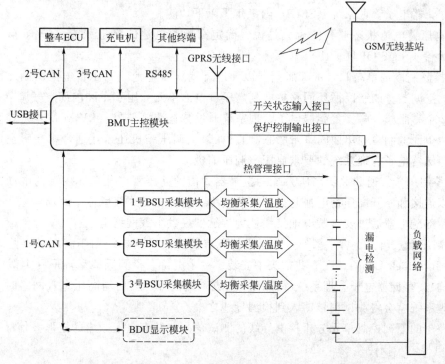

图 3-78　系统原理方框图

BMS 主要功能如下。

① 电池系统充放电管理，电源为 1 路 12V 常电、1 路 ON 挡唤醒、1 路 CHG 唤醒。

② 总电压、电流采集，单体电压采集。

③ 温度采集，采集点≥4 个。

④ 均衡功能。

⑤ 继电器粘连检测。

⑥ 充电枪插入 CC 检测，CAN 通信。

⑦ 电池组安全管理。

⑧ 电压监控。

⑨ 电流监控。

⑩ 过压、欠压告警。

⑪ 过流告警。

⑫ 过温告警。

⑬ 绝缘告警。

(5) 宝马 i3 存储器电子管理系统

存储器电子管理系统（SME）调节和协调高压蓄电池内的能量流。为此，存储器电子管理系统监控和计算高压蓄电池（锂离子蓄电池）的状态参量。

在此对高压蓄电池的使用寿命有很高的要求（车辆寿命）。为满足这些要求需在精确的规定范围内使用高压蓄电池，从而保证其使用寿命最长。

在电机电子伺控系统（EME）与存储器电子管理系统（SME）之间的密切配合下高压车载网络启动。在此电机电子伺控系统（EME）是主控单元，存储器电子管理系统（SME）是从属单元。两个控制单元通过 PT-CAN2 通信。

在存储器电子管理系统（SME）内汇集了以下功能。

① 高压蓄电池状态监控。也就是说，确定高压蓄电池的充电状态（State Of Charge）和健康状态（State Of Health）。

② 控制制冷剂单向阀（带膨胀阀）以便冷却高压蓄电池。高压蓄电池由制冷剂进行冷却，因此空调装置的制冷循环回路扩展到高压蓄电池单元。用于车厢内部空气调节和高压蓄电池的 2 个膨胀阀并联。蓄能器电子管理系统通过脉宽调制信号（PWM 信号）控制用于高压蓄电池单元的制冷剂单向阀（带膨胀阀）。如果空调压缩机还未接通，则冷暖空调控制单元根据存储器电子管理系统的要求启用空调压缩机。

③ 控制用于接通和关闭高压系统的接触器。借助高压蓄电池单元内部的电动机械式接触器可以连接和断开高压蓄电池与高压车载网络。电动机械式接触器由存储器电子管理系统控制。后部配电器通过安全蓄电池接线柱为接触器提供车载网络电压（12V）。

④ 高压触点监控。有一条经过高压组件所有插头的检测导线用于高压触点监控（High Voltage Interlock Loop）。在一些插头中安装了一个电桥。检测导线呈环形（类似于 MOST 环形结构）。存储器电子管理系统（SME）生成测试信号。当启动高压车载网络时，存储器电子管理系统就会将测试信号馈入到检测导线之中。

环路中的下列控制单元分析检测导线的测试信号（具有一定频率的矩形波信号）。

a. 电机电子伺控系统（EME）。

b. 存储器管理电子装置（SME）。

　　如果检测导线的电路断路，则 EME 控制单元或 SME 控制单元就会关闭高压车载网络的供电。只有当检测导线的电路重新闭合后，才能给高压车载网络重新提供电压。

　　EME 控制单元和 SME 控制单元分析测试信号。如果接收到的测试信号与发出的测试信号之间存在明显偏差（信号电平、对地短路或对正极短路），则 EME 控制单元或 SME 控制单元会关闭高压车载网络的供电。

　　⑤ 绝缘监控。如果高压系统处于启用状态，则存储器电子管理系统（SME）就会定期执行绝缘监控功能。借此确定激活的高压组件（如高压导线）与接地之间的绝缘电阻是否在要求的最小值以上。如果低于最小值，则车辆零件可能带有危险电压。在此接地作为基准电位。在没有附加措施的情况下，通过这种方式只能确定高压蓄电池单元内存在的局部绝缘故障。但是至少同样重要的是确定车辆内铺设的高压导线至接地的绝缘故障。出于这个原因，高压组件的所有可导电的壳体都与接地连接。中央控制单元可以由此确定整个高压车载网络内的绝缘故障。

　　绝缘监控以 2 挡做出反应。如果绝缘电阻低于第一个阈值，则对人还没有直接危险。因此高压系统保持启用状态，未输出检查控制信息，但是会将故障状态存储在存储器电子管理系统的故障代码存储器内。如果绝缘电阻低于第二个更低的阈值，则存储故障记录。此外还输出一条检查控制信息。

　　⑥ 发生事故时关闭高压车载网络。正常运行时通过总线端 Kl.30F 为存储器电子管理系统（SME）供电。电动机械式接触器也由此供电。

　　发生事故时通过安全蓄电池接线柱上的一个附加常闭触点关闭高压车载网络。安全蓄电池接线柱触发时，这个开关触点在蓄电池正极导线开始大电流烧蚀的同时打开，因此可中断至存储器电子管理系统的供电。接触器触点打开，从而使供电不再从高压蓄电池输送到高压车载网络内。在此从存储器电子管理系统的供电导线分出一条至电机电子伺控系统（EME）的导线。电机电子伺控系统以电子方式分析这条导线。发生事故时这条导线上的电压降到 0V。随后电机电子伺控系统使电容器放电并使电机的线圈短接。因此即使重新接通总线端 Kl.15，高压车载网络也保持停用状态。

　　宝马电池管理单元安装位置见图 3-79、图 3-80。

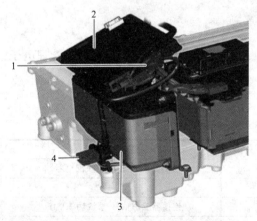

图 3-79　电池管理单元部件（图示车型为 i12）
1—18 芯插头连接；2—存储器管理电子装置（SME）；
3—熔丝盒；4—12 芯插头连接

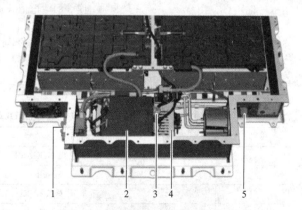

图 3-80　电池管理单元部件位置（图示车型为 i01）
1—高压接头；2—存储器管理电子装置（SME）；
3—18 芯插头连接；4—熔丝盒；
5—12 芯插头连接

用制冷剂冷却高压蓄电池时会出现较大的温差。在高压蓄电池内部水蒸气可能冷凝。冷凝水通过连接在壳体底部的冷凝水排放装置向外排出。

如果高压蓄电池的单格电池损坏，则溢出的气体可能产生高压。为安全起见，可以将气体通过通气口向外排出。

存储器电子管理系统（SME）是PT-CAN2上的总线设备。后部配电器借助总线端30F给高压蓄电池单元和集成式存储器电子管理系统供电。如果发生事故时安全蓄电池接线柱触发，则存储器电子管理系统关闭高压车载网络。存储器电子管理系统通过高压导线与电机电子伺控系统（EME）连接。用于高压触点监测装置的检测导线经过高压组件的所有插头。蓄能器电子管理系统通过唤醒导线（总线端Kl.15唤醒导线）与车身域控制器（BDC）连接。温度传感器直接连接在蓄能器电子管理系统（SME）上。这个温度传感器用于监控制冷剂管路的温度。

宝马i3电池管理单元电路如图3-81所示。

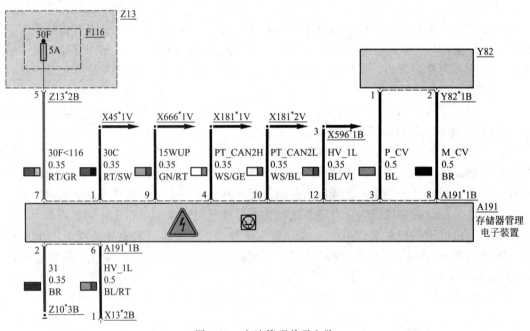

图 3-81　电池管理单元电路

电池管理器A191电路插头分为黑色18针与12针，分别为A191*01B存储器管理电子装置连接和A191*1B高压蓄电池单元连接。

A191*01B插头上的线脚布置如表3-9所示。

表 3-9　A191*01B 端子针脚定义

线脚 Pin	类型	名称/信号类型	插座/测量说明
1	E	电源 总线端 Kl.30F	熔丝 F116 Life 模块配电器
2	—	未被占用	—
3	E	唤醒信号 总线端 Kl.15	连接器唤醒信号 总线端 Kl.15
4	—	未被占用	—
5	M	接地	接地端 Z10*14B
6	E/A	PT-CAN 总线信号	驱动系 CAN2 总线连接
7	E/A	PT-CAN 总线信号	驱动系 CAN2 总线连接

续表

线脚 Pin	类型	名称/信号类型	插座/测量说明
8	—	未被占用	—
9	A	控制	制冷剂单向阀
10	E	总线端 Kl. 30C 信号	高压安全插头
11	—	未被占用	—
12	—	未被占用	—
13	A	高压触点监测装置信号	高压安全插头
14	M	接地	温度传感器
15	A	控制	温度传感器
16	E	高压触点监测装置信号	电机电子装置
17	—	未被占用	—
18	A	控制	制冷剂单向阀

A191*1B 插头上的线脚布置如表 3-10 所示。

表 3-10 A191*1B 端子针脚定义

线脚 Pin	类型	名称/信号类型	插座/测量说明
1	E	总线端 Kl. 30C 信号	高压安全插头
2	M	接地	接地端 Z10*14B
3	A	控制	制冷剂单向阀
4	E/A	PT-CAN 总线信号	驱动系 CAN2 总线连接
5	—	未被占用	—
6	—	未被占用	—
7	E	电源 总线端 Kl. 30F	熔丝 F116 Life 模块配电器
8	A	控制	制冷剂单向阀
9	E	唤醒信号 总线端 Kl. 15	连接器唤醒信号 总线端 Kl. 15
10	E/A	PT-CAN 总线信号	驱动系 CAN2 总线连接
11	—	未被占用	—
12	E	高压触点监测装置信号	高压安全插头

3.2.2 系统端子检测

(1) 比亚迪秦电池管理系统

断开动力电池管理器连接器（图 3-82）。测量线束端输入电压。接回电池管理器连接器。

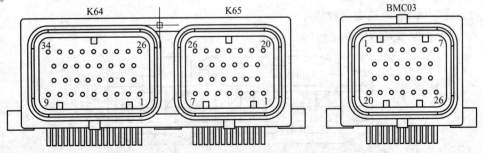

图 3-82 电池管理控制单元端子

各端子测量值如表 3-11 所示。

表 3-11   秦电池管理单元端子检测值

连接端子	端子描述	线色	条件	正常值
K64-1～GND	维修开关输出信号	Y/G	ON 挡/OK 挡/充电	PWM 脉冲信号
K64-6～GND	整车低压地	B	始终	小于 1V
K64-9～GND	主接触器	L	整车上高压电	小于 1V
K64-14～GND	12V 启动电池正	G/R	ON 挡/OK 挡/充电	9～16V
K64-17～GND	预充接触器	L/W	预充过程中	小于 1V
K64-26～GND	电流霍尔输出信号	R/B	电源 ON 挡	0～4.2V
K64-27～GND	电流霍尔电源正	R/W	ON 挡/OK 挡/充电	9～16V
K64-29～GND	电流霍尔电源负	R	ON 挡/OK 挡/充电	-16～-9V
K64-30～GND	整车低压地	B	始终	小于 1V
K64-31～GND	仪表充电指示灯信号		车载充电时	
K64-33～GND	交流充电接触器	G	上 ON 挡后 2s	小于 1V
K64-34～GND	负极接触器	L/Y	始终	小于 1V
K65-1～GND	双路电	R/L	电源 ON 挡/充电	11～14V
K65-7～GND	高压互锁 1 输入信号	W/R	ON 挡/OK 挡/充电	PWM 脉冲信号
K65-9～GND	整车 CAN-H	P	ON 挡/OK 挡/充电	2.5～3.5V
K65-18～GND	慢充感应信号	L	车载充电时	小于 1V
K65-21～GND	整车 CAN 地	B	始终	小于 1V
K65-22～GND	整车 CAN-L	V	ON 挡/OK 挡/充电	1.5～2.5V
K65-24～GND	高压互锁 2 输入信号		ON 挡/OK 挡/充电	PWM 脉冲信号
K65-25～GND	碰撞信号	L	启动	约-15V
K65-26～GND	车载充电指示灯信号		车载充电时	
BMC03-1～GND	采集器 CAN-L	Y	ON 挡/OK 挡/充电	1.5～2.5V
BMC03-2～GND	采集器 CAN 地	B	始终	小于 1V
BMC03-3～GND	模组接触器 1 控制	R/L	模组继电器吸合时	小于 1V
BMC03-7～GND	BIC 供电电源正	R	ON 挡/OK 挡/充电	9～16V
BMC03-8～GND	采集器 CAN-H	W	ON 挡/OK 挡/充电	2.5～3.5V
BMC03-13～GND	GND	B	始终	小于 1V
BMC03-14～GND	模组接触器 1 电源	L/B	ON 挡/OK 挡/充电	9～16V

（2）比亚迪 E6 电源管理模块

E6 电池管理单元端子分布如图 3-83 所示。

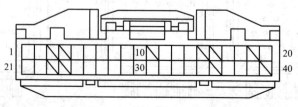

图 3-83   接口针脚分布

各端子测量值如表 3-12 所示。

表 3-12　比亚迪 E6 电池管理单元端子检测值

连接端子	端子描述	线色	条件	正常值
1～车身地	充电接触器控制	G/B	充电	小于 1V
2～车身地	预充接触器控制	Y/B	启动	小于 1V
5～车身地	车身地	B	始终	小于 1V
6～车身地	电源信号	R/B	常电	11～14V
7～车身地	车身地	B	始终	小于 1V
10～车身地	充电感应开关	L	充电	小于 1V
12～车身地	漏电传感器电源	W	启动	约 −15V
13～车身地	一般漏电信号	G/Y	一般漏电	小于 1V
14～车身地	屏蔽地	B	始终	小于 1V
15～车身地	充电通信 CAN-L	V	充电	1.5～2.5V
16～车身地	充电通信 CAN-H	P	充电	2.5～3.5V
17～车身地	F-CAN-L	V	电源 ON 挡	1.5～2.5V
18～车身地	F-CAN-H	P	电源 ON 挡	2.5～3.5V
20～车身地	电流霍尔信号	G	电流信号	—
21～车身地	正极接触器控制	R/Y	启动	小于 1V
22～车身地	DC 继电器	L	充电或启动	小于 1V
25～车身地	预充信号	G/R	上 ON 挡电后 2s	小于 1V
26～车身地	车身地	B	始终	小于 1V
27～车身地	电源	W/R	电源 ON 挡/充电	11～14V
28～车身地	车身地	B	始终	小于 1V
31～车身地	漏电传感器电源	R	启动	约 +15V
32～车身地	漏电传感器地	B	始终	小于 1V
33～车身地	严重漏电信号	B/Y	严重漏电	小于 1V
37～车身地	屏蔽地	B	始终	小于 1V
38～车身地	电流霍尔电源	L	启动	约 −15V
39～车身地	电流霍尔电源	R	启动	约 +15V

(3) 比亚迪唐电池管理系统

① 断开动力电池管理器接插件（图 3-84）。

② 测量线束端输入电压。

③ 接回电池管理器接插件。

④ 测量各端子值。

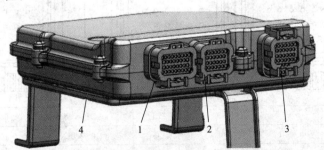

图 3-84　唐电池管理单元连接端子

1—（K156）34Pin 接插件（接触器控制和电流信息处理等）；2—（K157）26Pin 接插件（与整车通信等功能）；

3—（K158）26Pin 通信接插件（与采集器通信）；4—固定支架

电池管理单元端子检测：K156 端子针脚见表 3-13，K157 端子针脚见表 3-14，K158 端子针脚见表 3-15。

表 3-13 K156 端子针脚测量值

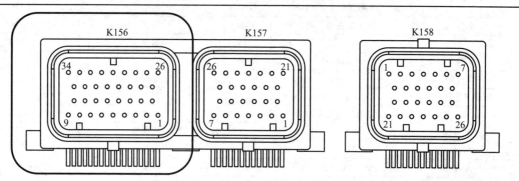

连接端子	端子描述	线色	条件	正常值
K156-1~GND	驱动互锁输出信号	Br	ON 挡/OK 挡/充电	PWM 脉冲信号
K156-2~GND	一般漏电信号	SB	一般漏电	小于 1V
K156-6~GND	整车低压地	B	始终	小于 1V
K156-9~GND	放电正极接触器	L	ON 挡/OK 挡/充电	小于 1V
K156-10~GND	严重漏电信号	L/Y	严重漏电	小于 1V
K156-14~GND	12V 铁电池正	O	ON 挡/OK 挡/充电	9~16V
K156-17~GND	预充接触器	G	预充过程中	小于 1V
K156-26~GND	电流霍尔输出信号	W/L	电源 ON 挡/充电	0~4.2V
K156-27~GND	电流霍尔电源正	Y	ON 挡/OK 挡/充电	9~16V
K156-28~GND	电流霍尔信号屏蔽地	B	始终	小于 1V
K156-29~GND	电流霍尔电源负	W	ON 挡/OK 挡/充电	-16~-9V
K156-30~GND	整车低压地	B	始终	小于 1V
K156-31~GND	仪表充电指示灯信号	B/R	车载充电时	小于 1V
K156-34~GND	负极接触器	B	始终	小于 1V

表 3-14 K157 端子针脚测量值

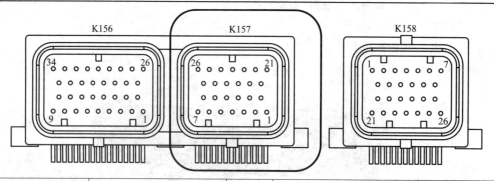

连接端子	端子描述	线色	条件	正常值
K157-1~GND	12V DC 电源正	G	电源 ON 挡/充电	11~14V
K157-7~GND	高压互锁输入信号	Gr	ON 挡/OK 挡/充电	PWM 脉冲信号
K157-15~GND	整车 CAN-H	P	ON 挡/OK 挡/充电	2.5~3.5V
K157-18~GND	慢充感应信号	W/L	车载充电时	小于 1V

续表

连接端子	端子描述	线色	条件	正常值
K157-22~GND	整车 CAN-L	V	ON 挡/OK 挡/充电	1.5~2.5V
K157-24~GND	充电系统互锁信号	R	充电	小于1V
K157-25~GND	碰撞信号	L	启动	约-15V
K157-26~GND	车载充电指示灯信号	L/W	车载充电时	小于1V

表 3-15　K158 端子针脚测量值

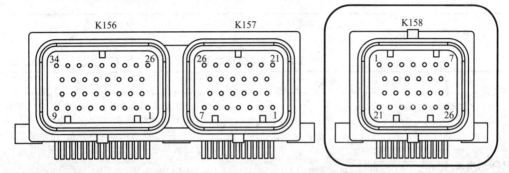

连接端子	端子描述	线色	条件	正常值
K158-1~GND	采集器 CAN-L	P/L	ON 挡/OK 挡/充电	1.5~2.5V
K158-2~GND	采集器 CAN 地	B	始终	小于1V
K158-3~GND	模组接触器 1 控制	G/Y	模组分压继电器吸合时	小于1V
K158-4~GND	模组接触器 2 控制	L/R	模组分压继电器吸合时	小于1V
K158-6~GND	BIC 供电电源正	Y/L	ON 挡/OK 挡/充电	9~16V
K158-7~GND	BIC 供电电源正	B/Y	ON 挡/OK 挡/充电	9~16V
K158-8~GND	采集器 CAN-H	G	ON 挡/OK 挡/充电	2.5~3.5V
K158-13~GND	BIC 供电 GND	L/W	始终	小于1V
K158-14~GND	模组接触器 1 电源	W/R	ON 挡/OK 挡/充电	9~16V
K158-15~GND	模组接触器 2 电源	B/W	ON 挡/OK 挡/充电	9~16V
K158-26~GND	BIC 供电 GND	P/G	模组分压继电器吸合时	小于1V

分布式 BMS 控制器监测主要数据如下。

① 动力电池电压主要数据（表 3-16）。

表 3-16　电压数据

序号	项目	电池工作状态	警报	触发条件	措　　施
1	动力电池电压(U)	放电状态	单节电池电压过低严重报警	$U \leqslant 2.0V$	①大功率设备（主电机、空调压缩机和 PTC）停止用电 ②延迟 10s 切断主接触器，断开负极接触器 ③仪表灯亮 ④仪表显示报警信息
2			单节电池电压过低一般报警	$2.0V < U < 2.5V$	①大功率设备（电机、空调压缩机和 PTC）降低当前电流，限功率工作 ②仪表显示报警信息 ③电机能量回馈禁止，直到报警清除 ④电压为 2.5V 时，SOC 修正为 0

续表

序号	项目	电池工作状态	警报	触发条件	措施
3	动力电池电压(U)	充电状态	单节电池电压过高一般报警	$3.85V{\leqslant}U<4.1V$	①禁止动力电池进行充电 ②仪表显示报警信息 ③电压为3.8V时,SOC修正为100
4			单节电池电压过高严重报警	$U{\geqslant}4.1V$	①延迟10s,断开主电接触器,断开负极接触器,整车禁止充电 ②仪表灯亮 ③仪表显示报警信息

② 碰撞保护主要数据（表 3-17）。

表 3-17 碰撞保护数据

序号	项目	电池工作状态	警报	触发条件	措施
1	动力电池电流(I)	电池放电电流	过流报警	$I{\geqslant}360A$	①要求大功率用电设备(电机、空调压缩机和PTC)降低电流,限功率工作 ②如果在过流报警发出后,电流依然处于过流状态并持续10s,断开主接触器
2		电池充电电流		$I{\leqslant}-100A$（负号表示充电）	电流在过流状态持续10s,断开充电接触器
3		回馈充电电流		$I{\leqslant}-100A$（负号表示充电）	①要求电机控制器限制反馈电流 ②如果发出过流报警后,电流依然处于过流状态并持续10s,断开主接触器
4	碰撞保护策略	充放电状态下	碰撞故障	接收碰撞信号	立即断开主接触器、负极接触器和分压接触器

③ 动力电池温度监测主要数据（表 3-18）。

表 3-18 温度监测数据

序号	项目	电池工作状态	警报	触发条件	措施
1	动力电池温度(T)	充放电状态下	电池组过热严重报警	$T_{max}{\geqslant}70℃$	①充电设备关断充电,直到清除报警 ②大功率设备(驱动电机、空调压缩机和PTC)停止用电 ③延迟10s切断主接触器、负极接触器 ④仪表灯亮
2			电池组过热一般报警	$65℃{\leqslant}T_{max}<70℃$	①充电设备降低当前充电电流 ②大功率设备(驱动电机、空调压缩机和PTC)降低当前电流 ③仪表显示报警信息
3		充放电状态下	电池组低温一般报警	$-30℃{\leqslant}T_{min}<0℃$	①限功率充电 ②仪表显示报警信息 ③-20℃以上时,动力电池可以充放电 ④-30~-20℃时,动力电池可以放电但无法充电
4			电池组严重低温报警	$T_{min}<-31℃$	①限功率充电 ②仪表显示报警信息 ③-30℃以下时,动力电池将无法进行充放电

④ 漏电保护主要数据（表3-19）。

表 3-19　漏电保护数据

序号	项目	电池工作状态	警报	触发条件	措　施
1	动力电池漏电		正常	$R > 500\Omega/V$	
2		充放电状态下	一般漏电报警	$100\Omega/V < R \leqslant 500\Omega/V$	仪表灯亮,报动力系统故障
3		充放电状态下	严重漏电报警	$R \leqslant 100\Omega/V$	行车中:仪表灯亮,立即断开主接触器、分压接触器、负极接触器 停车中: ①禁止上电 ②仪表灯亮,报动力系统故障 充电中: ①断开交流充电接触器、分压接触器和负极接触器 ②仪表灯亮,报动力系统故障

3.2.3　系统故障排除

(1) 常见故障分析及解决方法

常见故障分析及解决方法见表3-20。

表 3-20　常见故障分析及解决方法

序号	项目	设定	处理方法	备注
1	电池温度过高	55℃	持续60s,断开总正继电器	仪表显示
2	电池温度过低1	−10℃	允许放电,禁止充电	仪表显示
3	电池温度过低2	−20℃	断总正继电器	仪表显示
4	绝缘报警	500Ω/V	报警	仪表显示
5	绝缘报警	100Ω/V	断总正继电器	仪表显示
6	单体电压过高1	4.15V	报警	仪表显示
7	单体电压过高2	4.20V	关断充电机,断充电继电器	仪表显示
8	单体电压过低1	3.50V	报警	仪表显示
9	单体电压过低2	3.3V	持续60s,断总正继电器	仪表显示
10	电池总电压过高	84V	报警,断总正继电器	仪表显示
11	电池总电压欠压	36V	报警持续60s,断总正继电器	仪表显示
12	电压不均衡报警	≥200mV	报警	仪表显示
13	通信故障(丢失)	≥8m	报警	仪表显示
14	均衡启动电压	压差≥50mV	—	BMS控制
15	SOC过低1	30%	—	仪表显示
16	SOC过低2	10%	—	仪表显示
17	放电电流过大1	324A	—	仪表显示

(2) 故障案例及处理办法

故障案例及处理办法见表3-21。

表 3-21　故障案例及处理办法

故障现象	故障分析	处理办法
车辆无法行驶,动力电池灯常亮,车载 MP5 报温度故障	单体电池温度过高或过低	打开电池框,检查连接是否可靠,有无松动,从板是否正常
车辆无法行驶,动力电池灯常亮,无总压	CAN 通信故障	检查主板和从板 CAN 采集线是否连接可靠,插接件是否松动
车辆启动后,无法行驶,动力电池灯常亮	保险、接触器损坏	检查电池接口地方连接好,检查分电盒内保险和接触器是否损坏,检查电机控制器是否工作
仪表报动力电池故障,MP5 报电池压差过大	动力电池容量衰竭、鼓包、膨胀,信号线异常,BMS 主板、从板及采集线故障	用 CAN 卡检测单体电池电压值是否相差 0.3V 以上,检测 BMS 是否误报,从板是否虚报,采集线是否连接良好,针脚是否正常
车辆无法行驶,驱动电机灯常亮,CAN 检查显示绝缘报警	电池框进水或电源线破损	用万用表分别测量总正、总负到 GND 的电压值。逐次测量各连接线是否接地

(3) 常见故障及处理方法

BMS 内置四级告警,由高到低依次如下。

A 级:一级告警,切断级,发生该等级告警后一般要切断主回路继电器。

B 级:二级告警,控制级,发生该等级告警后一般要求整车控制充放电状态。

C 级:三级告警,提示级,发生该等级告警后 BMS 只作为提示,一般不控制继电器。

D 级:四级告警,最轻微的一级告警。

BMS 调试及使用过程中可能会遇到下列报警信息,请参考表 3-22 中所示方法进行处理。

表 3-22　常见故障及处理方法

故障现象	代码	可能原因	简易排除法
BMS 不能与 ECU 通信	ECU 显示 BMS 通信故障	BMU 主控模块未工作,CAN 信号线断线	检查 BMU 的电源 12V/24V 是否正常,检查 CAN 信号传输线是否退针或插头未插,监听 BMU 外 CAN 端口数据是否能够收到 BMS 或者 ECU 数据包
BMS 与 ECU 通信不稳定	ECU 有时显示 BMS 通信故障	外部 CAN 总线匹配不良,总线分支过长	检查总线匹配电阻是否正确,匹配位置是否正确,分支是否过长
BMS 内部通信不稳定	有时报 BUS 离线	通信线插头松动 CAN 走线不规范,BSU 地址有重复	检测接线是否松动检测总线匹配电阻是否正常,匹配位置是否正确,分支是否过长,BSU 地址是否重复
绝缘检测告警	漏电过大	电池或驱动器漏电,绝缘模块检测线接错	使用 BDU 显示模块查看绝缘检测数据,查看电池母线电压、负母线对地电压是否正常;使用绝缘摇表分别测量母线和驱动器对地绝缘电阻
上电后主继电器不吸合	预充失败	负载检测线 PRE＋未接,预充继电器开路,预充电阻开路	使用 BDU 显示模块查看母线电压数值,查看电池母线电压、负载母线电压是否正常;检查预充过程中负载母线电压是否上升
采集模块数据为 0	电压信号线断路,温度信号线断路	采集模块采集断开,采集模块损坏	重新拔插模块接线;在采集线接头处检测电池电压是否正常;在温度传感器插头处检测阻值是否正常

续表

故障现象	代码	可能原因	简易排除法
电池电流数据错误	稳态充电过流,稳态放电过流	霍尔信号线插头松动,霍尔传感器损坏,采集模块损坏	重新拔插电流霍尔传感器信号线;检查霍尔传感器电源是否正常,信号输出是否正常;更换采集模块
电池温差过大	温差过大	散热风扇插头松动,散热风扇故障	重新拔插风扇插头;给风扇单独供电,检查风扇是否正常
电池温度过高或过低	温度过高,温度过低	散热风扇插头松动,散热风扇故障,温度探头损坏	重新拔插风扇插头;给风扇单独供电,检查风扇是否正常;检查电池实际温度是否过高或过低;测量温度探头,在内阻温度下的正常值约10kΩ
继电器动作后系统报错	辅助触点错误	继电器辅助触点断线,继电器触点粘连	重新拔插线束;用万用表测量辅助点通断状态是否正确
不能使用充电器充电		充电机与BMS通信不正常	更换一台充电机或BMS,以确认是BMS故障还是充电机故障检查BMS充电端口的匹配电阻是否正常;插充电枪后阻值应该接近60Ω
BSU电压采集不准		电池组PACK后没有校准	重新校准,误差较大时检测线束是否有接触不良情况

3.3　电池充电系统

3.3.1　系统组成及原理

(1) 比亚迪秦高压充电系统

本车充电系统主要是采用家用插头和交流充电桩接入交流充电口,通过车载充电器将家用220V交流电转为528V直流高压电给动力电池进行充电的。

主要组成部分:交流充电口、车载充电器、电池管理器、高压配电箱、动力电池。充电系统部件安装位置见图3-85。

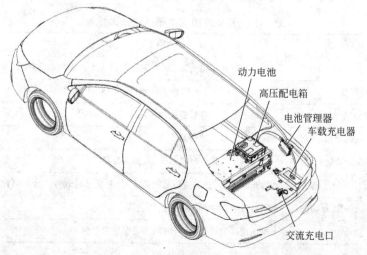

图3-85　充电系统部件

如图 3-86 所示为充电控制电路。

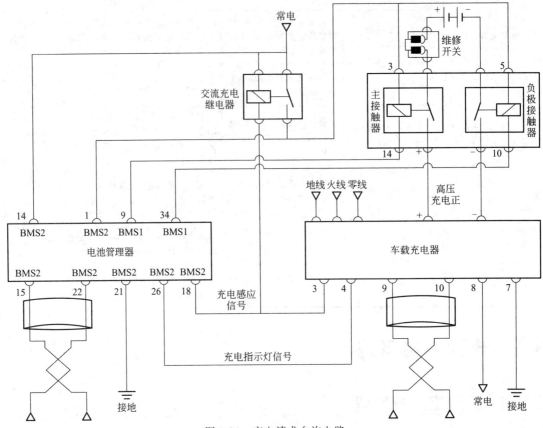

图 3-86　充电请求允许电路

（2）比亚迪唐充电系统

该充电系统主要是采用家用插头和交流充电桩接入交流充电口，通过车载充电器将家用 220V 交流电转为直流高压电给动力电池进行充电的。

双向车载充电器总成基本功能见表 3-23。

表 3-23　双向车载充电器总成基本功能

序号	功　能	描　述
1	AC/DC 转换功能	通过整流模块将交流 220V 家用电转换为直流电
2	DC/DC 变换功能	高压 DC 变换输出供动力电池；低压 DC 变换输出供启动电池
3	DC/AC 转换功能	通过逆变模块将直流电源转换为 220V 家用电
4	电锁功能	仅参与闭锁反馈控制流程
5	保护功能	输入输出过压、欠压、过流、接地等保护
6	CAN 通信功能	与车辆 CAN 总线进行数据流交互，并能通过软件过滤得到有用数据
7	在线 CAN 烧写功能	通过诊断口实现程序更新的功能
8	自检功能	检测产品硬件是否有故障，并记录储存故障码

充电器电气特性见表 3-24。

表 3-24 充电器电气特性

高压输出功率	额定功率 3kW
高压输出电压	432~820.8V DC
低压输出电压	(14±0.5)V DC
高压输出过压保护点	750V DC
输出功率	3.3kW
欠压保护	320V DC
绝缘电阻	对地电阻≥100MΩ(测试电压 1000V DC)
冷却	风冷

① 设置预约充电时间成功,进入预约充电流程,仪表发送不允许充电信号,车载充电器进入等待状态。同时充电感应信号一直拉低,BMS一直发送允许充电信号。

② BMS等负载有电后,车载充电器低压一直输出给低压铁电池。充电结束后如果充电枪不拔出,车载充电器停止工作进入休眠状态(包括低压输出)。

电池充电流程如图 3-87 所示。

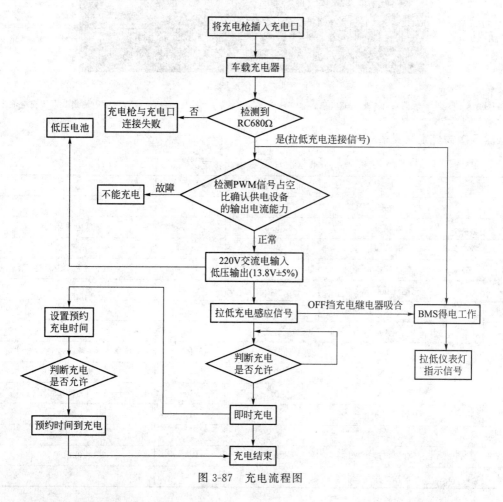

图 3-87 充电流程图

充电组件安装位置见图 3-88。

图 3-88　充电组件安装位置

充电控制模块接口如图 3-89 所示。

图 3-89　外围插件

1—放电交流输出（取消）；2—交流充电输入、交流放电输出；3—低压接插件；4—直流放电输出、直流充电输入

低压接插件定义见表 3-25。

表 3-25　低压接插件定义

序号	编号	引脚定义	推荐线径/mm	推荐线色	备注
1	A	充电控制确认 CP	0.5	G	
2	B	放电触发信号	0.5	WG	低电平信号
3	C	充电感应信号	0.5	L	拉低有效
4	D	充电连接信号	0.5	Y	给 BMS 和 BCM（变更）
5	E	充电连接确认 CC	0.5	W	
6	F	开盖信号检测	0.5		（预留）
7	G	电源地	1.25	B	车身地
8	H	常电	1.25	R	常电 2mA 静态功耗,7A 持续
9	J	CAN-H	0.5	P	动力网 250K
10	K	CAN-L	0.5	V	动力网 250K
11	L	CAN 屏蔽	0.5	B	（预留）
12	M	ON 挡电	0.5	R	ON 挡电
13	N	高压互锁输入	0.5	Y	低电平
14	T	预约充电配电	0.5		

唐的车载充电器连接电路如图 3-90 所示。

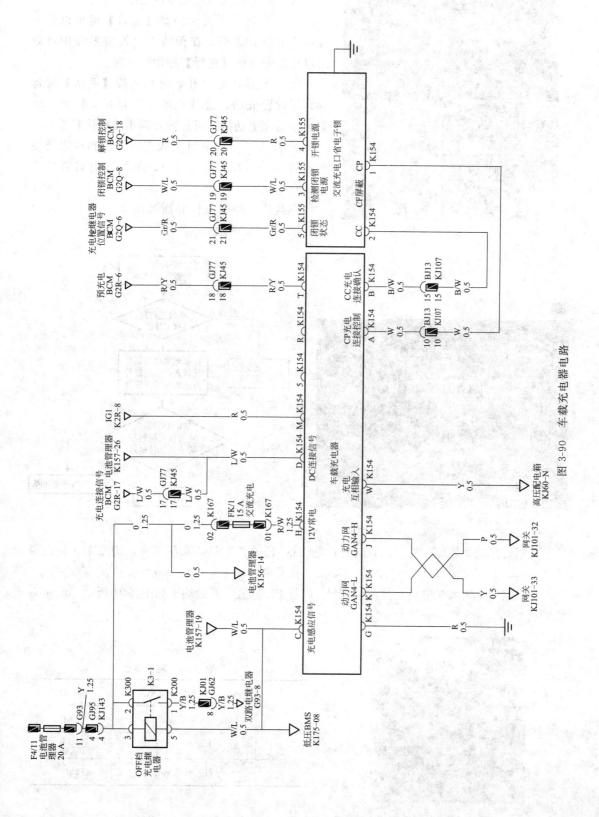

图 3-90 车载充电器电路

图 3-91　预约充电设置

预约充电设置，操作界面见图 3-91。

① 在此界面下按转向盘【确认】键可以进入预约充电设置界面，在预约充电设置界面中可以通过按转向盘的【选择】键加减时间。

② 设置预约充电开始时间后按【确认】键保存，即设置成功，等待充电，仪表开始计时（要取消预约充电功能，可长按转向盘【确认】键）。

③ 仪表计时结束时车载充电器收到仪表所发的允许命令（K154T 拉低），车载充电器开始充电。直至结束。

车载放电功能操作界面如图 3-92 所示，放电流程如图 3-93 所示。

图 3-92　车载放电

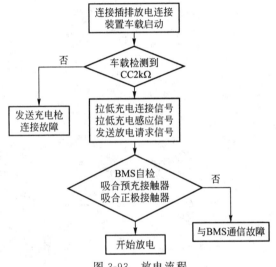

图 3-93　放电流程

车辆对外插排放电连接装置：对外放电插排（5m 长）只要高压正常，则整车任何电源挡位均可放电；电池包低于 5% 时，启动发动机发电。

如何识别车辆该充电还是放电：测量 CC 与 PE 阻值，测量端子如图 3-94 所示，测量参数见表 3-26。

图 3-94　CC 与 PE 端子位置

表 3-26　测量参数

1	3.3kW 及以下充电盒	680Ω
2	7kW 充电盒	220Ω
3	40kW 充电盒	100Ω
4	对外放电插排	2kΩ

（3）众泰100S充电管理

① 慢充过程。关闭车钥匙，将充电枪插入充电插座，AC-DC 输出 12V 电源给 BMS 供电；同时充电枪信号线 CC 引脚得到 PE 低电压信号并传送给 BMS，BMS 接收到信号控制总正接触器吸合；同时充电器检测 CAN 信号是否正常，若正常则 220V 交流电通过充电枪、充电插座、充电器、分电器 50A 熔丝、总正接触器给动力电池充电，若不正常则会闪烁故障指示灯提示故障代码。当充电完成后，BMS 模块通过 CAN 传输指令到充电器，充电器停止工作，提示总正接触器断开。慢充接口如图 3-95 所示。

② 快充过程。关闭车钥匙，将充电枪插入充电插座，充电信号线 CC 得到 12V 信号传送给 BMS，BMS 接收到信号控制总正接触器、快充接触器吸和；同时充电器检测 CAN 信号是否正常，若正常则 380V 交流电通过充电器、充电枪、充电插座 50A 熔丝、快充接触器、总正接触器给动力电池充电，若不正常则显示故障代码。当充电完成后，BMS 模块通过 CAN 传输指令到充电器，充电器停止工作，同时快充接触器、总正接触器断开。快充插座如图 3-96 所示。

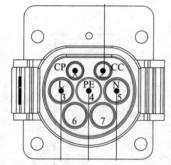

图 3-95　慢充充电接头

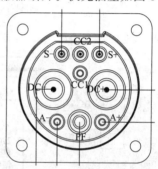

图 3-96　快充充电插座

航插	定义	连接点
1	悬空	
2	接地	BMS 系统 CC 信号
3	零线	车载充电机
4	屏蔽线	连接车体及 CC
5	火线	车载充电机
6、7	预留	

航插	定义	连接处
S−	CAN-L	BMS
CC1	充电信号	BMS 系统 C 号脚
CC2	预留	
S+	CAN-H	BMS
DC−	总负	高压分电盒
DC+	总正	高压分电盒
A−	12V−	
PE	屏蔽	
A+	12V+	

组合式车载充电器接口分布如图 3-97 所示。

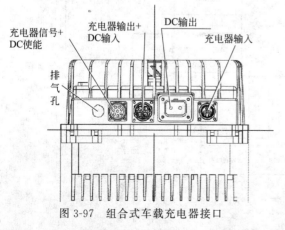

图 3-97　组合式车载充电器接口

接插件类型	功能	针脚	针脚定义
充电器输入	交流电 220V 输入充电器	1	地线
		2	火线
		3	零线
充电器高压直流输出/DC 输入	充电器高压直流输给 DC-DC	A	充电机输出正
		B	充电机输出负
		C	DC 输入正
		D	DC 输入负
DC 输出	DC-DC 输出正、负极线	1	DC 输出正
		2	DC 输出负
充电器信号+DC 使能	8 芯控制信号	A	CAN-H
		B	CAN-L
		C	13V 电源正
		D	13V 电源负
		E	DC 使能

车载充电器故障指示灯见表 3-27。

表 3-27 车载充电器故障指示灯

指示灯状态	指示含义	指示灯状态	指示含义
红红绿绿红红绿绿	充电中,电池电量低于 80%	红—红—红——	电池温度错误
红—红—红—红—	充电中,电池电量高于 80%	红—黄	交流电压输入错误
黄—黄—黄—黄—	电池充满电	红—黄—绿	通信错误
绿绿绿绿绿绿绿绿	电池充满电	红—黄—黄	充电机过热
红———	电池错误	红—红—绿	输出短路
红—红	充电超时	红—红—黄	充电机自身故障

充电系统原理如图 3-98 所示。

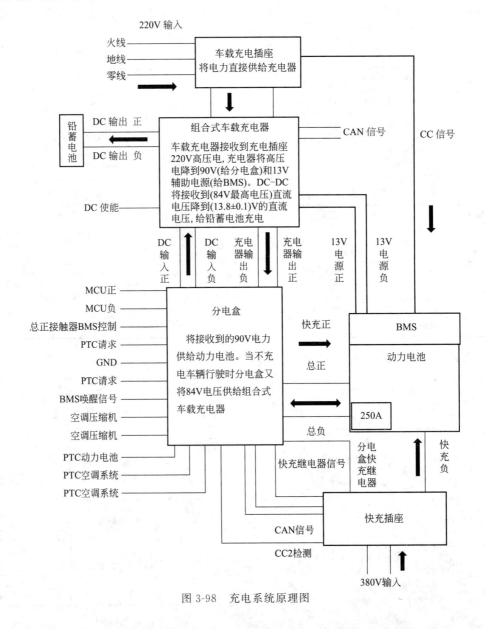

图 3-98 充电系统原理图

(4) 宝马 i30 充电接口及管理模块

① 高压充电接口。充电时，需要车内和车外的组件。在车辆内需要一个充电接口和一个功率电子装置进行电压转换。

不允许在给车辆加油的同时给高压蓄电池充电！

车辆连接在交流电网上充电期间，不得在高压系统上执行任何作业！

在充电过程中，冷却 EME 的电动冷却液泵和电动风扇可能会自动打开。因此，当充电电缆连接在车辆上时，严禁在 EME 和高压蓄电池单元冷却系统以及电动风扇处进行任何作业。

在充电电缆、"Electric Vehicle Supply Equipment"（EVSE）、家用插座或充电站上的作业：只能由相应受过培训的电工作业，可以不由 BMW 售后服务技术部门执行作业。

原则上高压蓄电池单元只能通过交流充电（交流充电）以 3.7kW 的最大充电功率充电。高压蓄电池单元的充电选项原则上由国家特定的充电基础设施规定。

"Electric Vehicle Supply Equipment"（EVSE）建立与交流电网的连接，用于满足对车辆充电时电器安全的要求。还应当通过附加的导线建立与车辆的通信。由此可以可靠地开始充电过程，并将充电参数（例如最大电流强度）通知车辆。EVSE 可以集成在充电电缆（移动解决方案）中，或者可以是固定安装的充电站（也称为壁挂盒）的一部分。

充电接口模块（LIM）可以实现车辆和充电站之间的通信。LIM 控制单元通过总线端 30F 供电。此外，当插上充电电缆时，充电接口模块（LIM）可以唤醒车载网络中的控制单元。另外还有一根直接从 LIM 控制单元连接至电机电子伺控系统（EME）的导线。仅当 LIM 控制单元通过该导线上的信号启用充电过程时，电机电子伺控系统才开始电压转换，从而启动充电过程。高压充电接口如图 3-99 所示。

充电接口共有 7 个插头连接，2 个大号插头连接未占用。充电接口电路连接如图 3-100 所示。

图 3-99 高压充电接口

1—充电接口中控锁驱动装置；2—3 芯
插头连接；3—高压充电接口

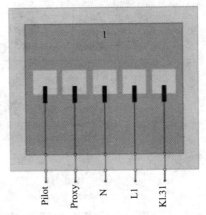

图 3-100 充电接口

1—诊断插座

线脚 Pin	说明
Pilot	用于建立与车辆通信的导线
Proxy	用于识别充电插头的导线
N	中性导体导线
L1	相位导线
Kl. 31	保护导体导线

② 高压蓄电池充电。提示运输模式激活时，高压蓄电池充电状态最多只能达到 30%。电动车的"充电"过程与传统动力车辆的"加油"过程一致。

因为使用了一根充电电缆，所以也称为传导式（有线）充电。

充电时，需要车内和车外的组件。在车辆内需要一个充电接口和一个功率电子装置进行电压转换。在车辆外，除了交流电网和充电电缆外还需要一个充电站，如 Wallbox 充电墙盒。Wallbox 充电墙盒具有保护功能，并能控制充电过程。

交流电网的电压可以介于 110～240V 之间。该电压以 1 相位形式被引导至车辆。因此从交流电网中可以实现理论上 $P_{max}=U_{max}I_{max}=240\text{V}\times32\text{A}=7.7\text{kW}$ 的最大充电功率。

许多用于给高压蓄电池单元充电的组件在结构和功能上都统一了标准。

在欧洲国家，相关有效的标准是 IEC 61851。用于给高压蓄电池充电的组件满足此处所述的充电运行方式。

以欧洲国家的充电运行方式为例。

充电运行方式 2：通过附加的数据导线连接标准化家用插座。

充电运行方式 3：通过数据导线连接固定安装的 Wallbox（家用充电桩）。

适合美洲的标准是 SAE J1772。美洲的充电运行方式 1 和 2 类似于针对欧洲国家的充电运行方式 2 和 3。大部分高压蓄电池充电组件仅有一个技术规格符合两个标准。

不允许在给车辆加燃油的同时给高压蓄电池充电。

在充电过程中，冷却功率电子装置的电动冷却液泵和电动风扇可能自动打开。因此，连接充电电缆时，禁止在电动驱动装置的冷却系统上以及电动风扇上进行作业。高压蓄电池充电相关要素如图 3-101 所示。

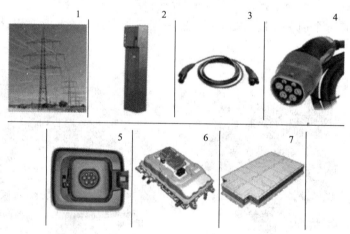

图 3-101　重要的高压蓄电池充电组件

1—交流电网；2—充电站；3—充电电缆；4—充电电缆上的插头；
5—充电接口；6—电机电子伺控系统（EME）；7—高压蓄电池

原则上具有以下 4 种不同的充电方式。

a. 3.7kW 的交流充电（标准型）。

b. 7.4kW 的交流充电（特种装备 SA SA4U8）。

c. 3.7kW 的组合式交流充电和 50kW 的直流电（特种装备 SA SA4U7）。

d. 7.4kW 的组合式交流充电和 50kW 的直流电（特种装备 SA SA4U7 和 SA4U8）。

③ 充电接口的类型。使用的充电插头采用了统一标准（IEC 62196）。根据车辆装备和国家规格使用不同的充电插头。

图 3-102 展示了常用的充电插头。

④ 充电接口模块（LIM）。充电接口模块（LIM）是一个控制单元，其任务是实现车辆和充电站之间的通信。LIM 控制单元通过总线端 30F 供电。

在充电接口模块（LIM）中具有一个 PT-CAN 的终端电阻。另外，当插上充电电缆时，LIM 可以唤醒车载网络中的控制单元。

另外具有一根直接从 LIM 控制单元连接至电机电子伺控系统（EME）的导线。仅当 LIM 控制单元通过该导线上的信号启用充电过程时，电机电子伺控系统（EME）才开始电压转换，从而启动充电过程。

在充电接口模块（LIM）上另外连接有下列部件：充电接口盖中控锁驱动装置、充电接口中控锁驱动装置、高压充电接口、充电过程状态显示器。接口模块端子分布如图 3-103 所示。

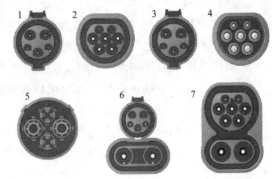

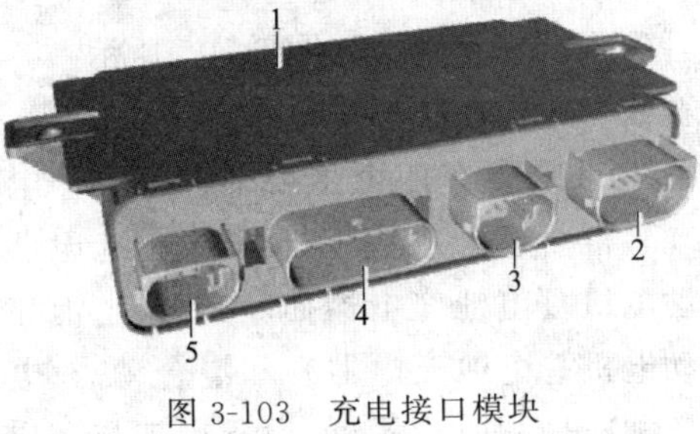

图 3-102 充电插头类型

1—交流充电 SAE J1772，IEC 62196-2（美国）；2—交流充电 IEC 62196-2（欧洲）；3—交流充电 IEC 62196-2（日本）；4—交流充电（中国）；5—直流充电（日本）；6—组合式交流充电和直流充电 SAE J1772，IEC 62196-3（美国）；7—组合式交流充电和直流充电 IEC 62196-3（欧洲）

图 3-103 充电接口模块

1—充电接口模块（LIM）；2—12 芯插头连接；3—8 芯插头连接；4—16 芯插头连接；5—6 芯插头连接

充电接口盖通过弹簧操作的锁止挂钩保持关闭。锁止挂钩是中控锁驱动装置的一部分。通过电动机解锁和联锁充电接口盖。该电动机由充电接口模块控制。解锁或联锁充电接口盖的请求来自车身域控制器（BDC）。

另外，在中控锁驱动装置上安装有一个微开关。微开关用于通知充电接口盖的状态。在充电盖板关闭时，微开关未被操作。

充电接口中控锁驱动装置用于避免充电插头在充电过程中被拔下，从而避免产生电弧。

充电电流流通期间，电动联锁一直处于激活状态。联锁状态通过微开关由 LIM 控制单元识别。微开关打开时，表示充电插头处于联锁状态。

如果在充电过程结束后无法拔下充电插头，则应通过主钥匙或通过识别传感器打开车辆（即使车辆已经打开）。此时会中断充电过程，并且可以拔下充电插头。

高压充电接口的高压线与电机电子伺控系统（EME）连接。相线和零线设计为屏蔽型高压线。数据导线和监控导线是被屏蔽的，并接在充电接口模块（LIM）中的插头上。

监控导线识别充电插头是否插在充电接口上。同时，确定充电电缆最大可能的电流负荷。

充电过程状态显示器在插上和拔下充电插头时用作查寻照明。当充电接口盖打开时 2 个

LED 亮起白色。

正确插上充电插头后，初始化设置立即开始。初始化设置阶段最长持续 10s。LED 此时闪烁橘黄色。

通过 LED 闪烁蓝色显示当前激活的高压蓄电池充电过程。

通过 LED 亮起绿色显示充满电的高压蓄电池。

⑤ 便捷充电系统（KLE）。便捷充电系统（KLE）的安装取决于车辆装备。

在以 7.4kW 的电功率进行交流充电以及通过交流电和直流电进行组合式充电时，可以投入使用便捷充电系统（KLE）。

以 7.4kW 的电功率进行交流充电时，便捷充电系统（KLE）的主要任务是将交流电压转换为直流电压。通过从整流器中切换完成该任务。该功率电子装置由 KLE 控制单元控制。

便捷充电系统在输出侧提供最大 3.7kW 的电功率。组合电机电子伺控系统（EME）功率电子装置的 3.7kW 电功率就足以在有利的条件下在 3～4h 内将高压蓄电池完全充满。

便捷充电系统虽然以明显超过 90% 的高效率工作，但在满功率输出时也需要主动式冷却。因此，将便捷充电系统集成在电动驱动装置的冷却循环内。

图 3-104　便捷充电系统连接
端子（组合式充电型）
1—便捷充电电子控制系统（KLE）；
2—电线束插头连接；3—电机电子
伺控系统（EME）的高压线；
4—增程设备电动机电子单
元（REME）的高压线；
5—充电插座的高压线

不同国家具有不同类型的便捷充电系统（KLE）。组合充电型 KLE 系统端子分布如图 3-104 所示。

3.7kW 电功率的交流充电在许多国家都是标准装备。该充电方式的一大优势是，高压蓄电池充电时充电电缆可以连接在任意一个有保护触头的常用家庭插座上。因此，最大充电电流也限制在最大 16A。

便捷式充电管理系统连接网络如图 3-105 所示。

（5）雪佛兰赛欧 EV 电池充电系统

高压蓄电池充电系统含有四个主要部件：驱动电机蓄电池充电器电缆、混合动力/电动车辆蓄电池充电器插座（通常称为驱动电机蓄电池充电器插座）、蓄电池充电器（通常称为驱动电机蓄电池充电器）和混合动力/电动车辆蓄电池组。各种机械视听指示器/设备用来与客户或充电设备的其他使用者进行通信或联系。

本车随附的驱动电机蓄电池充电器电缆，一端带有一个标准家用电气插头，另一端则带有一个与混合动力/电动车辆蓄电池充电器插座对接的插头。驱动电机蓄电池充电器电缆是一个带有交流电源、故障和丢失搭铁指示灯的充电电流断流设备，并存放在车辆载物板下。一些需要减少高压蓄电池再充电时间的用户，还可以选择安装可选充电站。可选充电站（若有）硬线连接于230/240V 电源并安装在客户车库的墙壁上，具有与驱动电机蓄电池充电器电缆相同的车辆端插头。

驱动电机蓄电池充电器电缆具有两个指示灯，分别为交流电存在指示灯和故障指示灯。当墙壁插头中有交流电压时，交流电存在指示灯变为稳态绿色。交流电存在指示灯呈红色并闪烁时，表示交流电压超出范围。交流电存在指示灯和故障指示灯均呈红色并闪烁时，表示

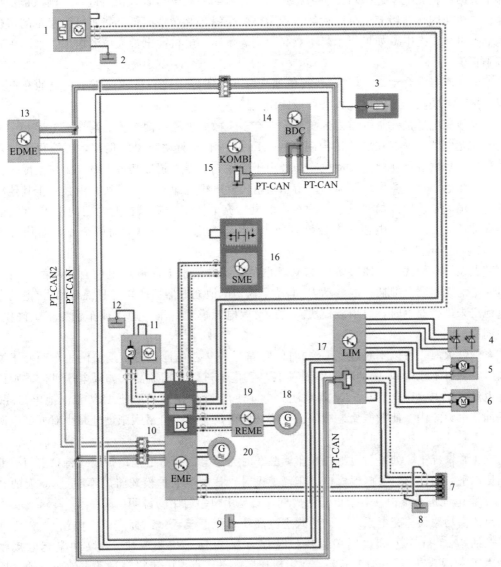

图 3-105 便捷式充电系统原理

1—电控辅助加热器；2—负荷接地；3—Life 模块配电器；4—充电过程状态显示；5—充电接口盖中控锁驱动装置；
6—充电接口中控锁驱动装置；7—充电插座；8,9,12—负荷接地；10—电机电子伺控系统（EME）；11—电动
空调压缩机；13—电子数字马达电控机构（EDME）；14—主域控制器（BDC）；15—组合仪表（KOMBI）；
16—存储器管理电子装置（SME）；17—充电接口模块（LIM）；18—增程设备电机；
19—增程设备电动机电子单元（REME）；20—电机

交流插座无正确的安全搭铁，出于安全原因将不允许充电。电流断开或自检失败时，故障指示灯变为稳定的浅红色。

蓄电池充电器由混合动力/电动车辆动力系统控制模块 2 监测和控制。混合动力/电动车辆动力系统控制模块 2 是主控制器，所有的故障诊断码都将在该模块中被设置（即使某些诊断实际上在蓄电池充电器中运行）。充电可以按用户要求延时，从而在非高峰时间充分利用较低的充电速率。充电状态（包括延时）通过可见指示装置（安装在仪表板上的充电状态指示灯）和蜂鸣器（充电状态发音器）与用户通信。当车辆在自动控制下充电时，位于仪表板

顶部中央的车辆充电状态指示灯将为稳定的绿色。如果充电延时且稍后进行，则该指示灯将呈绿色并快速闪烁。当充电结束后，该指示灯将呈绿色并缓慢闪烁。指示灯为稳定的黄色表示车辆不可接受充电。如果指示灯不点亮，则表示驱动电机蓄电池充电器电缆工作不正常或连接不正确。

车辆插座或混合动力/电动车辆蓄电池充电器插座位于驾驶员侧前翼子板上的充电口盖后面。按下驾驶员车门内的开关就可以使用此插座。

蓄电池充电器是一个可维修的总成，含有多个微处理器、两个独立高压充电器和一个单独的低压充电器。安装在发动机控制模块（ECM）下面驱动装置的顶部，可编程，并且可以通过串行数据进行通信。发动机冷却液用于确保充电器不超过其最大设计工作温度。蓄电池充电器和电源逆变器模块（通常称为驱动电机发电机电源逆变器模块）由独立于其他冷却系统的电源电子装置冷却回路进行冷却。低电压充电器用于确保在充电期间 12V 蓄电池电量不会被耗尽。一个高电压充电器可以使用 120V 充电电源充电，而两个充电器均可使用 230/240V 充电电源。

蓄电池维护模式具有能够防止 12V 蓄电池在特殊情况下深度放电的自动功能。当驱动电机蓄电池充电器电缆插入混合动力/电动车辆蓄电池充电器插座，并且混合动力/电动车辆蓄电池组未进行充电时，启用该模块。其运行因电源模式（车辆熄火或车辆处于维修模式）的不同而不同。

车辆熄火时，将以不超过 30 天的时间间隔对 12V 蓄电池进行定期监测。车辆处于维修模式时，将以不超过 60 天的时间间隔对 12V 蓄电池进行定期监测。如果电压过低，则使用外部电源由蓄电池充电器对 12V 蓄电池充电 4h。此功能仅用于防止 12V 蓄电池电量耗尽，而不能使电力充满。此功能比连续的微电流充电更加有效，可最大限度地减少对外部电源的使用。

在正常情况下，如果蓄电池是在车辆驻车时充满电，则蓄电池维护模式将只需简单地监测电压电平，而无需对蓄电池充电。车辆熄火时，蓄电池维护模式将以不超过 30 天的时间对 12V 蓄电池进行维护。对于更长的周期，参见用户手册中的说明。

直流高功率快速充电系统由固定式直流高功率充电装置（国标直流充电站）、相应的连接器及插座、Gateway 充电网关模块、混合动力/电动车控制模块 2、高功率充电接触器（HPCC）和混合动力/电动车辆蓄电池组组成。高电压直流电流将绕过蓄电池充电器（通常称为驱动电机蓄电池充电器）通过高功率充电接触器直接提供给混合动力/电动车辆蓄电池组。

充电前，Gateway 充电网关模块首先监测是否接入充电插头，当 Gateway 充电网关模块检查到充电插头已经插上后，向混合动力/电动车控制模块 2 输出信号表示与充电装置已经连接。然后开始充电，在充电过程中 Gateway 充电网关模块通过 J1939 总线和快充站之间交换数据，与此同时还通过 GMLAN 与混合动力/电动车控制模块 2 之间进行信息交换，以达到快速有效地充电。

在充电过程中，如果任何一个环节出了问题，那么充电过程将被终止。

3.3.2 部件检修

（1）比亚迪秦充电控制

车载充电器端子分布如图 3-106 所示。

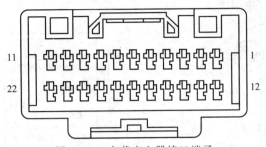

图 3-106 车载充电器接口端子

引脚	定　义	对接模块引脚	对地正常值
1	预充接触器电源	双路电	约 12V
2	高压互锁检测输出	维修开关 K66-01 脚	
3	正极接触器电源	双路电	约 12V
4	预留		
5	负极接触器电源	双路电	约 12V
6	高压互锁检测输入	电池管理器 K64-01 脚	
7	预留		
8	预留		
9	电流霍尔传感器信号	电池管理器 K64-26 脚	<1V
10	负极接触器控制	电池管理器 K64-34 脚	<1V
11	预留		
12	预留		
13	预充接触器控制	电池管理器 K64-17 脚	<1V
14	正极接触器控制	电池管理器 K64-09 脚	<1V
15	充电互锁检测输入（新增）	电池管理器 K65-24 脚	
16	充电互锁检测输出（新增）	车载充电器 M21-13 脚	
17	预留		
18	预留		
19	霍尔电流传感器+15V	电池管理器 K64-27 脚	约+15V
20	预留		
21	霍尔电流传感器−15V	电池管理器 K64-29 脚	约−15V
22	预留		

（2）众泰 100S 充电控制

① BMS 上电自检后，闭合主继电器，接收到钥匙 START 信号后，才输出放电继电器负控低电平信号，直至 IG 信号无输入。

② BMS 上电后，闭合主继电器，检测到慢充 CC 信号，即发送慢充电报文；如检测到快充 CC2 信号，即闭合快充继电器，同时发送快充充电报文；如同时检测到快充和慢充信号，则允许快充，禁止慢充。

③ 充电时，禁止放电机电器负控输出。

④ 快充最大充电电流为 120A。

⑤ 碰撞信号输入预留。

⑥ 电池箱体对外输出接口：一对总正总负输出，一对快充正负输入，一个电池信号线接口。

动力电池通信端子分布如图 3-107 所示。

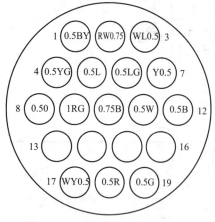

序号	端子定义	序号	端子定义
1	放电继电器负控信号	9	快充 12V+
2	整车 12V	10	整车 12V−
3	慢充 CC 信号	11	整车 CAN-H
4	快充 CC2 信号	12	整车 CAN-L
5	快充 CAN-H	17	CP 信号
6	快充 CAN-L	18	BMS 内网 CAN-H
7	气囊碰撞输出	19	BMS 内网 CAN-L
8	START 信号		

图 3-107 动力电池通信端子定义

(3) 荣威 E50 充电控制

荣威 E50 充电接口电路连接如图 3-108 所示。

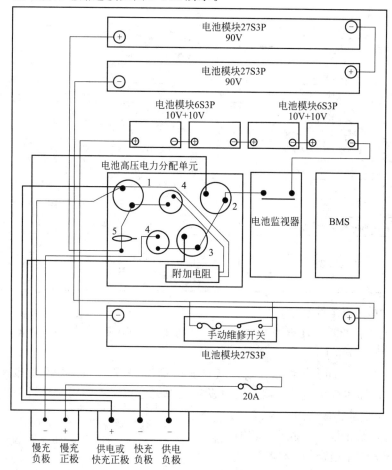

图 3-108 充电接口电路

1—主继电器（高压供电或快充/慢充正极）；2—供电负极继电器；3—快充负极继电器；
4—慢充负极继电器；5—供电正极电缆电流传感器

充电管理模块接口连接如图 3-109 所示。

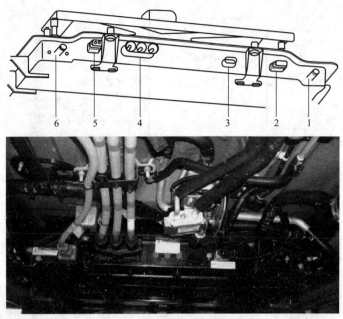

图 3-109 高压线与冷却管路分布

1—冷却水管入口；2—低压接插件：整车低压接插件 BY113；3—低压接插件：充电低压接插件 BY115；
4—高压接插件：整车快充接插件；5—高压接插件：车载充电接插件；6—冷却水管出口

低压接插件如图 3-110 和图 3-111 所示。

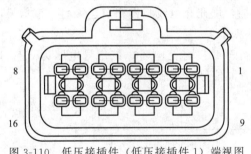

图 3-110 低压接插件（低压接插件 1）端视图

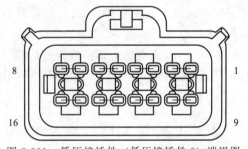

图 3-111 低压接插件（低压接插件 2）端视图

针脚号	描述	针脚号	描述
1	12V 低压供电正极(Kl. 30)	1	车载充电器低压供电
2	12V 低压供电负极地(GND)	2	车载和非车载低压供电地
3	高速 CAN1 高电平	3	本地高速 CAN2(与车载充电器通信)
4	高速 CAN1 低电平	4	本地低速 CAN2(与车载充电器通信)
5	—	5	—
6	主高压互锁线路回路	6	充电高压互锁线路回路
7	充电状态指示	7	充电高压互锁线路源路
8	惯性开关	8	车载充电器低压唤醒
9	主高压互锁线路源路	9	—
10	低压唤醒(Kl. 15)	10	—
11	底盘地	11	车载充电器连接线检测输入
12	—	12	车载充电器连接线检测输入
13	充电连接指示	13	本地高速 CAN1(与非车载充电器通信)
14	—	14	本地低速 CAN1(与非车载充电器通信)
15	高压电池冷却泵供电电源	15	—
16	高压电池冷却泵输出驱动	16	非车载充电器低压唤醒

高压电池管理模块连接电路如图 3-112 所示。

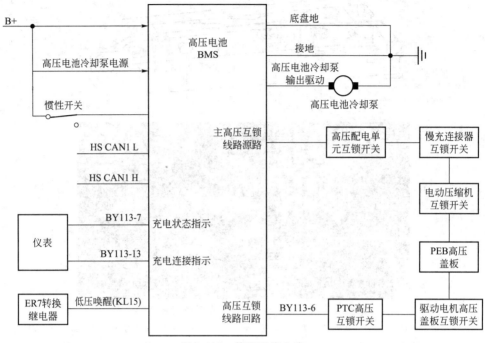

图 3-112 管理系统电路

BY113-13：充电连接指示灯控制信号。点火开关置于 IGN 挡，慢充充电线与慢充口未连接时，该信号电压为 1V；点火开关置于 IGN 挡，慢充充电线与慢充口连接时，该信号电压为 12V。

BY113-7：充电状态指示灯控制信号。未进行车载慢充充电时，该信号电压为 0V；进行车载慢充充电时，该信号是电压为 0~10V 的方波信号，波形如图 3-113 所示。

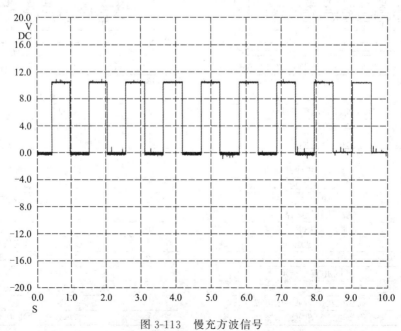

图 3-113 慢充方波信号

图 3-114 为 E50 充电控制系统原理图。

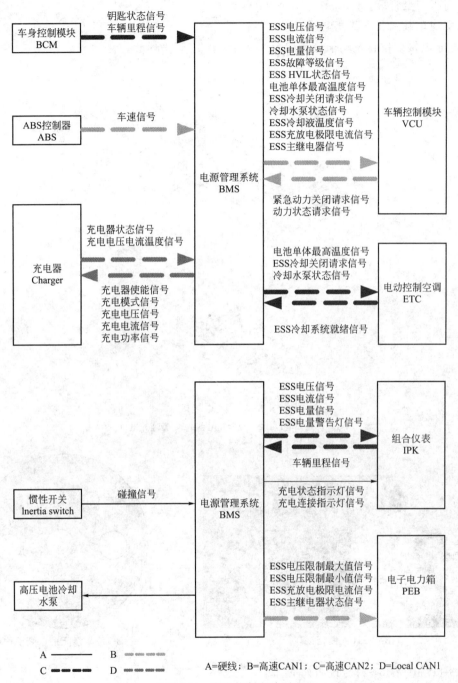

图 3-114 充电控制电路原理

充电管理系统具有以下功能。

① 4 路独立的 CAN 网络。

② 提供电池的状态给整车控制器。

③ 车载充电管理。

④ 非车载充电管理。

⑤ 热管理。

⑥ 高压安全管理。

⑦ 实现车载和非车载充电器的连接线检测。

慢充充电接口位置及端子分布如图 3-115～图 3-117 所示。

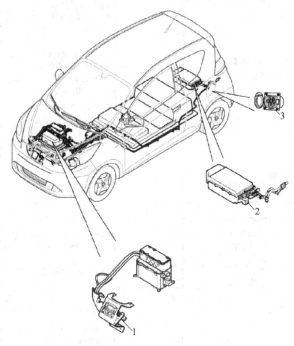

图 3-115 充电接口

1—快速充电口；2—慢速充电器；3—慢速充电口

图 3-116 慢充接口

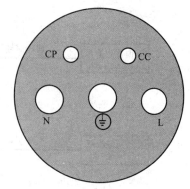

图 3-117 慢充接口端子说明

图 3-117 中所示各符号说明如下。

① N：220V 零线。

② L：220V 交流电源线。

③ ⏚：屏蔽接地。

④ CP：慢充线连接信号接地。

⑤ CC：慢充线连接输入开关信号。

CC 端子电压测量：点火开关置于 ON 挡时为 5V；点火开关置于 OFF 挡时为 0V。

慢充线缆连接与充电指示灯提示如图 3-118、图 3-119 所示。

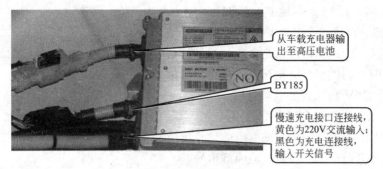

从车载充电器输出至高压电池

BY185

慢速充电接口连接线，黄色为220V交流输入；黑色为充电连接线，输入开关信号

图 3-118　线缆连接

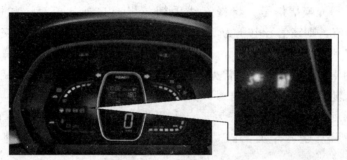

图 3-119　充电指示灯和充电器连接指示灯

　　慢充手柄与慢充口连接，但未提供 220V 交流电。点火开关置于 ACC 或 OFF 挡时，充电连接指示灯不亮。点火开关打开，充电器连接指示灯点亮。

　　点火开关置于 OFF 挡，慢充手柄与慢充口连接，慢充线插头插入提供 220V 交流电源插座，充电连接指示灯点亮。

　　车载充电器功能如下。

　　① 提供与电池管理系统之间的 CAN 通信。

　　② 以电池管理系统的需求，在最大功率范围内为高压电池充电。

　　③ 高压安全：提供输出反接保护、高压端口残压控制、故障自关断功能。

　　④ 热管理：以风冷方式进行冷却。

　　快充功能可在 30min 内将电池充到 80%。快充接口位置与端子分布如图 3-120、图 3-121 所示。

图 3-120　快充接口

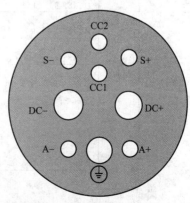

图 3-121　快充端子说明

图 3-121 中所示各符号说明如下。

① S+：即 BY186-1，本地 CAN2-H。

② S-：即 BY186-2，本地 CAN2-L。

③ CC1：即 BY186-3，快充充电连接指示灯信号接地。

④ CC2：即 BY186-6，快充充电连接指示灯信号。

⑤ DC-：310V 高压直流电源负极。

⑥ DC+：310V 高压直流电源。

⑦ A-：即 BY186-5，快充充电唤醒信号接地。

⑧ A+：即 BY186-4，快充充电唤醒信号。

⑨ ⏚：屏蔽接地。

BY185-8/9：慢充唤醒信号。将慢充线手柄与慢充口连接好后，如慢充线插头插入 220V 交流电源插座，则该信号电压为 10V；如慢充线插头未插入 220V 交流电源插座，则该信号电压为 0V。

BY185-1：由 BMS 提供的 12V 常火电源。

BY185-11：慢充连接指示灯信号线。当满足以下情况中的任一个，该信号电压为 3.8V：慢充线手柄与慢充口连接好后，点火开关 ON，未供 220V 交流电；慢充线手柄与慢充口连接好后，点火开关 OFF，供 220V 交流电；充电连接管理电路如图 3-122 所示。

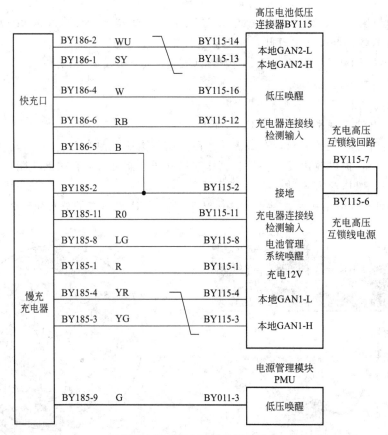

图 3-122　充电系统功能电路

（4）宝马 i3 充电管理

电动车的"充电"过程与传统动力车辆的"加油"过程一致。因为使用了一根充电电缆，所以也称为传导式（有线）充电。

充电时，需要车内和车外的组件。在车辆内需要一个充电接口和一个功率电子装置进行电压转换。在车辆外，除了交流电网和充电电缆外还需要一个充电站（如 Wallbox 充电墙盒）。Wallbox 充电墙盒具有保护功能，并能控制充电过程。

① 充电接口模块。充电接口模块（LIM）是一个控制单元，其任务是实现车辆和充电站之间的通信（图 3-123）。

当插上充电电缆时，控制单元可以在车载网络中唤醒充电接口模块（LIM）。

另外具有一根直接从 LIM 控制单元连接至电机电子伺控系统（EME）的导线。仅当 LIM 控制单元通过该导线上的信号启用充电过程时，电机电子伺控系统（EME）才开始电压转换，从而启动充电过程。

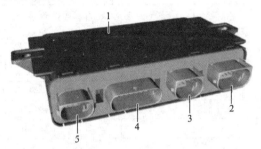

图 3-123 充电接口模块

1—充电接口模块（LIM）；2—12 芯插头连接；3—8 芯插头连接；4—16 芯插头连接；5—6 芯插头连接

在充电接口模块（LIM）上另外连接有下列部件：充电接口盖中控锁驱动装置、充电接口中控锁驱动装置、高压充电接口、充电过程状态显示器。

LIM 控制单元通过 4 个插头连接与车辆连接在一起。在充电接口模块（LIM）中具有一个 PT-CAN 的终端电阻。通过总线端 Kl.30F 和唤醒总线端 Kl.15 给 LIM 控制单元供电。图 3-124 电路连接简图。

充电接口模块安装位置与端子分布如图 3-125 所示。

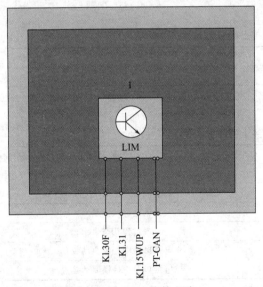

图 3-124 LIM 简单电路

1—充电接口模块（LIM）

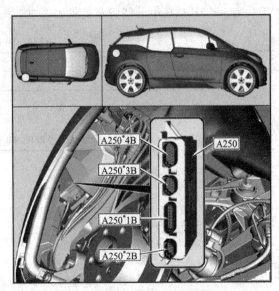

图 3-125 充电接口模块安装位置

A250—充电接口模块；A250*1B—充电接口模块 16 针黑色插头；A250*2B—充电接口模块 6 针黑色插头；

A250*3B—充电接口模块 8 针黑色插头；

A250*4B—充电接口模块 12 针黑色插头

A250*1B 插头上的线脚布置见表 3-28。

表 3-28　A250*1B 插头上的线脚布置

线脚 Pin	类型	名称/信号类型	插座/测量说明
1	A	LED 指示灯控制	充电接口照明
2	—	未被占用	
3	M	接地	充电接口照明
4	A	控制	充电接口中控锁驱动装置
5	A	控制	充电接口中控锁驱动装置
6、7	E/A	PT-CAN 总线信号	PT-CAN 总线连接
8	E	唤醒信号 总线端 Kl.15	连接器唤醒信号 总线端 Kl.15
9	E	电源 总线端 Kl.30F	熔丝 F114 Life 模块配电器
10	M	接地	接地端 Z10*16B
11～14	—	未被占用	
15	E	信号 充电	带舒适充电系统,便捷充电系统,不带舒适充电系统,电机电子装置(涉及以上系统的信号)
16	E	霍尔传感器信号	充电接口中控锁驱动装置

A250*2B 插头上的线脚布置见表 3-29。

表 3-29　A250*2B 插头上的线脚布置

线脚 Pin	类型	名称/信号类型	插座/测量说明
1～4	—	未被占用	
5	—	屏蔽	接地连接器
6	—	未被占用	

A250*3B 插头上的线脚布置见表 3-30。

表 3-30　A250*3B 插头上的线脚布置

线脚 Pin	类型	名称/信号类型	插座/测量说明
1～8	—	未被占用	—

A250*4B 插头上的线脚布置见表 3-31。

表 3-31　A250*4B 插头上的线脚布置

线脚 Pin	类型	名称/信号类型	插座/测量说明
1～4	A	控制接触器	便捷充电系统
5	E	信号	便捷充电系统
6～8	A	LED 指示灯控制	充电过程状态显示
9	M	接地	充电过程状态显示
10、11	A	控制	充电接口盖中控锁驱动装置
12	E	信号	充电接口盖中控锁驱动装置

与 LIM 控制单元的通信失灵时,应进行标准检测(整体测试模块)。存在某个控制单元内部故障时,预计将出现充电接口模块(LIM)中的故障记录。

② 便携式充电控制。便捷充电系统仅在以 7.4kW 的电功率进行交流充电以及用交流电流和直流电进行组合充电时使用。

以 7.4kW 的电功率进行交流充电时，便捷充电系统（KLE）的主要任务是将交流电压转换为直流电压。通过从整流器中切换完成该任务。该功率电子装置由 KLE 控制单元控制。

便捷充电系统在输出侧提供最大 3.7kW 的电功率。组合电机电子伺控系统（EME）功率电子装置的 3.7kW 电功率就足够在有利的条件下在 3～4h 内将高压蓄电池完全充满。

便捷充电系统虽然以明显超过 90% 的高效率工作，但在满功率输出时也需要主动式冷却。因此，将便捷充电系统集成在电动驱动装置的冷却循环内。

不同国家具有不同类型的便捷充电系统（KLE）。

KLE 控制单元根据型号通过多个插头连接与车辆连接在一起。便捷充电系统（KLE）连接在 PT-CAN2 上，通过总线端 30B 和唤醒总线端 Kl.15 给 KLE 控制单元供电。另外已连接总线端 Kl.30C（碰撞信号）。其电路如图 3-126 所示。

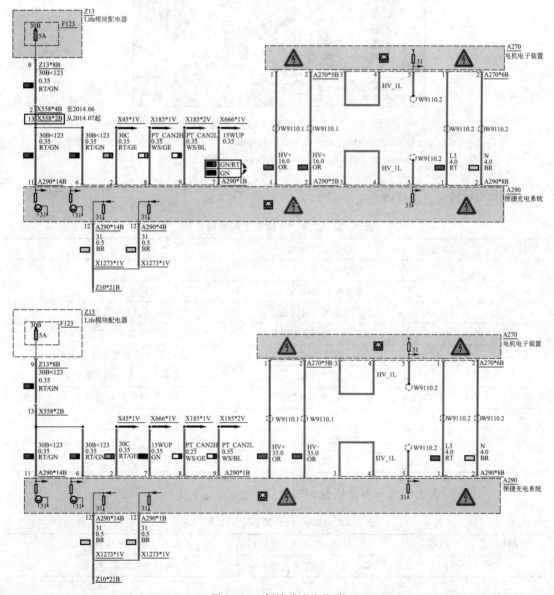

图 3-126　便捷式充电电路

便捷式充电系统模块位置与端子分布如图 3-127 所示。

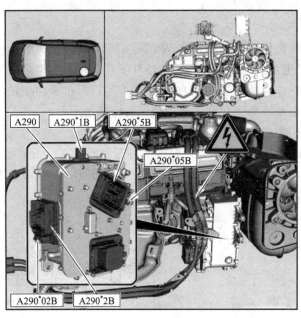

图 3-127　模块安装位置与连接端子分布

A290—便捷充电系统模块；A290*1B—12 针黑色部件插头；A290*02B，A290*05B—2 针黑色
高压触点监测装置插头；A290*2B，A290*5B—2 针橘黄色高压接头

A290*1B 插头上的线脚布置见表 3-32。

表 3-32　A290*1B 插头上的线脚布置

线脚 Pin	类型	名称/信号类型	插座/测量说明
1	—	未被占用	
2	E	总线端 Kl. 30C 信号	连接器 X45*1V
3	E/A	高压触点监测装置信号	便捷充电系统
4	E/A	高压触点监测装置信号	存储器管理电子装置
5	A	信号 充电	充电接口模块 便捷充电系统
6	E	电源 总线端 Kl. 30B	熔丝 F123 Life 模块配电器
7	E	唤醒信号 总线端 Kl. 15	连接器唤醒信号 总线端 Kl. 15
8～9	E/A	PT-CAN 总线信号	驱动系 CAN2 总线连接
10～11	—	未被占用	
12	M	接地	接地端 Z10*21B

A290*02B 插头上的线脚布置见表 3-33。

表 3-33　A290*02B 插头上的线脚布置

线脚 Pin	类型	名称/信号类型	插座/测量说明
1～2	E/A	高压触点监测装置信号	便捷充电系统 DC 充电

A290*2B 插头上的线脚布置见表 3-34。

表 3-34　A290＊2B 插头上的线脚布置

线脚 Pin	类型	名称/信号类型	插座/测量说明
1	E	高压正极	高压充电接口 DC 充电
2	E	高压负极	高压充电接口 DC 充电

A290＊05B 插头上的线脚布置见表 3-35。

表 3-35　A290＊05B 插头上的线脚布置

线脚 Pin	类型	名称/信号类型	插座/测量说明
1～2	E/A	高压触点监测装置信号	便捷充电系统

A290＊5B 插头上的线脚布置见表 3-36。

表 3-36　A290＊5B 插头上的线脚布置

线脚 Pin	类型	名称/信号类型	插座/测量说明
1	A	高压正极	电机电子装置
2	A	高压负极	电机电子装置

与 KLE 控制单元的通信失灵时，应进行标准检测（整体测试模块）。存在某个控制单元内部故障时，预计将出现充电接口模块（LIM）中的故障记录。

③ 充电接口盖中控锁驱动装置。借助充电接口盖中控锁驱动装置可以将充电接口盖解锁或锁止。

充电接口盖通过弹簧操作的锁止挂钩保持关闭。锁止挂钩是中控锁驱动装置的一部分。通过电动机解锁和联锁充电接口盖。该电动机由充电接口模块（LIM）或便捷充电系统（KLE）控制。解锁或联锁充电接口盖的请求来自车身域控制器（BDC）。

另外，在中控锁驱动装置安装有一个微开关。微开关用于通知充电接口盖的状态。在充电接口盖关闭时，微开关未操作。通过应急解锁装置可以将充电接口盖手动解锁。充电盖中控锁部件如图 3-128 所示。

充电接口盖位置与端子分布如图 3-129 所示。

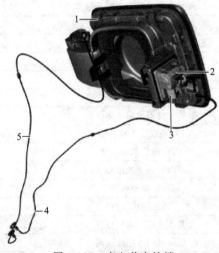

图 3-128　充电盖中控锁

1—充电接口盖；2—充电接口盖中控锁驱动装置；
3—3 芯插头连接；4—充电接口盖紧急解锁装置；
5—充电接口紧急解锁装置

图 3-129　充电接口盖

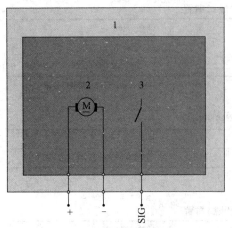

图 3-130　中控锁原理

1—充电接口盖中控锁驱动装置；
2—直流电动机；3—微开关

线脚 Pin	说明
+	直流电动机供电
−	直流电动机接地
SIG	微开关信号导线

充电接口盖中控锁驱动装置的直流电动机通过一个 3 芯插头连接与充电接口模块（LIM）或便捷充电系统（KLE）连接。锁止通过转回扭转弹簧实现。图 3-130 为其电路简图。

充电接口盖中控锁驱动装置的各标准值如下。

a. 电压范围为 9～15.5V。

b. 最大电流为 5.6A。

c. 温度范围为－40～85℃。

充电接口盖中控锁驱动装置失灵时，预计会出现充电接口模块（LIM）或便捷充电系统（KLE）中的故障记录。

解锁后的燃油箱加油盖失灵时，无法再锁止燃油箱加油盖。

锁止后的燃油箱加油盖失灵时，只能通过应急操纵装置打开燃油箱加油盖。

可以用诊断系统进行燃油箱加油盖中控锁驱动装置的功能检查。

3.3.3　故障诊断

（1）比亚迪唐充电控制故障代码

充电系统故障码如表 3-37 所示。

表 3-37　充电系统故障代码

序号	故障码	故障定义
1	P150000	车载充电器输入欠压
2	P150100	车载充电器输入过压
3	P150200	车载充电器高压输出断线故障
4	P150300	车载充电器高压输出电流过流
5	P150400	车载充电器高压输出电流过低
6	P150500	车载充电器高压输出电压过低
7	P150600	车载充电器高压输出电压过高
8	P150700	车载充电器接地状态故障
9	P150800	车载充电器风扇状态故障
10	P150900	DC 逆变桥温度故障
11	P150A00	PFC 输出状态故障
12	P150B00	PFC 桥温度故障
13	P150C00	供电设备故障
14	P150D00	低压输出断线
15	P150E00	低压铁电池电压过低
16	P150F00	低压铁电池电压过高
17	P151000	交流充电感应信号断线故障
18	U011100	与动力电池管理器通信故障
19	U015500	与组合仪表通信故障

（2）故障诊断流程

① 检查交流充电连接装置。

a. 插上交流充电连接装置。

b. 检查控制盒的电源指示灯是否常亮，充电指示灯是否闪烁。若闪烁则交流充电连接装置正常；若不闪烁则更换交流充电连接装置。

② 检查仪表充电指示灯是否点亮。

a. 将交流充电连接装置连接到充电桩或家用电源。

b. 观察仪表充电指示灯是否点亮。

c. 用万用表测量车载充电器低压接插件电压（充电指示灯）。

K154-D—车身地正常值为小于 1V，若不正常则将充电连接装置重新配合或更换车载充电器。

③ 检查车载充电器感应信号。

a. 将交流充电连接装置连接到充电桩或家用电源。

b. 检查车载充电器风扇是否工作。

c. 用万用表测量车载充电器低压接插件电压（充电请求信号）。

K154-C—车身地正常值为小于 1V，若不正常则更换车载充电器。

④ 检查低压电源是否输入。

a. 不连接交流充电连接装置。

b. 用万用表测量车载充电器低压接插件电压（连接铁锂电池正极与负极端）。

K154-M—车身地正常值为 11～14V，K154-G—车身地正常值为小于 1V，若不正常则更换线束。

⑤ 检查 OFF 挡充电继电器。

a. 不连接交流充电连接装置。

b. 取下充电继电器。

c. 给控制端加电压，检查继电器是否吸合，如图 3-131 所示。

正常情况下 3 与 5 导通，若不正常则更换继电器。

⑥ 检查配电箱车载充电保险。

a. 不连接交流充电连接装置。

b. 拆开配电箱。

c. 测量车载保险（32A）是否导通。若不正常则更换车载充电保险。

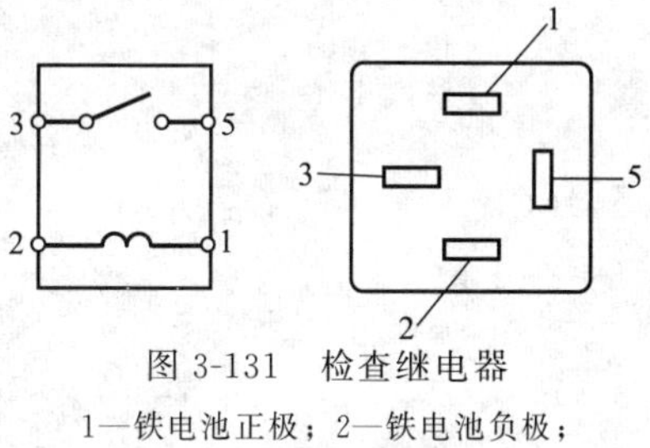

图 3-131　检查继电器
1—铁电池正极；2—铁电池负极；
3，5—继电器控制端

⑦ 检查交流充电口总成。

a. 拔出交流充电口接插件。

b. 分别测量充电口和接插件两端各对应引脚是否导通。若不正常则更换交流充电口总成。

⑧ 检查电池管理器充电请求信号输入。

a. 将交流充电口连接到充电桩或家用电源。

b. 断开管理器低压接插件，测量线束端电压（充电请求信号）。K157-18—车身地正常值为小于 1V，若不正常则更换线束或检查电池管理器。

⑨ 检查 CAN 通信。

　　a. 拔出交流充电口接插件。

　　b. 分别测量充电口和接插件两端各对应引脚是否导通。K157-22—车身地正常值为 1.5～2.5V，K157-15—车身地正常值为 2.5～3.5V，若不正常则更换 CAN 线束。

　　⑩ 检查车载充电器充电输出电压。

　　a. 将交流充电口连接到充电桩或家用电源。

　　b. 用万用表测量车载充电器输出端电压。高压正—高压负正常值为 432～820.8V，若不正常则更换车载充电器。

　　⑪ 检查高压配电箱输出电压。

　　a. 将电池包正、负极拔出。

　　b. 用万用表测量电池包正、负极端电压。高压正—高压负正常值为 432～820.8V，若不正常则更换高压配电箱。

　　⑫ 检查整车回路。检查车载充电器、配电箱、电池管理器的接插件是否松动、破损或未安装。如发现异常则重新安装或更换产品。

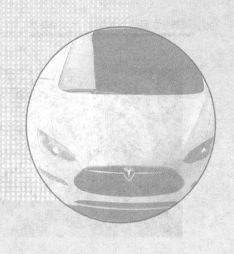

第4章
电动汽车动力系统

4.1 电动机与转换器

4.1.1 比亚迪唐驱动电动机

电动机由外圈的定子与内圈的转子组成，是汽车的动力源之一，向外输出扭矩，驱动汽车前进后退；同时也可以作为发电机发电（例如，在滑行、刹车制动过程中以及发动机输出的额外扭矩的势能或者动能通过电机转化为电能并存储起来）。

电动机工作参数如下。

① 最大功率：110kW（在 EV 模式下是车辆的主动力源）。

② 额定功率：40kW。

③ 工作电压：DC706V。

④ 最大转速：10000r/min。

⑤ 最大扭矩：200N·m。

比亚迪唐前驱电动机外部连接如图 4-1、图 4-2 所示。

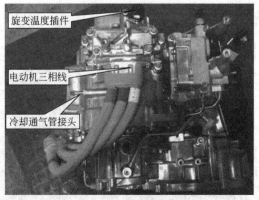

图 4-1　唐前驱电机线束连接

图 4-2　唐前驱电动机冷却水管位置

唐前驱电动机内部零部件安装位置如图 4-3 所示。

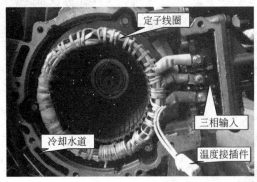
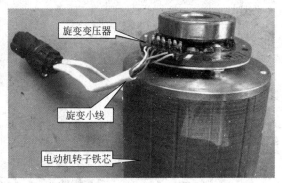

图 4-3　驱动电动机内部元件

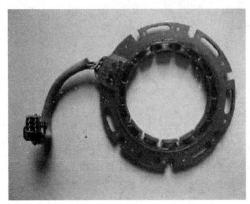

图 4-4　旋转线圈

旋转变压器（简称旋变）是一种输出电压随转子转角变化的信号元件。当励磁绕组以一定频率的交流电压励磁时，输出绕组的电压幅值与转子转角成正、余弦函数关系，这种旋转变压器又称为正、余弦旋转变压器；旋转变压器作为速度及位置检测，可以反馈给控制器进行监测，以准确控制电动机的转速及位置。旋转变压器由旋变线圈、信号盘组成。部件实物如图 4-4 所示。

唐使用的驱动电动机为交流无刷永磁同步电动机，通过采集电动机旋变信号进行工作。当车辆要行驶时，电动机通过旋转变压器检测到电动机的位置，位置信号经过处理后发送给控制器，控制器再输出逻辑信号控制 IGBT（Insulated Gate Bipolar Transistor，绝缘栅双极型晶体管）的通断，使其输出近似正弦波交流电。电动机连接电路如图 4-5 所示。

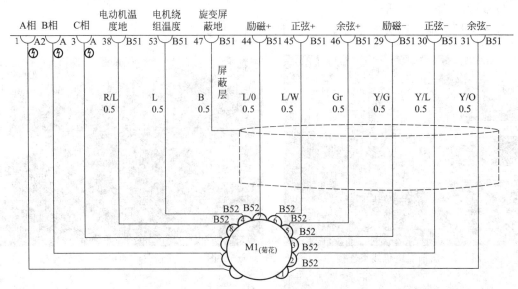

图 4-5　电动机电路

正余弦之间，正余弦和励磁之间，以及旋变信号和壳体之间阻抗大于50MΩ。电动机线圈测量电机A、B、C三相高压线之间阻值为（0.36±0.02）Ω。电机连接端子分布如图4-6所示。

针脚定义		针脚定义		参考阻值
1	余弦-	5	余弦+	(16±4)Ω
2	正弦-	6	正弦+	(16±4)Ω
3	励磁-	7	励磁+	(8.3±2)Ω
4	温度+	8	温度-	53.65～151.9kΩ

图4-6　电动机连接端子

唐后驱电动机外部连接如图4-7、图4-8所示。

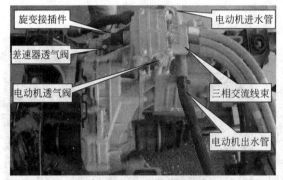

图4-7　后驱电动机管路连接

图4-8　后驱电动机加、放油口及放水口位置

电动机保养维护见表4-1。

表4-1　电动机保养维护

序号	名称	周期	加注量
1	驱动电动机防冻液	每2年或4万千米	1L
2	后减速器齿轮油	首次56000km，之后每60000km	齿轮油 GL-5 75W-90
3	驱动电动机	无需加注润滑油	无

电动机常见故障判断见表4-2。

表4-2　电动机常见故障判断

序号	常见故障	整车现象	处理措施
1	电动机绝缘不良	诊断仪显示电动机漏电	更换电动机/电动机定子
2	电动机烧毁	整车断电保护、动力丢失	更换电动机/电动机定子
3	电动机欠压过流	诊断仪显示电动机欠压或过流	由于螺栓松动导致接触不良，拧紧螺栓
4	电动机旋变损坏	电动机无动力输出，旋变故障/诊断仪显示电动机欠压或过流	更换旋变定子
5	电动机轴承损坏	整车电动机部位异响严重（主观判断）	更换轴承
6	电动机温度传感器损坏	诊断仪显示电动机过温、无温度显示	更换温度传感器

图 4-9　截止点功能设置

SOC 截止点功能设定：通过多媒体"行驶设置"选项设定 SOC 目标点，见图 4-9。调整行车发电功能，令 SOC 靠近此设定点（范围：15%～70%），即若当前 SOC 值小于 SOC 截止点，则可行车发电；反之，则无行车发电。

行车发电功能：发动机启动后，车辆以大于 25km/h 时的较稳定车速行驶时，发动机输出的一部分扭矩会驱动电动机进行发电，对动力电池进行充电。

① SOC 截止点出厂默认值为 15%。

② 只能在 ON 挡下设置。

③ SOC 截止点设定以后，具有记忆功能，即使车辆退电以后，下次再上电时，仍保持上次设定的 SOC 截止点。

能量回馈强度功能设置：通过多媒体"行驶设置"选项设置能量回馈强度，见图 4-10。

标准：车辆松油门时回馈合适，减速感适中。

较大：车辆松油门时回馈较大，减速感较大。

① 松油门回馈强度设定以后，具有记忆功能，即使车辆退电以后，下次再上电时，仍保持上次设定的回馈模式。

② 车辆在高速行驶过程中，应避免设置回馈强度，这样做有可能分散驾驶员注意力，导致发生意外事故。

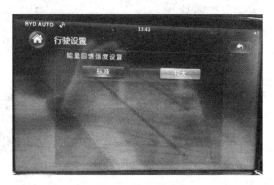

图 4-10　能量回馈强度功能设置

4.1.2　众泰 100S 直流电变换器

DC-DC（直流-直流）变换器是将一种直流电变换为另一种直流电的技术设备，主要对电压、电流实现变换。众泰 100S 搭载组合式车载充电机的 DC-DC 变换器是将 74V（注意：74V 为动力电池的额定电压，84V 为动力电池的最高电压）直流电转换为 (13.8 ± 0.1)V 最低电压直流电，给 12V 铅酸蓄电池充电。

导致 DC-DC 变换器故障的原因有 DC-DC 变换器自身故障、分电盒、信号线、动力电池故障，保险及连接线故障。

DC-DC 变换器故障导致的现象是无法给铅蓄电池充电。

直流转化装置电源控制原理：将钥匙打到 IG 挡，BMS 唤醒，使能总正接触，总正吸和；同时 BMS 输出驱动信号使 DC-DC 变换器接触，DC-DC 变换器接触器吸和，IG 信号给 DC-DC 变换器使能信号；动力电池通过总正接触器、DC 接触器、25A 熔丝将 74V 直流电转换成 (13.8 ± 0.1)V 最低电压直流电，给 12V 铅酸电池充电。

4.1.3　特斯拉 MODEL S 直流-直流换流器拆装

注意：为避免静电放电造成人身伤害或设备损坏，执行以下步骤时必须戴上静电放电腕带。

（1）拆卸步骤

① 执行车辆电气绝缘程序。

② 拆卸右侧前部上轮拱内衬。

③ 夹住直流-直流变换器进给并取出冷却剂软管。

④ 放置一个容器，以收集冷却剂。

⑤ 松开固定进给的夹子（×2）并将冷却剂软管装回到直流-直流变换器，见图4-11。从变换器上松开软管。插入管子连接，以防湿气或灰尘进入系统。拆卸前请留意或标记组件的安装位置。

⑥ 拆卸将12V接地端子固定到直流-直流变换器上的螺母和垫圈（扭矩为16N·m）。松开线束并将其移到一旁，见图4-12。

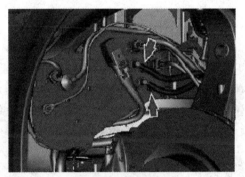
图4-11 松开固定夹子

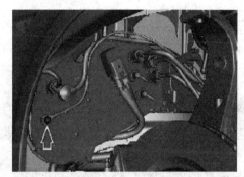
图4-12 拆卸12V接地端子固定螺母

⑦ 松开直流-直流变换器12V正极端子绝缘套。

⑧ 拆卸将12V正极端子固定到直流-直流变换器上的螺母和垫圈（扭矩为9N·m）。松开线束并将其移到一旁。

⑨ 松开将线束固定到直流-直流变换器的夹子，见图4-13。

⑩ 拆卸固定高压连接器盖的螺栓（扭矩为18N·m），并从直流-直流变换器中断开高压线束连接（扭矩为5N·m）。

⑪ 断开将电池冷却剂、电热器、驾驶室加热器和压缩机固定到直流-直流变换器上的高压线束连接器（×3）。

⑫ 从直流-直流变换器中断开信号线束连接器。

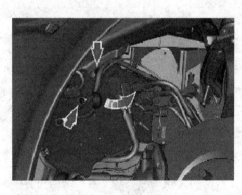
图4-13 松开固定转换器的线束夹子

⑬ 松开将线束固定到直流-直流变换器上的夹子（×3），见图4-14。

⑭ 拆卸将直流-直流变换器固定到车身上的螺栓和螺母（×2）（扭矩为9N·m），见图4-15。

⑮ 拆卸直流-直流变换器。

（2）安装步骤

安装程序与拆卸程序相反，以下内容除外：将冷却系统再充注并排放。

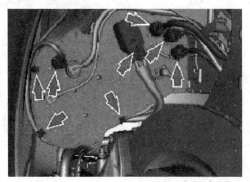

图 4-14 松开多处线束夹子

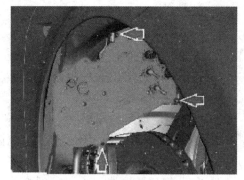

图 4-15 松开固定螺母

4.1.4 宝马 i3 增程设备电机

对于带增程设备的车辆，电动驱动装置使用高压蓄电池单元中的能量作为基本驱动方式。仅当高压蓄电池单元的充电状态降到规定值以下时，才激活增程设备。

高压蓄电池单元的充电状态较低时，通过增程设备电机启动增程设备（发动机 W20）。这种情况下，增程设备电机以发动机模式工作。用于启动增程设备的电能来自高压蓄电池单元。一旦增程设备启动，则增程设备电机就从发动机模式切换到发电机模式，并且产生电能。

产生的能量仅用于获得高压蓄电池单元的充电状态。

电机是一个同步电机。转子（Rotor）位于内部，装备有永久磁铁。定子（Stator）是环形的，位于外面，围绕着转子，由带铁芯的三相线圈形成。如果在定子的线圈上有三相交流电压，则其形成一个旋转的磁场，该磁场（在发动机运转下）吸住转子内的磁铁。

增程设备电机的功率为 26.6kW 且在 5000r/min 的条件下提供。增程设备电动机电子单元通过冷却液进行冷却。增程设备电机连接部件见图 4-16。

为了避免组件由于温度过高而损坏，在电机中有一个温度传感器。借助温度传感器测量其中一个轴承上的温度，从而得出转子温度。这里是永久磁铁，在高温时可能受损。温度传感器是与温度有关的 NTC 型电阻器。模拟增程设备电动机电子单元用于读取和分析信号。

转子位置传感器用于探测增程设备电机转子的精确转子位置。转子位置传感器的结构与同步电机一样。特殊成形的转子连接着电机转子，定子同电机的定子相连。通过定子线圈中的转子转动而产生的感应电压由增程设备电动机电子单元（REME）分析并计算出电机位置角度。

根据磁场精确调节电机时必须要知道电机位置角度，这样定子线圈上才能产生与转子位置匹配的电压。增程设备电机电路连接如图 4-17 所示。

在保养时，既不允许匹配，也不允许更换转子位置传感器。

图 4-16 增程设备电机元件分布
1—电机输入端冷却液管；2—电机输出端冷却液管；3—电机；4—6 芯插头连接（转子位置传感器）；5—2 芯插头连接（温度传感器）；6—电机高压接口（U，V，W）；7—电机位置传感器

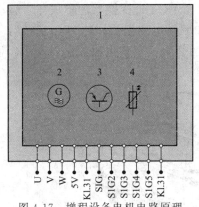

图 4-17 增程设备电机电路原理

1—增程设备电机；2—电机；3—电机位置传感器；4—温度传感器

线脚 Pin	说明
U	高压接口,相位 U
V	高压接口,相位 V
W	高压接口,相位 W
5V	5V 转子位置传感器电源
总线端 Kl.31	电机位置传感器接地
SIG	线圈 1 信号
SIG2	线圈 1 冗余信号
SIG3	线圈 2 信号
SIG4	线圈 2 冗余信号
SIG5	温度传感器信号
总线端 Kl.31	温度传感器接地

增程设备电机安装位置如图 4-18 所示。

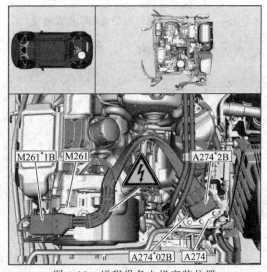

图 4-18 增程设备电机安装位置

增程设备电机标准值如下。

① 额定电压：250V。

② 持续电功率：约 23.3kW。

③ 效率：约 94%。

增程设备电机失灵时，预计会出现以下情况：增程设备电动机电子单元（REME）中的故障记录，电机电子伺控系统（EME）内的故障记录，检查控制信息。

4.2 驱动电机控制

4.2.1 比亚迪秦驱动电机控制

驱动电机控制器和 DC 总成的主要功能为控制电机和发动机驱动车辆行驶，同时包括 CAN 通信、故障处理、在线 CAN 烧写、与其他模块配合完成整车的工作要求以及自检等功能。

驱动电机控制器与 DC 总成是驱动电机控制器与 DC-DC 变换器的集成体。驱动电机控制器是由输入输出接口电路、驱动电机控制电路和驱动电路组成。DC-DC 变换器（缩写为DC）是完成电池包高压直流与低压直流相互转换的装置。驱动电机控制器与 DC 总成的安装位置见图 4-19。

图 4-19　驱动电机控制器与 DC 总成位置

驱动电机控制器与 DC 总成连接电路如图 4-20 所示。

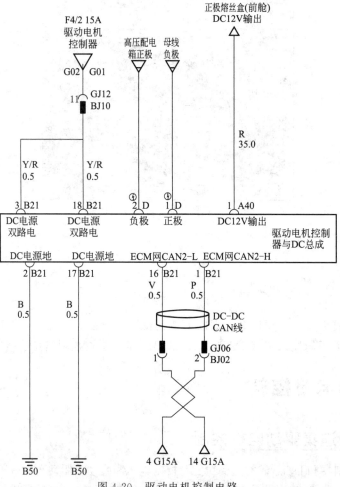

图 4-20　驱动电机控制电路

驱动电机控制器端子分布如图 4-21 所示。

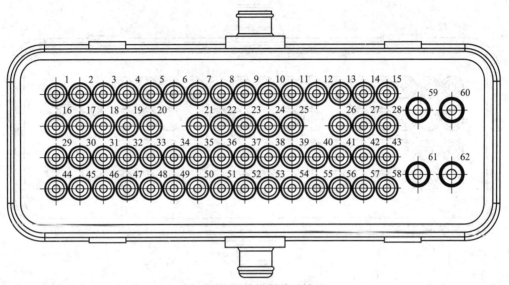

图 4-21　驱动控制单元端子

B21 插接件（DC 总成连接针脚）：

连接端子	端子描述		线色	条件	正常值
B21-1～B21-16	CAN-H1	DC CAN-高	P	OFF 挡	54～69Ω
B21-2～车身地	GND(VCC)1	DC 电源地	B	OFF 挡	小于 1Ω
B21-3～B21-17	VCC1	DC 电源	Y/R	ON 挡	11～14V
B21-16～B21-1	CAN-L1	DC CAN-低	V	OFF 挡	54～69Ω
B21-17～车身地	GND(VCC)1	DC 电源地	B	OFF 挡	小于 1Ω
B21-18～B21-17	VCC1	DC 电源	Y/R	ON 挡	11～14V

驱动电机控制系统见图 4-22。

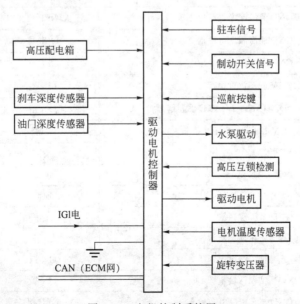

图 4-22　电机控制系统图

驱动电机控制器端子针脚分布如图 4-23 所示。

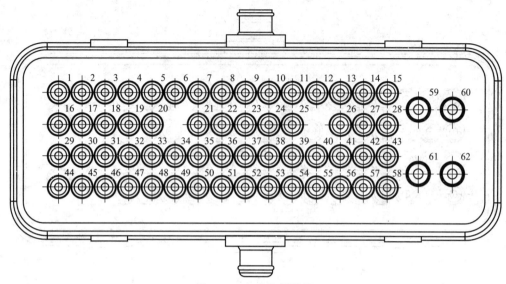

图 4-23　电机控制端子

连接端子	引脚名称/功能	条件	正常值
B21-4～B21-61	/HV_LOCK2 高压互锁输入 2	ON 挡	PWM 信号
B21-5～B21-61	/PUMP_TEST 水泵检测输入	OK 挡,EV 模式	10～14V
B21-6	预留	预留	预留
B21-7	预留	预留	预留
B21-8	预留	预留	预留
B21-9～B21-61	CRASH-IN 碰撞信号	ON 挡	PWM 信号
B21-10～车身地	GND 水温检测电源地	OFF 挡	小于 1Ω
B21-11～B21-39	GND 巡航信号地	OFF 挡	2150～2190Ω
B21-12～B21-61	GND 油门深度电源地 1	OFF 挡	小于 1Ω
B21-13～B21-61	GND 油门深度电源地 2	OFF 挡	小于 1Ω
B21-14～B21-61	GND 刹车深度电源地 2	OFF 挡	小于 1Ω
B21-15～B21-61	+5V 刹车深度电源 1	ON 挡	0～5V 模拟信号
B21-19～B21-61	/IN_HAND_BRAKE 手刹信号	ON 挡	0～12 高低电平信号
B21-20～车身地	/HV-LOCK1 高压互锁输入 1	ON 挡	PWM 信号
B21-21	调试 CAN 高	预留	预留
B21-22	调试 CAN 低	预留	
B21-23～车身地	KEY_CONTROL 钥匙信号	预留	预留
B21-24～车身地	GND 水压检测地	预留	预留
B21-25～车身地	+5V 水压检测电源	预留	预留
B21-26～车身地	+5V 油门深度电源 1	ON 挡	0～5V 模拟信号
B21-27～车身地	+5V 油门深度电源 2	ON 挡	0～5V 模拟信号
B21-28～车身地	GND 刹车深度电源地 1	OFF 挡	小于 1Ω

续表

连接端子	引脚名称/功能	条件	正常值
B21-29～B21-44	EXCOUT 励磁-	OFF 挡	7～10Ω
B21-30～B21-45	SIN-正弦-	OFF 挡	15～19Ω
B21-31～B21-46	COS-余弦-	OFF 挡	15～19Ω
B21-32～车身地	预留	预留	预留
B21-32	预留	预留	预留
B21-34	/FAN_H_OUT 风扇高速输出(空)	预留	预留
B21-35～B21-61	/PUMP_OUT 水泵输出	ON 挡水泵未工作	10～14V
		OK,EV 模式水泵工作	小于 1V
B21-36～B21-37	CAN-L CAN 信号低	OFF 挡	54～69Ω
B21-37～B21-36	CAN-H CAN 信号高	OFF 挡	54～69Ω
B21-38～车身地	GND2 电机温度地	OFF 挡	小于 1Ω
B21-39～B21-11	CURISE_IN 巡航信号	OFF 挡	2150～2190Ω
B21-40～车身地	WATER_T_IN 水温信号	ON 挡	0～5V 模拟信号
B21-41～车身地	DC_GAIN1 油门深度信号 1	ON 挡	0～5V 模拟信号
B21-42～车身地	GND 刹车深度屏蔽地	OFF 挡	小于 1Ω
B21-43～车身地	+5V 刹车深度电源 2	ON 挡	4.5～5.5V
B21-44～车身地	EXCOUT 励磁+	OFF 挡	7～10Ω
B21-45～B21-30	SIN+正弦+	OFF 挡	15～19Ω
B21-46～B21-31	COS+余弦+	OFF 挡	15～19Ω
B21-47～车身地	GND 旋变屏蔽地	OFF 挡	小于 1Ω
B21-48～车身地	/IN_FEET_BRAKE 脚刹信号	预留	预留
B21-49～车身地	/BAT-OFF-OUT 启动电池切断继电器	预留	预留
B21-50	/FAN_L_OUT 风扇低速输出(空)	预留	预留
B21-51～车身地	GND(CAN)CAN 屏蔽地	OFF 挡	小于 1Ω
B21-52～车身地	/IN_EMACHINE 电机过温		
B21-53～车身地	STATOR_T_IN 电机绕组温度	ON 挡	0～5V 模拟信号
B21-54～车身地	PRESSURE_IN 水压检测信号	预留	预留
B21-55～车身地	GND 油门深度屏蔽地	OFF 挡	小于 1Ω
B21-56～车身地	DC_GAIN2 油门深度信号 2	ON 挡	0～5V 模拟信号
B21-57～车身地	DC_BRAKE1 刹车深度 1	ON 挡	0～5V 模拟信号
B21-58～车身地	DC_BRAKE2 刹车深度 2	ON 挡	0～5V 模拟信号
B21-59～车身地	GND(VCC)外部电源地	OFF 挡	小于 1Ω
B21-60～B21-61	VCC 外部 12V 电源	ON 挡	10～14V
B21-61～车身地	GND(VCC)外部电源地	OFF 挡	小于 1Ω
B21-62～B21-61	VCC 外部 12V 电源	ON 挡	10～14V

驱动电机控制系统故障诊断见表 4-3。

表 4-3　驱动电机控制系统故障诊断

编号	故障码 (ISO 15031-6)	描　述	编号	故障码 (ISO 15031-6)	描　述
1	P1B0000	电机过流	25	P1B1A00	刹车信号故障(低配)-1 信号故障
2	P1B0100	IPM 故障	26	P1B1B00	刹车信号故障(低配)-2 信号故障
3	P1B0200	电机过温告警	27	P1B1C00	刹车信号故障(低配)-校验故障
4	P1B0300	IGBT 过温告警	28	P1B1E00	电流霍尔传感器 B 故障
5	P1B0400	水温过高报警	29	U010100	电机控制器与 TCU 通信故障
6	P1B0500	高压欠压	30	U011100	与电池管理器通信故障
7	P1B0600	高压过压	31	U010300	电机控制器与 ECM 通信故障
8	P1B0700	电压采样故障	32	U012100	电机控制器与 ESC 通信故障
9	P1B0800	碰撞信号故障(硬线)	33	U012800	电机控制器与 EPB 通信故障
10	P1B0900	开盖保护	34	U029100	电机控制器与挡位控制器通信故障
11	P1B0A00	EEPROM 错误	35	U016400	电机控制器与空调通信故障
12	P1B0B00	巡航开关信号故障	36	U014000	电机控制器与 BCM 通信故障
13	P1B0C00	DSP 复位故障	37	U029800	电机控制器与 DC 通信故障
14	P1B0F00	主动泄放故障	38	U029400	与 EV-HEV 开关通信故障
15	P1B1000	水泵驱动故障	39	U021400	与 I-KEY 通信故障
16	P1B1100	旋变故障-信号丢失	40	P1B1F00	防盗验证失败故障
17	P1B1200	旋变故障-角度异常	41	P1B6000	发动机启动失败
18	P1B1300	旋变故障-信号幅值减弱	42	P1B6100	IPM 散热器过温故障
19	P1B1400	电机缺 A 相	43	P1B6200	IGBT 三相温度校验故障报警
20	P1B1500	电机缺 B 相	44	P1B6300	电流霍尔传感器 C 故障
21	P1B1600	电机缺 C 相	45	U013400	与 EPS(电动助力转向)模块失去通信
22	P1B1700	油门信号故障-1 信号故障	46	U012200	与低压电池管理器(BMS)失去通信
23	P1B1800	油门信号故障-2 信号故障	47	P1BA200	换挡超时
24	P1B1900	油门信号故障-校验故障			

4.2.2　比亚迪 E6 先行者动力系统

　　动力总成由动力电机和变速箱组成。动力系统整车控制与能量传递路线如图 4-24 所示。

　　动力电机根据冷却形式分风冷电机和水冷电机，根据结构分为直流有刷电机和直流无刷电机以及交流电机。比亚迪电动车现在使用的电机为交流无刷永磁同步电机，通过采集电机旋变信号进行工作。当车辆要行驶时，电机通过旋转变压器检测到电机的位置，位置信号通过控制器的处理，发送相关信号给控制器 IGBT，逻辑信号控制 IGBT 开断，控制器输出近似正弦波的交流电。

　　电机定子的三相绕组在正弦绕组下形成圆形的旋转磁场，驱动电机转子旋转。在旋转的过程，旋转变压器作为速度及位置检测，可以反馈给控制器进行监测，以准确控制电机的转速及位置。

整车工作原理示意图（前驱原理）

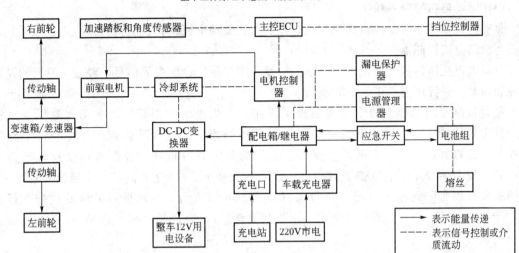

图 4-24 动力系统原理框图

（1）动力电机原理

动力电机额定功率为 75kW，最大功率为 120kW，电机由外圈的定子与内圈的转子组成，是汽车的唯一动力源，可向外输出扭矩，驱动汽车前进后退；同时也可以作为发电机发电（例如，在高坡下滑、高速滑行以及刹车制动过程中把势能或者动能通过电机转化为电能并存储起来）。

额定功率：正常情况下能持续稳定输出的最大功率。

最大功率：是某时刻的峰值功率，无实际意义。

动力电机为永磁同步电机，具有高密度、小型轻量化、高效率、高可靠性、高耐久性、强适应性的特点。

永磁同步电动机（PMSM）系统以其高效、高控制精度、高转矩密度等特点在电动汽车电驱动系统中具有很高的应用价值，同时要求其能在车辆使用环境下具有良好的动态性能。电动车对电机也有较高的要求，为了搭载长耐久性、强适应性的电机，就目前现有技术而言，永磁同步电机是个较好的选择。

电动力系统中采用了再生制动器，它利用电动机的发电来再次利用动能。电动机通常在通电后开始转动，但是相反地让外界力量带动电动机旋转时，它又可作为发电机来发电。因此，利用驱动轮的旋转力带动电动机发电，在给蓄电池充电的同时，又可利用发电时的电阻来减速。该系统在制动时与液压制动器同时控制再生制动器，完美地将原来在减速中作为摩擦热散失的动能回收为行驶用能量。车辆在城市中行驶时反复进行的调速操作具有较高的能量回收效果，所以在低速带优先使用再生制动器。例如，在城市中行驶 100km，即可再生相当于 1L 汽油的能量。

（2）检修注意事项

① 确保电源开关（点火开关）关闭。

② 从辅助蓄电池上断开负极端子电缆。

③ 务必戴绝缘手套、绝缘胶鞋、防护眼镜。

④ 拔出紧急维修开关，并将维修开关放置在指定位置由专人看管，以防其他技师重新

连接。

(3) 驱动电机控制系统

驱动电机控制系统主要由高压配电、控制器、驱动电机及相关的传感器组成。该系统的核心为驱动电机控制器。

驱动电机控制器接受挡位开关、油门深度、脚刹深度、旋变等信号，经过一系列的逻辑处理和判断，来控制电机正、反转及转速等。

控制策略采用了经典的电机控制理论并注入了先进的控制算法，驱动永磁同步电机以最佳方式协调工作。核心 ECU——驱动电机控制器上层软件所依赖的下层硬件电路包括控制电路板和驱动电路板两块电路板。它们的分工有所不同：控制板包括模拟通道采样单元、模数转换单元、DSP 处理单元、旋变解码单元、CAN 通信单元、挡位处理单元；驱动板包括信号隔离单元、保护信号选择单元、电源单元。控制板对采样的数据进行处理，计算出所需占空比，产生 PWM（正弦脉宽调制），通过驱动板传递给 IGBT，控制驱动电机进行工作。

(4) 挡位执行器

挡位执行器是人机对话的窗口，自动变速器挡位显示在换挡手柄上。P 挡是驻车挡，踩下制动踏板，启动车辆 OK 灯亮起后，即可将挡位从 P 挡位切换至其他挡位；R 挡是倒车挡，在汽车停稳后方可使用；N 挡是空挡，当需要暂时停车时使用；D 挡是行车挡，供正常行驶时使用。除在启动时要踩下制动踏板外，其他时候挡位之间的切换通过直接操纵换挡操纵杆即可实现。换挡成功后，手松开，换挡杆自动回到中间位置。

挡位控制器用来控制电动车前进、后退、停车等动作的部件，由于电动车与传统燃油车的控制方式不同，故挡位控制类似自动挡。挡位控制器安装位置见图 4-25。其连接电路如图 4-26 所示。

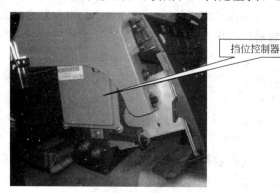

挡位控制器

图 4-25　挡位控制器安装位置

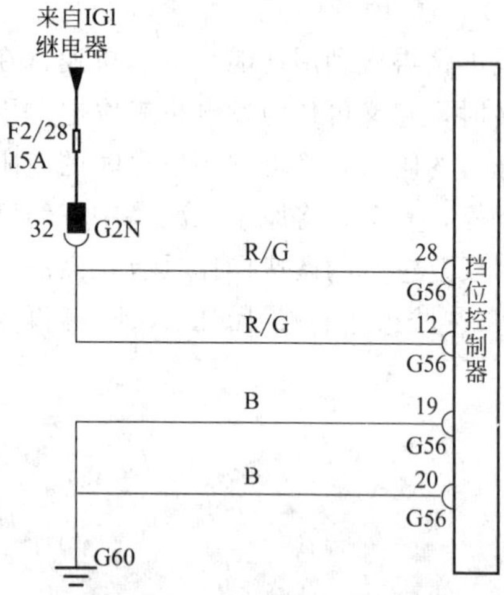

来自IGl
继电器

F2/28
15A

32　G2N

R/G　28

G56

R/G　12

G56

B　19

G56

B　20

G56

G60

图 4-26　挡位控制器电源电路

端子	线色	条件	正常值
G56-28～车身地	R/G	电源打到 ON 挡	11～14V
G56-12～车身地	R/G	电源打到 ON 挡	11～14V
G56-19～车身地	B	始终	小于 1Ω
G56-20～车身地	B	始终	小于 1Ω

挡位传感器连接电路如图 4-27 所示。

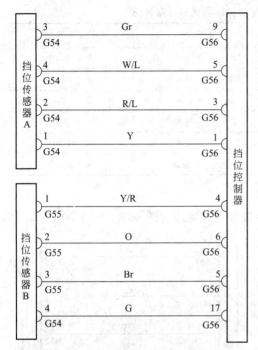

图 4-27 挡位传感器电路

挡位传感器 A：

端子	线色	条件	正常值
G54-3～车身地	Gr	始终	小于 1Ω
G54-4～车身地	W/L	换挡手柄打到 N 挡	约 5V
G54-2～车身地	R/L	换挡手柄打到 P 挡	约 5V
G54-1～车身地	Y	电源打到 ON 挡	约 5V

挡位传感器 B：

端子	线色	条件	正常值
G55-1～车身地	Y/R	换挡手柄打到 R 挡	约 5V
G55-2～车身地	O	换挡手柄打到 D 挡	约 5V
G55-3～车身地	Br	始终	小于 1Ω
G55-4～车身地	G	电源打到 ON 挡	约 5V

（5）油门深度传感器

电子加速踏板通过驾驶员控制踏板臂的旋转角度，来控制位置传感器输出的电压信号，然后将电压信号传递给 ECU，ECU 再根据位置传感器输出的电压信号控制电机电流大小，以达到控制电机扭矩的目的。油门深度传感器连接电路见图 4-28。

传感器电压检测见表 4-4。

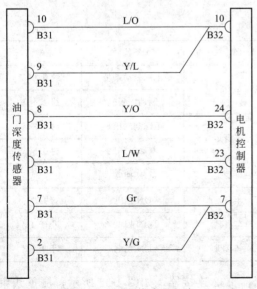

图 4-28 深度传感器电路

表 4-4 传感器电压检测

端子	条件	正常值
B31-1～车身地	不踩油门踏板	约 0.66V
	油门踩到底	约 4.45V
B31-8～车身地	不踩油门踏板	约 4.34V
	油门踩到底	约 0.55V
B31-2～车身地	ON 挡电	约 5V
B31-7～车身地	ON 挡电	约 5V
B31-9～车身地	ON 挡电	小于 1V
B31-10～车身地	ON 挡电	小于 1V

油门深度传感器连接器与电机控制器线束电阻检测见表 4-5。

表 4-5 油门深度传感器连接器与电机控制器线束电阻检测

端子	正常值	端子	正常值
B31-2～B32-7	小于 1Ω	B31-2～车身地	大于 10kΩ
B31-7～B32-7	小于 1Ω	B31-7～车身地	大于 10kΩ
B31-1～B32-23	小于 1Ω	B31-1～车身地	大于 10kΩ
B31-8～B32-24	小于 1Ω	B31-8～车身地	大于 10kΩ
B31-9～B32-15	小于 1Ω	B31-9～车身地	大于 10kΩ
B31-10～B32-15	小于 1Ω	B31-10～车身地	大于 10kΩ

(6) 刹车深度传感器

刹车深度传感器安装在制动踏板总成上，其位置和电路连接如图 4-29、图 4-30 所示。

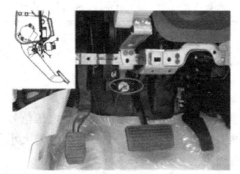

图 4-29 刹车深度传感器安装位置

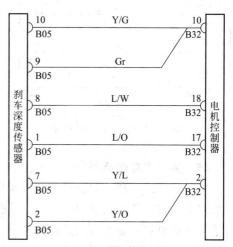

图 4-30 传感器电路

刹车深度传感器端子位置如图 4-31 所示。

端子	条件	正常值
B05-1～车身地	不踩制动踏板	约 0.66V
	制动踩到底	约 4.45V
B05-8～车身地	不踩制动踏板	约 4.34V
	制动踩到底	约 0.55V
B05-2～车身地	ON 挡电	约 5V
B05-7～车身地	ON 挡电	约 5V
B05-9～车身地	ON 挡电	小于 1V
B05-10～车身地	ON 挡电	小于 1V

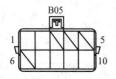

图 4-31 刹车深度传感器端子分布

拔下刹车深度传感器 B05 连接器与电机控制器 B32 连接器，如图 4-32 所示，测量线束端连接器各端子间的电阻值。

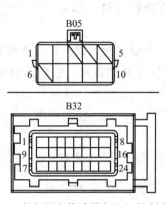

图 4-32　刹车深度传感器与电机控制器端子

端子	正常值
B05-2～B32-2	小于 1Ω
B05-7～B32-2	小于 1Ω
B05-1～B32-17	小于 1Ω
B05-8～B32-18	小于 1Ω
B05-9～B32-10	小于 1Ω
B05-10～B32-10	小于 1Ω
B05-2～车身地	大于 10kΩ
B05-7～车身地	大于 10kΩ
B05-1～车身地	大于 10kΩ
B05-8～车身地	大于 10kΩ
B05-9～车身地	大于 10kΩ
B05-10～车身地	大于 10kΩ

（7）驱动电机控制器

驱动电机控制器类型为电压型逆变器，利用 IGBT 将直流电转换为交流电，额定电压为 330V，主要功能是控制电动机和发电机等根据不同工况控制电机的正反转、功率、扭矩、转速等，即控制电机的前进、倒退，维持电动车的正常运转。其关键零部件为 IGBT。IGBT 实际为大电容，目的是为了控制电流的工作，保证能够按照我们的意愿输出合适的电流。

驱动电机控制器总成包含上中下三层，上下层为电动机控制单元，中层为水道冷却单元，总成还包括信号接插件（包含 12V 电源、CAN 线、挡位油门刹车、旋变、电机过温信号线、预充满信号线等），2 根动力电池正负极接插件，3 根电机三相线接插件和 2 个水套接头及其他周边附件。控制器外部连接见图 4-33。

主要功能：控制电动机；采集 P、R、N、D 档位信号；采集油门深度传感器和刹车深度传感器信号；参与 CAN 系统信号；预充满信号回路。

钥匙打到 ON 挡时，为缓解高压电池的冲击，电池管理器先吸合预充接触器控制继电器。来自动力电池的高压电经过预充接触器与两个并联的限流电阻，加载到母线正极上。驱动电机控制器检测到母线正极上的电压达到动力电池额定电压的 2/3 时，向电池管理器反馈一个预充满信号。从而电池管理器控制正极放电接触器控制器吸合，断开预充接触器控制器。

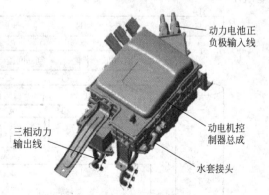

图 4-33　驱动电机控制器连接

（8）P 挡控制器

它不同于传统的机械拉索控制锁止结构；它通过控制电机转子转动时的伸出与缩进来控制是否锁止变速箱；它主要包括控制器、电机、霍尔位置传感器，霍尔位置传感器和电机是集成在一块的。

控制器：P挡电机控制器主要控制P挡电机在P挡位置锁止变速箱，主要完成PWM波产生对P挡电机的控制。

电机：P挡电机为开关磁阻电机，属于异步电机的范畴；该电机内部由叶轮和摆轮等部件组成，叶轮每旋转60圈，摆轮就旋转一圈；摆轮通过花键与锁止机构相连将变速器锁止。

开关磁阻电机是一种新型调速电机，调速系统兼具直流、交流两类调速系统的优点，是继变频调速系统、无刷直流电动机调速系统后的最新一代无级调速系统。它的结构简单坚固，调速范围宽，调速性能优异，且在整个调速范围内都具有较高效率，系统可靠性高。它主要由开关磁阻电机、功率变换器、控制器与位置检测器四部分组成。控制器内包含控制电路与功率变换器，而转子位置检测器则安装在电机的一端。

P挡电机控制器主要控制P挡电机在P挡位置锁止变速箱，主要通过PWM（脉冲宽度调制）方式对P挡电机进行控制。

4.2.3 比亚迪唐电动驱动系统

(1) 电动驱动系统概述

唐是代表比亚迪的"5-4-2"技术的最新车型。"5"代表百千米加速耗时在5s以内，"4"代表全面电动四驱，"2"代表百千米油耗在2L以内。

其电动动力系统由两套分别放置在前后轴的电动机组成，每台电动机的最大功率为110kW，最大扭矩为200N·m。当车辆急加速的时候，汽油发动机和电动机同时工作，这样发动机＋电动机可以输出的最大功率为370kW，最大扭矩为720N·m。唐从0加速到100km/h的时间为4.9s。唐的动力控制与能量传递见图4-34。

唐与秦采用同样的DMⅡ混动系统。在蓄电池的电池容量上唐则进行了一些升级，最大电池容量达到18.4kW·h（秦为13kW·h），这样唐在纯电动的情况下可以实现85km的续航里程。

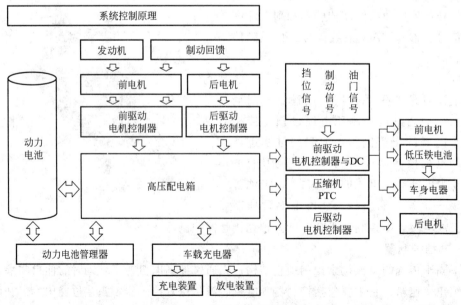

图 4-34　整车能量传递线路

全车总线网络结构如图 4-35 所示。

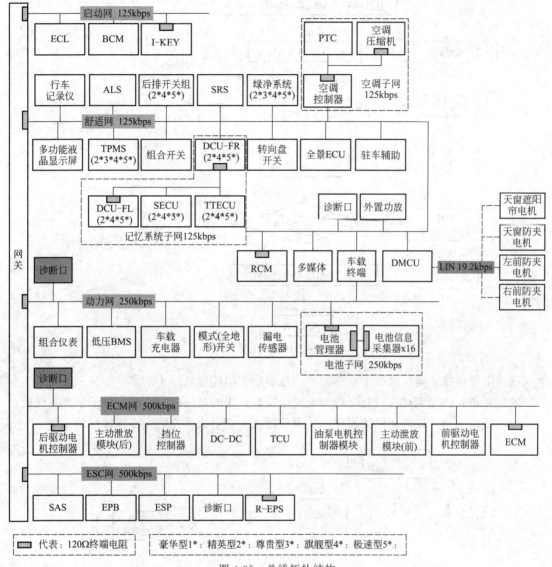

代表：120Ω终端电阻   豪华型1*：精英型2*：尊贵型3*：旗舰型4*：极速型5*：

图 4-35 总线拓扑结构

秦的上电流程如图 4-36 所示。

驱动电机控制器中含有主动泄放回路，当检测到车辆发生较大碰撞、高压回路中某处接插件存在拔开状态或含有高压的高压电控产品存在开盖情况时，主动放电回路会在 5s 内把预充电容电压降低到≤60V，迅速释放危险电能，最大限度地保证人员安全。

在含有主动泄放回路的同时，驱动电机控制器、空调驱动控制器等内部含有高压的高压电控产品同时设计有被动泄放回路，在 2min 内可以把预充电容电压降低到≤60V，以作为主动泄放失效的二重保护。

唐的高压互锁包括结构互锁和功能互锁。

结构互锁：唐的主要高压接插件均带有互锁回路，当其中某个接插件被带电断开时，动力电池管理便会检测到高压互锁回路存在断路，为保护人员安全，将立即进行报警并断开主

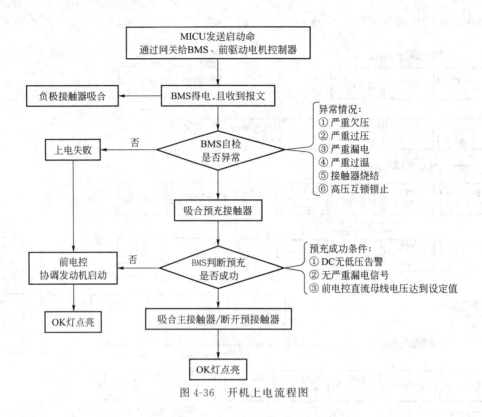

图 4-36　开机上电流程图

高压回路电气连接，同时激活主动泄放。高压驱动互锁连接见图 4-37。

　　功能互锁：当车辆在进行充电或插上充电枪时，唐的高压电控系统会限制整车不能通过自身驱动系统驱动，以防止可能发生的线束拖拽或安全事故。充电互锁连接见图 4-38。

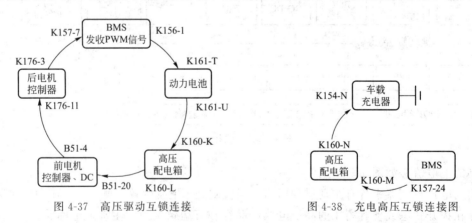

图 4-37　高压驱动互锁连接　　　　　　　图 4-38　充电高压互锁连接图

　　当车辆发生碰撞时，动力电池管理器检测到碰撞信号大于一定阈值时，会切断高压系统主回路的电气连接，同时通知驱动电机控制器激活主动泄放，从而可使唐发生碰撞时的短路危险、人员电击危险降到最低。

　　唐的重要高压电控产品具有开盖检测功能，当发现这些产品的盖子在整车高压回路连通的情况下打开时，会立即进行报警，同时断开高压主回路电气连接，激活主动泄放。

（2）前驱动电机控制器与 DC 总成

唐前驱电机控制器与 DC 总成装配位置如图 4-39 所示。

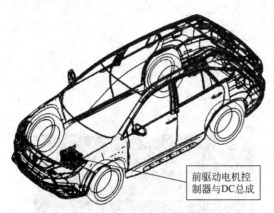

前驱动电机控制器与DC总成

图 4-39 前驱电机控制器安装位置

前驱动电机控制器与 DC 总成电气参数见表 4-6。

表 4-6 前驱动电机技术参数

零部件	项 目		技术参数
前驱动电机控制器	输入	低压输入电压	6~16V(额定 12V)
		高压输入电压	400~820V(额定 706V)
	输出	最大输出扭矩	200N·m
		最大输出功率	110kW
		额定功率	40kW
	电机类型		永磁同步电机
	高压侧纹波		小于 5%
	回馈电压		≤动力电池电压的 125%
	额定功率效率		≥95%(输出功率大于 10kW 时效率在 90% 以上)
	耐压值		2700V AC,测试时间 1min,测试频率 50Hz
	绝缘电阻		10MΩ
DC-DC 变换器	项目		降压模式
	高压侧	电压范围	400~820V
		功率范围	最大 2.52kW(输入电压为 706V 时)
	低压侧	电压范围	9.5~14V@400~600V (14±0.2)V@600V 以上
		电流范围	额定 150A 峰值 180A

DC-DC 变换器概述：电池包高压直流与低压直流相互转换的装置，负责将动力电池的高压电转换成 12V 电源；其在主接触器吸合时工作，输出的 12V 电源供给整车用电器工作，并且在铁电池亏电时给铁电池充电。前驱动控制器与 DC 总成电路连接如图 4-40 所示。

前驱电机控制器与 DC 总成连接端子见图 4-41、图 4-42。

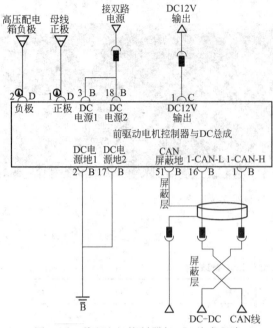

图 4-40　前驱电机控制器与 DC 总成电路

图 4-41　B51 与 B63 端子分布

连接端子	端子描述	线色	条件	正常值
B63-1～车身地	12V 输出正极	R	EV 模式，ON 挡	13.5～14.5V

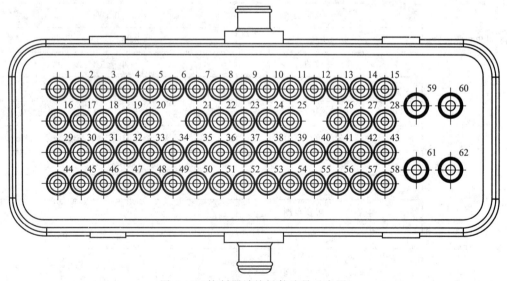

图 4-42　控制器端接插件编号示意图

连接端子	端子描述	线色	条件	正常值
B51-1～B51-16	CAN-H　DC CAN-L	P　V	OFF 挡	54～69Ω
B51-2～车身地	DC 电源地	B	OFF 挡	小于 1Ω
B51-17～车身地	DC 电源地	B	OFF 挡	小于 1Ω
B51-3～B51-17	DC 双路电　DC 电源地	Y/R　B	ON 挡	11～14V
B51-18～B51-17	DC 双路电　DC 电源地	Y/R　B	ON 挡	11～14V

DC-DC 变换器故障码定义见表 4-7。

表 4-7　DC-DC 变换器故障码

序号	故障码	故障定义	序号	故障码	故障定义
1	P1EC000	降压时高压侧电压过高	10	P1ECD00	升压时低压侧电流过高
2	P1EC100	降压时高压侧电压过低	11	P1ECF00	升压时高压侧电压过低
3	P1EC200	降压时低压侧电压过高	12	P1EE000	散热器过温
4	P1EC300	降压时低压侧电压过低	13	U010300	与 ECM 通信故障
5	P1EC400	降压时低压侧电流过高	14	U011000	与驱动电机控制器通信故障
6	P1EC700	降压时硬件故障	15	U012200	与低压 BMS 通信故障
7	P1ECA00	升压时高压侧电压过高	16	U011100	与动力电池管理器通信故障
8	P1ECB00	升压时低压侧电压过高	17	U029D00	与 ESC 通信故障
9	P1ECC00	升压时低压电压过低	18	U014000	与 BCM 通信故障

故障告警检查如下。

① P1EC000-降压时高压侧电压过高。

a. 检查动力电池电压，正常值为 400～820V，若异常则检查动力电池故障。

b. 检测高压母线电压，正常值为 400～820V，若异常则检查高压配电盒及高压线路。

② P1EC200-降压时低压侧电压过高。

a. 检查低压电池电压，正常值为 9～16V，若异常则检修或更换低压电池。

b. 检查低压发电机输出电压，正常值为 16V，若异常则更换发电机。

③ P1EE000-散热器过温。

a. 检查检查冷却液。

b. 检测冷却液管路及水泵。

c. 更换前驱动电机控制器与 DC 总成。

DC-DC 总成诊断数据流见图 4-43。

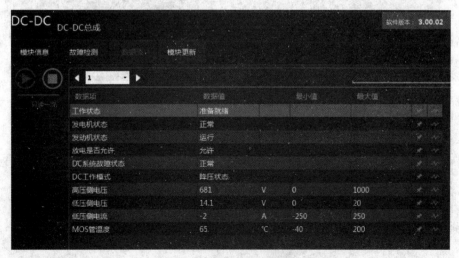

图 4-43　DC 转换总成数据流

（3）前驱动电机控制器

前驱动电机控制器是控制动力电池与前驱动电机之间能量传输、控制后驱动电机控制器和发动机的装置。其主要功能为控制前驱动电机，通过控制后驱动电机控制器间接控制后驱动电机和发动机共同驱动车辆行驶，同时包括 CAN 通信、故障处理、在线 CAN 烧写、与其他模块配合完成整车的工作要求以及自检等功能。

前驱电动机控制器与 DC 总成系统原理见图 4-44。

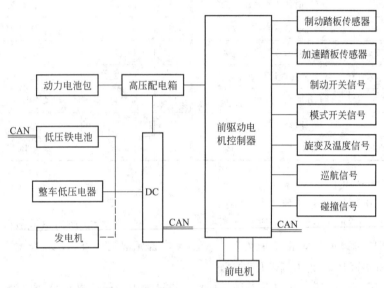

图 4-44　系统框图

前驱电机控制器与 DC 总成外部连接见图 4-45。其电路连接如图 4-46、图 4-47 所示。

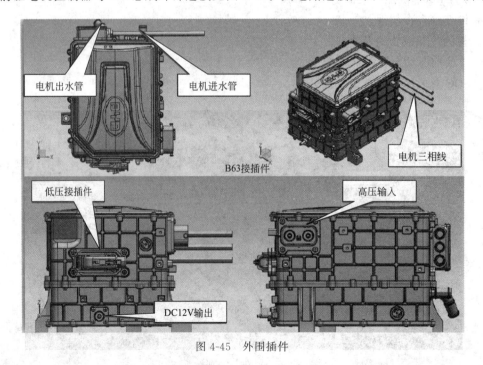

图 4-45　外围插件

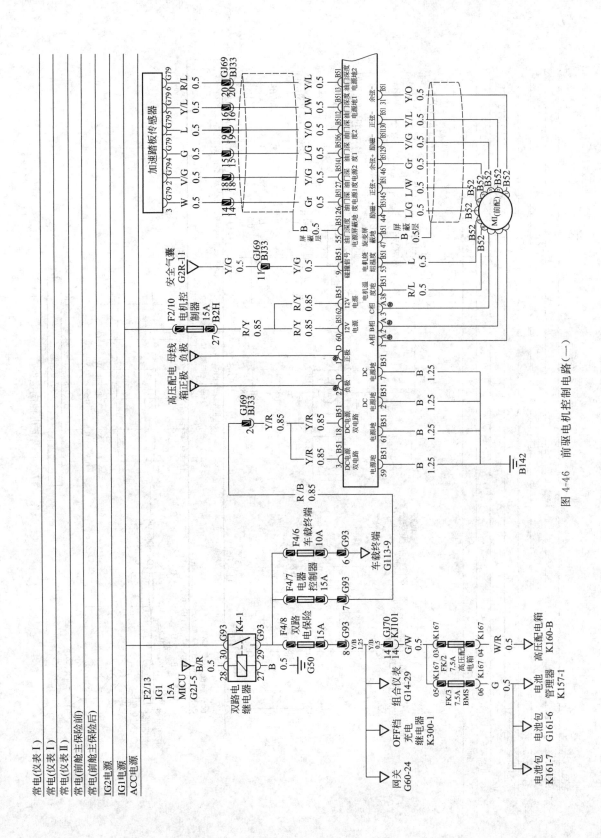

图 4-46　前驱电机控制电路（一）

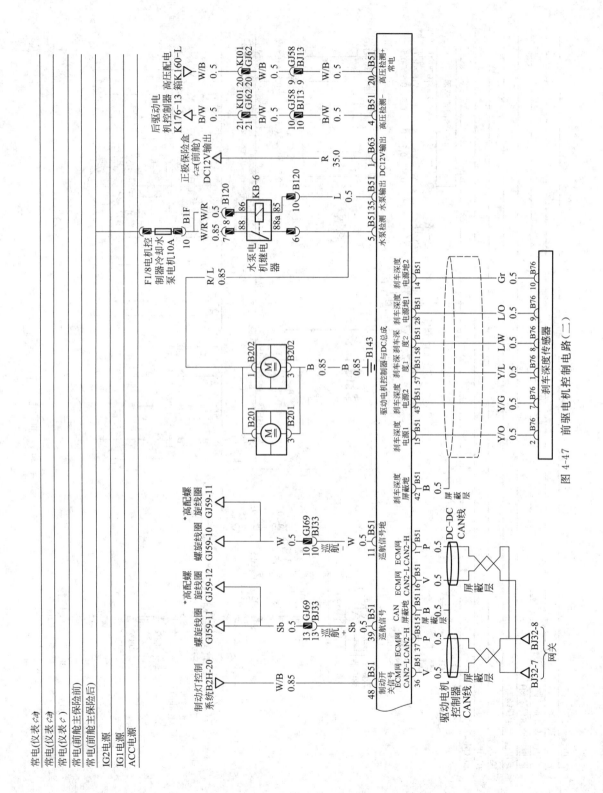

图 4-47 前驱电机控制电路（二）

前驱电机控制器总成低压插件接口端子如图 4-48 所示。

B51 插件

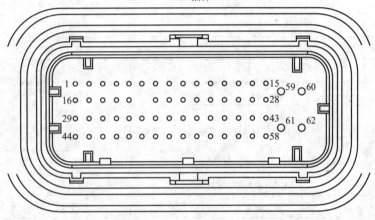

图 4-48　低压插件接口

连接端子	引脚名称/功能	条件	正常值
B51-4～B51-61	/HV_LOCK2 高压互锁输入 2	ON 挡	PWM 信号
B51-5～B51-61	/PUMP_TEST 水泵检测输入	OK 挡, EV 模式	10～14V
B51-6	预留	预留	预留
B51-7	预留	预留	预留
B51-8	预留	预留	预留
B51-9～B51-61	CRASH-IN 碰撞信号	ON 挡	PWM 信号
B51-10～车身地	GND 水温检测电源地	OFF 挡	小于 1Ω
B51-11～B51-39	GND 巡航信号地	OFF 挡	2150～2190Ω
B51-12～B51-61	GND 油门深度电源地 1	OFF 挡	小于 1Ω
B51-13～B51-61	GND 油门深度电源地 2	OFF 挡	小于 1Ω
B51-14～B51-61	GND 刹车深度电源地 2	OFF 挡	小于 1Ω
B51-15～B51-61	+5V 刹车深度电源 1	ON 挡	0～5V 模拟信号
B51-19～B51-61	/IN_HAND_BRAKE 手刹信号	ON 挡	0～12V 高低电平信号

续表

连接端子	引脚名称/功能	条件	正常值
B51-20～车身地	/HV-LOCK1 高压互锁输入 1	ON 挡	PWM 信号
B51-21	调试 CAN 高	预留	预留
B51-22	调试 CAN 低	预留	预留
B51-23～车身地	KEY_CONTROL 钥匙信号	预留	预留
B51-24～车身地	GND 水压检测地	预留	预留
B51-25～车身地	+5V 水压检测电源	预留	预留
B51-26～车身地	+5V 油门深度电源 1	ON 挡	0～5V 模拟信号
B51-27～车身地	+5V 油门深度电源 2	ON 挡	0～5V 模拟信号
B51-28～车身地	GND 刹车深度电源地 1	OFF 挡	小于 1Ω
B51-29～B51-44	EXCOUT 励磁—	OFF 挡	7～10Ω
B51-30～B51-45	SIN— 正弦—	OFF 挡	15～19Ω
B51-31～B51-46	COS— 余弦—	OFF 挡	15～19Ω
B51-32～车身地	预留	预留	预留
B51-32	预留	预留	预留
B51-34	/FAN_H_OUT 风扇高速输出(空)	预留	预留
B51-35～B51-61	/PUMP_OUT 水泵输出	ON 挡	10～14V
		水泵未工作	
		OK 挡,EV 模式水泵工作	小于 1V
B51-36～B51-37	CAN-L CAN 信号低	OFF 挡	54～69Ω
B51-37～B51-36	CAN-H CAN 信号高	OFF 挡	54～69Ω
B51-38～车身地	GND2 电机温度地	OFF 挡	小于 1Ω
B51-39～B51-11	CURISE_IN 巡航信号	OFF 挡	2150～2190Ω
B51-40～车身地	WATER_T_IN 水温信号	ON 挡	0～5V 模拟信号
B51-41～车身地	DC_GAIN1 油门深度信号 1	ON 挡	0～5V 模拟信号
B51-42～车身地	GND 刹车深度屏蔽地	OFF 挡	小于 1Ω
B51-43～车身地	+5V 刹车深度电源 2	ON 挡	4.5～5.5V
B51-44～车身地	EXCOUT 励磁+	OFF 挡	7～10Ω
B51-45～B51-30	SIN+ 正弦+	OFF 挡	15～19Ω
B51-46～B51-31	COS+ 余弦+	OFF 挡	15～19Ω
B51-47～车身地	GND 旋变屏蔽地	OFF 挡	小于 1Ω
B51-48～车身地	/IN_FEET_BRAKE 脚刹信号	预留	预留
B51-49～车身地	/BAT-OFF-OUT 铁电池切断继电器	预留	预留
B51-50	/FAN_L_OUT 风扇低速输出(空)	预留	预留
B51-51～车身地	GND(CAN)CAN 屏蔽地	OFF 挡	小于 1Ω
B51-52～车身地	/IN_EMACHINE 电机过温	预留	预留

续表

连接端子	引脚名称/功能	条件	正常值
B51-53～车身地	STATOR_T_IN 电机绕组温度	ON 挡	0～5V 模拟信号
B51-54～车身地	PRESSURE_IN 水压检测信号	预留	预留
B51-55～车身地	GND 油门深度屏蔽地	OFF 挡	小于 1Ω
B51-56～车身地	DC_GAIN2 油门深度信号 2	ON 挡	0～5V 模拟信号
B51-57～车身地	DC_BRAKE1 刹车深度 1	ON 挡	0～5V 模拟信号
B51-58～车身地	DC_BRAKE2 刹车深度 2	ON 挡	0～5V 模拟信号
B51-59～车身地	GND(VCC) 外部电源地	OFF 挡	小于 1Ω
B51-60～B51-61	VCC 外部 12V 电源	ON 挡	10～14V
B51-61～车身地	GND(VCC) 外部电源地	OFF 挡	小于 1Ω
B51-62～B51-61	VCC 外部 12V 电源	ON 挡	10～14V

前驱动电机控制器故障码定义见表 4-8。

表 4-8 前驱动电机故障码

序号	故障码	故障定义	序号	故障码	故障定义
1	P1BB000	前驱动电机过流	22	P1B1700	油门信号故障-1 信号故障
2	P1BB100	前驱动电机控制器 IPM 故障	23	P1B1800	油门信号故障-2 信号故障
3	P1BB200	前驱动电机过温告警	24	P1B1900	油门信号故障-校验故障
4	P1BB300	前驱动电机控制器 IGBT 过温告警	25	P1B1A00	刹车信号故障-1 信号故障
5	P1BB400	前驱动电机控制器水温过高报警	26	P1B1B00	刹车信号故障-2 信号故障
6	P1BB500	前驱动电机控制器高压欠压	27	P1B1C00	刹车信号故障-校验故障
7	P1BB600	前驱动电机控制器高压过压	28	P1BC500	前驱动电机控制器电流霍尔传感器 B 故障
8	P1BB700	前驱动电机控制器电压采样故障	29	P1BC600	前驱动电机控制器电流霍尔传感器 C 故障
9	P1BB800	前驱动电机控制器碰撞信号故障(硬线)	30	U010100	与 TCU 通信故障
10	P1BB900	前驱动电机控制器开盖保护	31	U011100	与电池管理器通信故障
11	P1BBA00	前驱动电机控制器 EEPROM 错误	32	U015500	与组合仪表通信故障
12	P1BBB00	前驱动电机控制器巡航开关信号故障	33	U010300	与 ECM 通信故障
13	P1BBC00	前驱动电机控制器 DSP 复位故障	34	U012100	与 ESC 通信故障
14	P1BBD00	前驱动电机控制器主动泄放故障	35	U025E00	与 ACM 通信故障
15	P1BBE00	前驱动电机控制器水泵驱动故障	36	U012800	与 EPB 通信故障
16	P1BBF00	前驱动电机旋变故障-信号丢失	37	U029100	与挡位控制器通信故障
17	P1BC000	前驱动电机旋变故障-角度异常	38	U016400	与空调通信故障
18	P1BC100	前驱动电机旋变故障-信号幅值减弱	39	U014000	与 BCM 通信故障
19	P1BC200	前驱动电机缺 A 相	40	U029800	与 DC 通信故障
20	P1BC300	前驱动电机缺 B 相	41	U029400	与开关 ECU 通信故障
21	P1BC400	前驱动电机缺 C 相	42	U01A600	与后驱动电机控制器通信故障

续表

序号	故障码	故障定义	序号	故障码	故障定义
43	U021400	与 I-KEY 通信故障	47	P1BC800	前驱动电机控制器 IGBT 三相温度校验故障报警
44	U029400	与 EV-HEV 开关通信故障	48	U012A00	与 EPS(电动助力转向)模块失去通信
45	P1B6000	发动机启动失败	49	U012200	与低压电池管理器(BMS)失去通信
46	P1BC700	前驱动电机控制器 IPM 散热器过温故障			

前驱动电机控制器诊断数据流如图 4-49～图 4-51 所示。

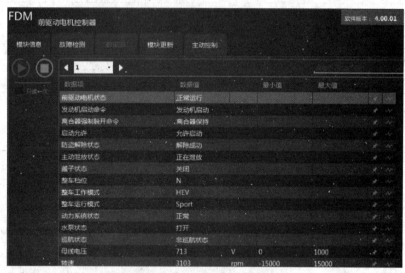

图 4-49　前驱动电机控制器数据流（一）

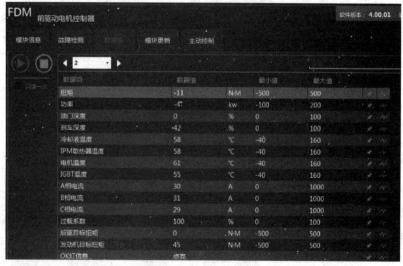

图 4-50　前驱动电机控制器数据流（二）

（4）后驱动电机控制器总成

后驱动电机控制器总成负责后电机驱动运行，与整车进行 CAN 通信信息数据交互，根据工况控制电机的正反转、功率、扭矩、转速等。

图 4-51　前驱动电机控制器数据流（三）

硬件采集的外围信号有电机的旋变和温度、高压插件互锁，采集的内部信号有直流侧母线电压、交流侧三相电流、IGBT 温度、IPM 温度等。后驱电机控制器安装位置见图 4-52。

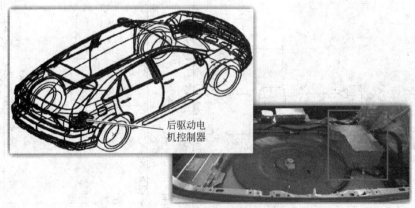

图 4-52　后驱电机控制器安装位置

后驱动电机控制器主要参数见表 4-9。

表 4-9　后驱动电机技术参数

项 目		技术参数
驱动	电机最大功率	110kW
	电机的类别	永磁同步电机
	最大效率	≥97%
	高压输入	420～820V DC（额定电压706V DC）
	工作电压	9～16V（12V 低压系统）
		706V DC（高压直流）420～820V DC
	绝缘电阻	大于 20MΩ
	冷却方式	水冷
工作温度范围	下限	−40℃
	上限	105℃

后驱电机控制器电路连接如图 4-53 所示。

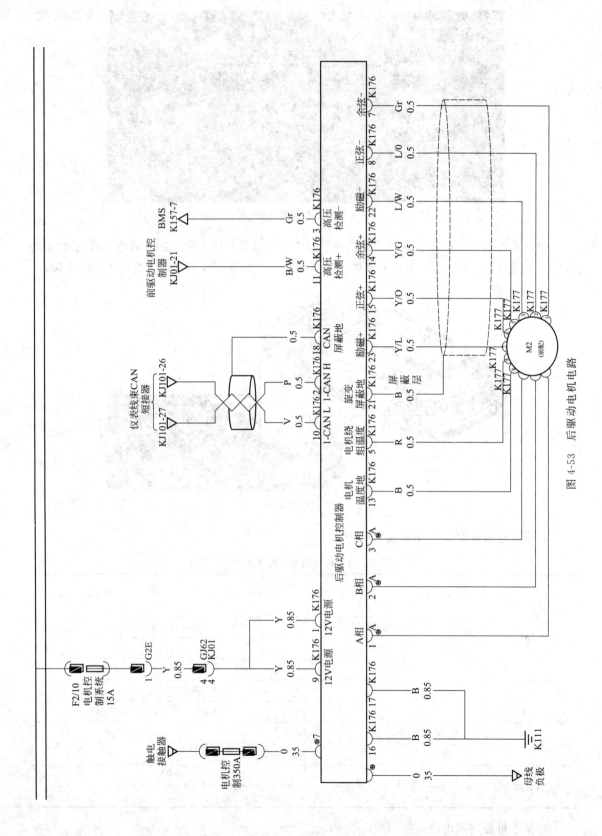

图 4-53　后驱动电机电路

后驱电机控制器连接部件见图 4-54。

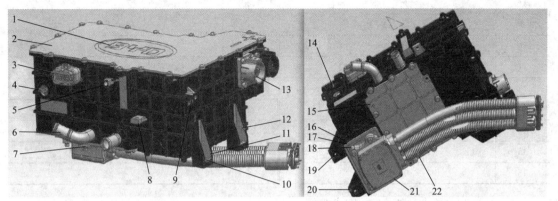

图 4-54　外部插件连接

1—LOGO；2—上盖；3—23PIN 低压接插件；4　箱体通气孔；5—低压线束固定点；6—进水管（φ10mm）；

7—出水管（φ10mm）；8—搭铁点；9—高压线束固定点；10—箱体紧固件；11—支架 1（φ10mm）；

12—支架 2（φ10mm）；13—直流母线接插件；14—箱体；15—水道盖板；16—箱体与车身密封凸台；

17—箱体与车身密封条；18—箱体与三相线接插件密封凸台；19—支架 3（φ10mm）；

20—支架 4（φ10mm）；21—三相线接插件（M6×10mm×4mm）；22—三线

后驱电机控制器端子位置与针脚分布如图 4-55 所示。

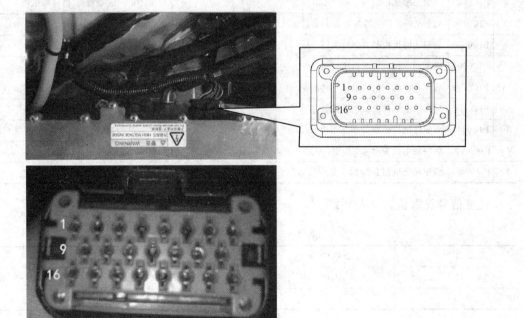

图 4-55　K176 线束接插件（23PIN）

脚位	定　义	脚位	定　义
1	12+（ON 挡）	5	电机绕组温度
2	CAN-H	6	未连接
3	驱动互锁（BMS k157\7）	7	余弦−
4	未连接	8	正弦−

续表

脚位	定　　义	脚位	定　　义
9	12+（ON 挡）	17	接地
10	CAN-L	18	CAN 屏蔽地
11	驱动互锁（前控 b51\4）	19	未连接
12	未连接	20	未连接
13	电机温度地	21	旋变屏蔽地
14	余弦+	22	励磁-
15	正弦+	23	励磁+
16	接地		

后驱动电机控制器系统故障码见表 4-10。

表 4-10　后驱动电机控制器系统故障码

序号	故障码	故障定义	序号	故障码	故障定义
1	P1C0000	后驱动电机过流	13	P1C0C00	后驱动电机控制器主动泄放故障
2	P1C0100	后驱动电机控制器 IPM 故障	14	P1C0D00	后驱动电机旋变故障-信号丢失
3	P1C0200	后驱动电机过温告警	15	P1C0E00	后驱动电机旋变故障-角度异常
4	P1C0300	后驱动电机控制器 IGBT 过温告警	16	P1C0F00	后驱动电机旋变故障-信号幅值减弱
5	P1C0400	后驱动电机控制器 IPM 散热器过温故障报警	17	P1C1000	后驱动电机缺 A 相
6	P1C0500	后驱动电机控制器高压欠压	18	P1C1100	后驱动电机缺 B 相
7	P1C0600	后驱动电机控制器高压过压	19	P1C1200	后驱动电机缺 C 相
8	P1C0700	后驱动电机控制器电压采样故障	20	P1C1300	后驱动电机控制器电流霍尔传感器 A 故障
9	P1C0800	后驱动电机控制器碰撞信号故障	21	P1C1400	后驱动电机控制器电流霍尔传感器 B 故障
10	P1C0900	后驱动电机控制器开盖保护	22	P1C1500	后驱动电机控制器电流霍尔传感器 C 故障
11	P1C0A00	后驱动电机控制器 EEPROM 错误	23	U01A500	与前驱动电机控制器通信故障
12	P1C0B00	后驱动电机控制器 DSP 复位故障			

旋变信号异常检查见表 4-11。

表 4-11　旋变信号异常检查

1	P1C0D00	后驱动电机旋变故障-信号丢失
2	P1C0E00	后驱动电机旋变故障-角度异常
3	P1C0F00	后驱动电机旋变故障-信号幅值减弱

检查低压接插件。

① 退电 OFF 挡，拔掉电机控制器低压接插件。

② 测 k176-22 和 k176-23（励磁）：（8.3±2）Ω；测 k176-7 和 k176-14（余弦）：（16±4）Ω；测 k176-8 和 k176-15（正弦）：（16±4）Ω。

③ 如果步骤②所测电阻异常，则检查电机旋变接插件是否松动，如果没有，则为动力总成故障。

CAN 网络、电源检查见表 4-12。

表 4-12　CAN 网络、电源检查

脚位	定　义	脚位	定　义
1	12+（ON 挡）	17	接地
9	12+（ON 挡）	10	CAN-L
16	接地	2	CAN-H

后驱电机控制器诊断数据流如图 4-56、图 4-57 所示。

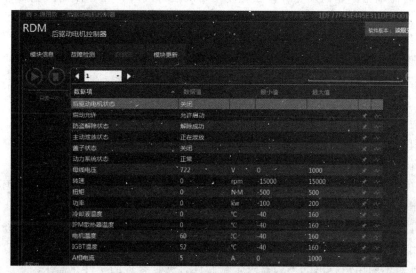

图 4-56　后驱电机控制器数据流（一）

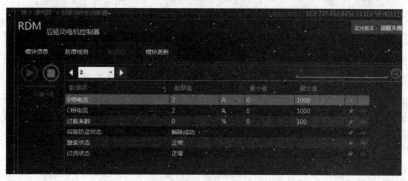

图 4-57　后驱电机控制器数据流（二）

4.2.4　众泰 100 动力系统

动力系统由驱动电机总成、驱动电机控制器两部分组成，驱动电机总成包括驱动电机及减速器。

驱动电机是整车的动力核心，相当于燃油车的发动机，将动力电池提供的电能转换成动能通过减速器、半轴驱动电动汽车行驶。

驱动电机控制器根据制动踏板和加速踏板的输入信号，发出相应的控制命令来控制驱动电机的转速及转向，从而驱动电动汽车的行驶。

减速器是将电机的高速运转通过齿轮传动变成低速大扭矩的装置。它不同于传统汽油车的变速箱，其只有固定减速比，没有调速功能，速度以及方向的变化是通过电机控制器来实现的。减速器的固定减速比为 7.3。

众泰 100 电动车驱动系统搭载的是三相交流变频电机。当电动机的三相定子绕组（各相相差 120°电角度）通入三相对称交流电后，将产生一个旋转磁场；该旋转磁场切割转子绕组，从而在转子绕组中产生感应电流（转子绕组是闭合通路）；载流的转子导体在定子旋转磁场作用下将产生电磁力，从而在电机转轴上形成电磁转矩，驱动电动机旋转，并且电机旋转方向与旋转磁场方向相同。当导体在磁场内切割磁力线时，在导体内产生感应电流，"感应电机"的名称就由此而来。感应电流和磁场的联合作用向电机转子施加驱动力。

驱动系统的基本结构组成和技术参数如下。

① 采用美国 TI 公司主流芯片 DSP 作为主控芯片，建立了实现电机控制算法的良好平台。

② 选用了国际上先进的大功率 MOSFET 管作为功率器件，显现了低噪声、高效率的能量转换。

③ 采用了先进的矢量控制算法，实现控制器对电机转矩、转速的精确控制。

④ 对刹车或者制动进行能量回馈控制，提升车辆的续航里程，满足不同客户的需求。

⑤ 具有坡路防倒溜功能，提高驾驶的安全性。

⑥ 具有可灵活调节的参数，可调节车辆的操纵性能，满足不同路况和各种使用环境的要求。

⑦ 采用蜂鸣器提示各种故障，方便检修。

⑧ 具有完善的加速器故障、欠压、过压、过流、过热等保护功能，提升了系统的可靠性。

⑨ 采用 CAN 总线通信。

⑩ 可针对不同用户提出的不同需求定制软件，满足客户的个性化需求。

MC3336 系列低压交流控制器是一款应用于低压交流电动车辆的驱动器，采用了国内外一流的交流电机控制器算法，实现了对交流电机宽调速范围内转矩的精准控制。相比于直流电机驱动系统，交流驱动系统可以实现更宽的电机调速范围，从而提高了车辆的行驶速度；交流电机无炭刷、全密闭、免维护，系统可靠性大大提高；交流系统能达到更高的效率，实现灵活的能量回馈控制，从而有效地提升续航里程。驱动电机控制器系统连接如图 4-58 所示。

驱动电机控制器通过 35 芯插接件，将驱动电机、启动开关、仪表、挡位开关、油门信号、刹车信号等联系起来，从而使车辆行驶得到有效的控制。启动钥匙到 ON 挡，分电盒总正接触器吸合，动力电池 74V 两相直流电进入驱动电机控制器。驱动电机控制器先将两相直流电转换为三相直流电，再结合挡位、油门模拟量等控制信号控制输出到驱动电机的电流，从而实现对车辆驱动系统的管理。

车子在向上的斜坡上突然踩刹车，且挡位在前进挡时，松开刹车后车子往后溜 20cm 后停止后溜，当挡位杆挂到空挡（或倒退挡）后车子才会后溜；同样当车子行驶在向下的坡道上挂倒退挡倒退时，踩刹车后然后松刹车，车子不会向前溜，当踩下电门后车子才解除防溜坡功能。

驱动系统接线说明如下。

① 动力电源—电机控制器。使用截面积为 25mm² 的动力电缆将电池的正、负极分别接至电机控制器正、负端，控制器上红色标记线为电源正，接电池正极；黑色标记为电源负，接电池负极。

② 电机控制器—驱动电机。使用截面积为 25mm² 的动力电缆将控制器的三相输出接至电机相应的 U、V、W 三相，相序颜色标记为 U（黄）、V（蓝）、W（绿）；电机转子旋转编码器信号通过航空插头（35 芯）送至电机控制器。

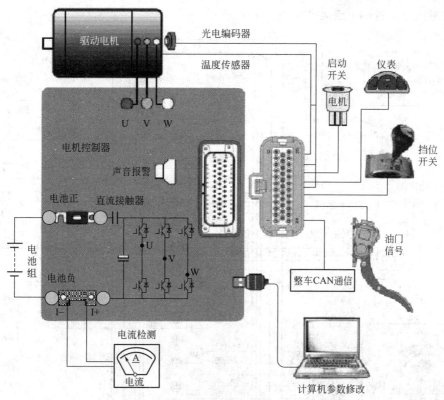

图 4-58 驱动电机控制

③ 控制信号—电机控制器。油门踏板信号、挡位信号、驱动电机温度信号、转子位置信号、控制电源通过 35 芯航空插头接到电机控制器。

控制器线束端插头针脚分布如图 4-59 所示。

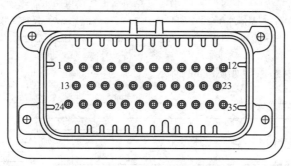

图 4-59 驱动电机控制器连接端子

针脚	颜色	功　能	针脚	颜色	功　能
J1.1	紫色	钥匙开关信号（KSI）	J1.18	棕色	编码器 B 信号（QEP1B）
J1.3	棕色	后退信号线（REV）	J1.19	黄色	加速开关信号（LOCK1）
J1.4	蓝色	前进信号线（FWD）	J1.20	绿色	加速器信号（IND＋）
J1.5	红色	开关信号供电正极（PG12V）	J1.26	橙色	接刹车信号（BRACK＋）
J1.6	紫色	编码器供电正极（PG5V）	J1.27	绿色	接车载 DC 地线（BREAK－）
J1.7	白色	电机温度电阻（TEMP_M－）	J1.29	灰色	编码器供电负极
J1.8	红色	加速器供电正极（12V）	J1.30	白色	电机温度电阻（TEMP_M＋）
J1.11	红色	CAN-H	J1.31	黑色	加速器供电负极（GND）
J1.17	粉色	编码器 A 信号（QEP1A）	J1.34	黑色	CAN-L

驱动电机控制器端子连接电路如图 4-60 所示。

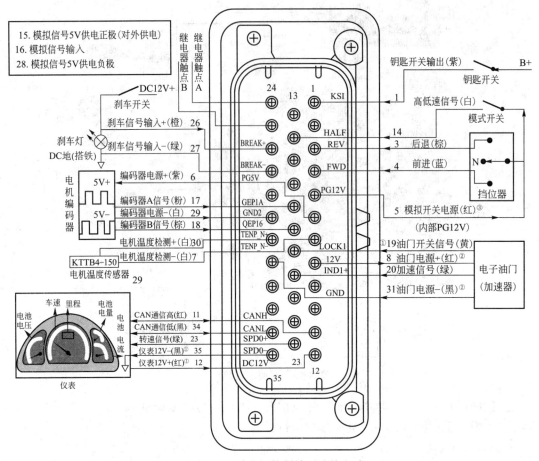

图 4-60　驱动电机控制端子连接电路

① 仪表 12V 为控制器外部电源，可以接 DC12V。② 油门 12V 为控制器内部电源 1。

③ 模拟开关电源 12V 为控制器内部电源 2，区别于油门电源。

驱动电机控制器电路原理如图 4-61 所示。

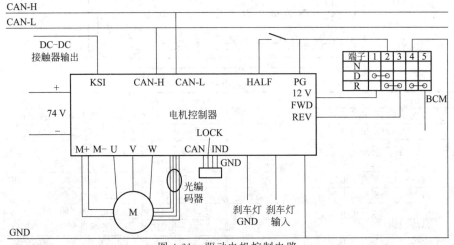

图 4-61　驱动电机控制电路

故障的判断与排除方法见表 4-13。

表 4-13　故障的判断与排除方法

序号	故障代码	故障类型	故障表现或原因
1	长鸣	高踏板禁止	—
2	1 长 2 短	启动开关故障	—
3	1 长 3 短	过流	电源,电池线束短路
4	1 长 4 短	控制器过热	
5	1 长 5 短	继电器丢失	—
6	1 长 6 短	电流检测故障	插件坏了
7	1 长 7 短	超速故障	—
8	1 长 8 短	锂电池 BMS 故障	
9	1 长 9 短	电池欠压	电池电压小于 63V
10	1 长 10 短	电池过压	电池电压大于 96V
11	1 长 11 短	电机过热	电机温度过高
12	1 长 12 短	加速器故障	加速器线束松动

本车采用直流式漏电传感器。当高压系统漏电时,传感器会发出报文给电池管理器;电池管理器接收到漏电报文后会根据漏电情况马上报警或者控制马上断开高压系统,防止高压漏电对人或者物品造成伤害和损失。

漏电传感器安装在电池包安装支架上的启动电池与配电箱中间。安装位置见图 4-62。传感器电路连接见图 4-63。

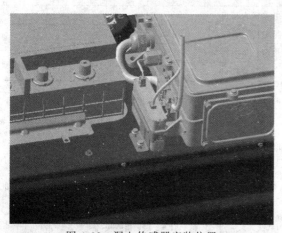

图 4-62　漏电传感器安装位置

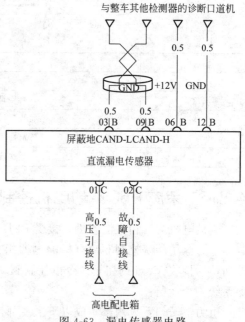

图 4-63　漏电传感器电路

本车各模块通过高压线相互连接。当高压系统各模块工作时,动力电池电能会通过配电箱和高压线分配传递给工作模块。

高压线由驱动电机控制器直流母线与 PTC 小线总成、电池包正负极线、车载充电器小线、空调配电盒总成等组成。高压线全车分布如图 4-64、图 4-65 所示。

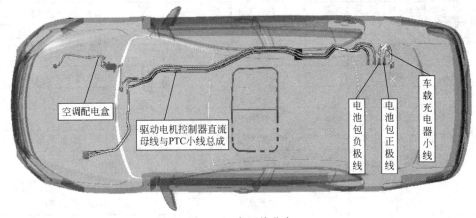

图 4-64　高压线分布

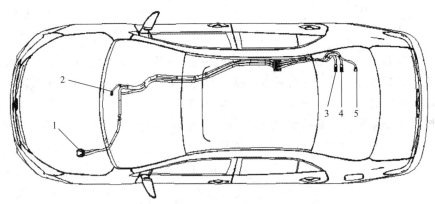

图 4-65　高压线路连接端子

序号	对接模块名称	接口端子数
1	接驱动电机控制器接口	2
2	接空调配电盒输入接口	2
3	接高压配电箱电控正极接口	1
4	接高压配电箱电控负极接口	1
5	接高压配电箱空调接口	2

4.2.5　荣威 E50 驱动电机控制

驱动电机为三相交流电机，接受 PEB 的控制，是整辆车的动力源。

电力电子箱是控制驱动电机的电器组件，在高速 CAN 上与 VCU、IPK、BCM 等控制器通信，接收 VCU 的扭矩命令以控制驱动电机；且电力电子箱控制器带有自诊断功能，确保系统安全运行。

电力电子箱系统内部集成以下主要部件：MCU、逆变器、DC-DC 转换器。

线束端连接器 BY015 端如图 4-66 所示。BY015 连接器位于前舱右前部 PEB 上，为黑色母连接器。

BY015 连接器针脚分布如图 4-66 所示。

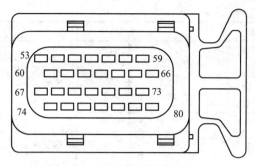

图 4-66　MCU 控制器端子信息

针脚号	描　述	针脚号	描　述
53	高压互锁	67	励磁正信号
54	PEB 冷却泵控制信号	68	余弦负信号
55	—	69	正弦负信号
56	高压互锁	70	—
57	—	71	—
58	环境温度传感器接地	72	高速 CAN1 高电平
59	电机温度模拟信号 0～5V	73	高速 CAN1 低电平
60	碰撞信号输入	74	励磁负信号
61	—	75	余弦正信号
62	屏蔽线接地	76	正弦正信号
63	接地	77	点火输入信号
64	—	78	PEB 供电 12V
65	—	79	本地 CAN 高电平
66	唤醒信号	80	本地 CAN 低电平

整车控制单元（VCU）用于行车控制，安装于车辆左前围板下板上。VCU 接插件 BY013 端如图 4-67 所示。

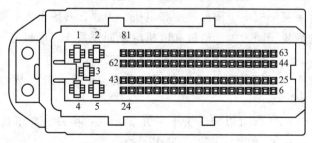

图 4-67　整车控制单元端子图

针脚号	描　述	针脚号	描　述
1	整车控制单元接地（GND）	6	整车控制单元供电（IGN）
2	整车控制单元接地（GND）	7～11	—
3	整车控制单元接地（GND）	12	整车控制单元供电（ST）
4	整车控制单元供电（B+）	13、14	—
5	整车控制单元供电（B+）	15	加速踏板位置传感器 1 信号

针脚号	描　述	针脚号	描　述
16	加速踏板位置传感器 2 信号	57～63	—
17	高速 CAN1 低电平（CAN1-L）	64	制动踏板位置传感器和加速踏板位置 传感器 1 接地（GND）
18	高速 CAN1 高电平（CAN1-H）	65	加速踏板位置传感器 2 接地（GND）
19～25	—	66	—
26	制动踏板位置传感器和加速踏板位置 传感器 1 供电（+5V）	67	制动踏板开关信号
27	加速踏板位置传感器 2 供电（+5V）	68	—
28～38	—	69	制动踏板开关接地（GND）
39	PWM 冷却风扇信号	70	—
40～44	—	71	制动踏板位置传感器和加速踏板位置 传感器 1 接地（GND）
45	PWM 冷却风扇继电器	72	—
46～52	—	73	制动踏板位置传感器和加速踏板位置 传感器 1 接地（GND）
53	制动踏板位置传感器信号	74	加速踏板位置传感器 2 接地（GND）
54	—	75	加速踏板位置传感器 2 接地（GND）
55	高速 CAN2 高电平（HS CAN2-H）	76～81	—
56	高速 CAN2 低电平（HS CAN2-L）		

4.2.6　宝马 i3 电机电子伺控系统

（1）电机电子伺控系统（EME）

电机电子伺控系统（EME）是一个安装在铝壳内的功率电子装置。在该铝壳内具有下列组件：电机电子伺控系统（EME）控制单元、DC-DC 变换器、变频器（逆变器和整流器）、充电电子装置。

整个铝壳被称为电机电子伺控系统。电机电子伺控系统在电动车内安装于电机上。带有其集成组件的整个铝壳在其他文件中也称为驱动单元。

维修时可以单独更换电机电子伺控系统和电机。为此，必须事先拆卸带电机和电机电子伺控系统组成单元的后桥。随后脱开电机和电机电子伺控系统。电机电子伺控系统的铝壳在保养时禁止打开。

针对混合动力汽车（PHEV），电机电子伺控系统与电机分开供货，因此在供货时根据电机进行校准。

电机电子伺控系统的接口可以划分为下列几类：12V 接口、高压接口、电位补偿导线接口、冷却液管接口。EME 模块连接端子见图 4-68。

EME 模块管路连接接口分布如图 4-69 所示。

电机电子伺控系统通过液体冷却，并集成在一个独立的低温冷却循环中。

根据当前的冷却需求控制电动冷却液泵。冷却液此时吸收最大约 85℃ 的温度（回流）。

在总线端 Kl.15 接通时，电机电子伺控系统的功率电子电路生效。以这种方式，通过 DC-DC 变换器给高压车载网络（电动空调压缩机和电控辅助加热器）以及 12V 车载网络供电。如果由于此时形成的热量而识别出冷却需求，则打开冷却液泵。

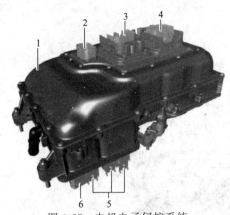

图 4-68　电机电子伺控系统

1—电机电子伺控装置；2—中间电路高压接口（高压蓄
电池和存储器电子管理系统）；3—增程设备、起动器
发电机或便捷充电系统的高压接口；4—车辆通信
接口；5—电机接口（U、V、W）；
6—转子位置传感器和温度
传感器接口（转子、定子）

图 4-69　电机电子伺控装置接口分布

1—电机电子伺控装置；2—12V接口、蓄电池
正极（电位补偿）；3—12V接口、蓄电池负极
（电位补偿）；4—出口冷却液管；5—进口
冷却液管；6—电动空调压缩机高压
接口；7—电控辅助加热器高压接口；
8—便捷充电系统高压接口

在高压蓄电池充电期间，充电电子装置内的功率电子装置生效。由于在充电电子装置内转换的电功率大，此时也会形成热量，该热量必须排出，因此充电期间电机电子伺控系统内出现相应高温时也会打开电动冷却液泵。

EME 控制单元通过多个插头连接与车辆连接在一起。

为了能够接触到电机电子伺控系统的接口，必须首先拆下一部分行李箱饰件，接着将可以看见的盖罩也同样拆下，从而形成一个开口，以便进行保养。盖罩通过一个螺栓连接与车身固定在一起，另外通过一个密封剂条密封。

通过总线端 30B 和唤醒总线端 Kl.15 给 EME 控制单元供电。EME 控制单元连接在总线 PT-CAN 和 PT-CAN2 上。EME 单元控制电路如图 4-70 所示。

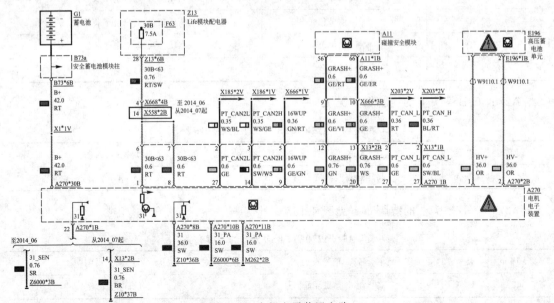

图 4-70　电机电子装置电路

EME 控制模块安装位置与插头分布见图 4-71。

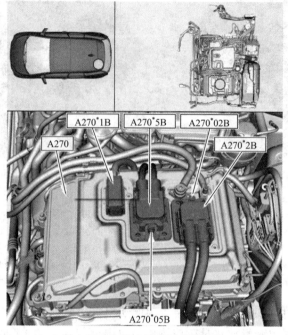

图 4-71　电机电子装置安装位置

号码	X 针,颜色	名称
A270＊02B	2 针,黑色	高压触点监测装置插头 电机电子装置
A270＊05B	2 针,黑色	高压触点监测装置插头 电机电子装置
A270＊1B	58 针,黑色	部件插头 电机电子装置
A270＊20B	5 针,橘黄色	高压接头 电机电子装置
A270＊2B	2 针,橘黄色	高压接头 电机电子装置
A270＊3B	5 针,橘黄色	高压接头 电机电子装置
A270＊5B	2 针,橘黄色	高压接头 电机电子装置
A270＊6B	5 针,橘黄色	高压接头 电机电子装置

A270＊02B 插头上的线脚布置见表 4-14。

表 4-14　A270＊02B 插头上的线脚布置

线脚 Pin	类型	名称/信号类型	插座/测量说明
1、2	E/A	高压触点监测装置信号	电机电子装置

A270＊05B 插头上的线脚布置见表 4-15。

表 4-15　A270＊05B 插头上的线脚布置

线脚 Pin	类型	名称/信号类型	插座/测量说明
1、2	E/A	高压触点监测装置信号	电机电子装置

A270*1B 插头上的线脚布置见表 4-16。

表 4-16　A270*1B 插头上的线脚布置

线脚 Pin	类型	名称/信号类型	插座/测量说明
1	E	电源 总线端 Kl. 30B	Life 模块配电器
2	—	未被占用	—
3、4	A	控制 驻车锁止模块	驻车锁止模块
5	—	未被占用	—
6	A	控制 电动真空泵	电动真空泵
7	E	碰撞信号	碰撞安全模块
8	—	未被占用	—
9	E	唤醒信号 总线端 Kl. 15	连接器唤醒信号 总线端 Kl. 15
10~12	—	未被占用	
13	E	信号 充电接口模块	便捷充电系统 充电接口模块
14	E/A	PT-CAN 总线信号	驱动系 CAN2 总线连接
15~19	—	未被占用	
20	E	碰撞信号	碰撞安全模块
21~25	—	未被占用	
26	M	接地 驻车锁止模块	驻车锁止模块
27	E/A	PT-CAN 总线信号	驱动系 CAN2 总线连接
28~33	—	未被占用	
34	A	供电	驻车锁止模块
35	—	未被占用	
36	A	供电 制动真空传感器	制动真空传感器
37	E	信号 制动真空传感器	制动真空传感器
38		未被占用	
39	E/A	高压触点监测装置信号	存储器管理电子装置
40	E/A	PT-CAN 总线信号	驱动系 CAN2 总线连接
41~45	—	未被占用	
46	E	信号 驻车锁止模块	驻车锁止模块
47	E	信号 驻车锁止模块	驻车锁止模块
48		未被占用	
49	M	传感器接地	制动真空传感器
50、51		未被占用	
52	E/A	高压触点监测装置信号	高压安全插头
53	E/A	PT-CAN 总线信号	驱动系 CAN2 总线连接
54~58	—	未被占用	

A270＊20B 插头上的线脚布置见表 4-17。

表 4-17　A270＊20B 插头上的线脚布置

线脚 Pin	类型	名称/信号类型	插座/测量说明
1	A	外导体	电控辅助加热器
2	A	零线	电控辅助加热器
3、4	E/A	高压触点监测装置信号	电机电子装置
5	—	屏蔽	

A270＊2B 插头上的线脚布置见表 4-18。

表 4-18　A270＊2B 插头上的线脚布置

线脚 Pin	类型	名称/信号类型	插座/测量说明
1	E/A	高压正极	高压蓄电池单元
2	E/A	高压负极	高压蓄电池单元

A270＊3B 插头上的线脚布置见表 4-19。

表 4-19　A270＊3B 插头上的线脚布置

线脚 Pin	类型	名称/信号类型	插座/测量说明
1	A	外导体	空调压缩机（电动）
2	A	零线	空调压缩机（电动）
3	E/A	高压触点监测装置信号	电机电子装置
4	A	高压触点监测装置信号	电机电子装置
5	—	屏蔽	—

A270＊5B 插头上的线脚布置见表 4-20。

表 4-20　A270＊5B 插头上的线脚布置

线脚 Pin	类型	名称/信号类型	插座/测量说明
1	E	高压正极	带快速充电功能 便捷充电系统
2	E	高压负极	带快速充电功能 便捷充电系统

A270＊6B 插头上的线脚布置见表 4-21。

表 4-21　A270＊6B 插头上的线脚布置

线脚 Pin	类型	名称/信号类型	插座/测量说明
1	E	外导体	带快速充电功能 便捷充电系统
2	E	零线	带快速充电功能 便捷充电系统
3、4	E/A	高压触点监测装置信号	电机电子装置
5	—	屏蔽	—

与 EME 控制单元的通信失灵时，应进行标准检测（整体测试模块）。存在某个控制单元内部故障时，预计将出现电机电子伺控系统（EME）内的故障记录。

（2）增程设备电动机电子单元（REME）

增程设备电动机电子单元（REME）是一个功率电子装置。增程设备电动机电子单元布置在增程设备电机后。

增程设备电动机电子单元（REME）具有控制、调节和协调增程设备上电机的功能。通过 REME 确保高压车载网络内的正常充电。

组件主要包括增程设备电动机电子单元（REME）控制单元、DC-DC 变换器和变频器。不允许对 REME 进行修理。禁止打开壳体。打开后，REME 的安全认证就会失效。增程设备电机接口分布如图 4-72、图 4-73 所示。

增程设备电动机电子单元（REME）主要具有下列功能。

① 连接和调节增程设备电机。

② 功率因环境温度而降低。

③ 连接高压蓄电池单元。

④ 分析高压触点监测装置（High Voltage Interlock Loop）。

⑤ 分析碰撞信息。

⑥ 冷却液管接口。

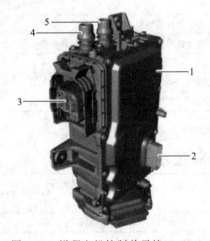

图 4-72　增程电机控制单元接口（一）

1—增程设备电动机电子单元（REME）；2—24 芯车辆通信接口；3—高压接口-高压蓄电池单元；4—冷却液入口接口；5—冷却液出口接口

图 4-73　增程电机控制单元接口（二）

1—增程设备电动机电子单元（REME）；2—增程设备电动机电子单元高压接口（U、V、W）；3—高压触点监控（High Voltage Interlock Loop）

增程设备电动机电子单元通过液体冷却，并集成在一个独立的低温冷却循环中。在同一个冷却循环中集成有增程设备数字发动机电子单元和增程设备电机。

在 REME 控制单元中安装有一个温度传感器，用于测量环境温度。

REME 控制单元通过 2 个插头连接（共 121 个线脚 Pin）连接至车辆。

试运行时注意，首先插上大插头（81 芯），然后才连接小插头（4 芯）。拆卸按相反的顺序执行（小插头在大插头前）。

REME 控制单元通过总线端 30B 和总线端 Kl. 15 Wake-up（唤醒）供电。

REME 控制单元连接在总线 PT-CAN 和 PT-CAN2 上。安装位置与端子分布如图 4-74 所示。

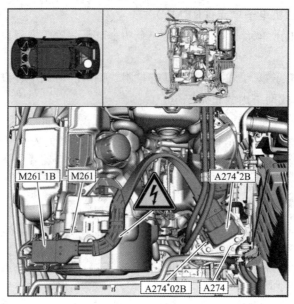

图 4-74　增程电机控制单元位置

号码	X 针,颜色	名称
A274 * 02B	2 针,黑色	高压触点监测装置插头 增程设备电机电子装置
A274 * 03B	2 针,黑色	高压触点监测装置插头 增程设备电机电子装置
A274 * 1B	24 针,黑色	部件插头 增程设备电机电子装置
A274 * 2B	3 针,橘黄色	高压接头 增程设备电机电子装置
A274 * 3B	2 针,橘黄色	高压接头 增程设备电机电子装置

A274 * 02B 插头上的线脚布置见表 4-22。

表 4-22　A274 * 02B 插头上的线脚布置

线脚 Pin	类型	名称/信号类型	插座/测量说明
1	E/A	高压触点监测装置信号	增程设备电机电子装置
2	E/A	高压触点监测装置信号	增程设备电机电子装置

A274 * 03B 插头上的线脚布置见表 4-23。

表 4-23　A274 * 03B 插头上的线脚布置

线脚 Pin	类型	名称/信号类型	插座/测量说明
1	E/A	高压触点监测装置信号	增程设备电机电子装置
2	E/A	高压触点监测装置信号	增程设备电机电子装置

A274 * 1B 插头上的线脚布置见表 4-24。

表 4-24　A274 * 1B 插头上的线脚布置

线脚 Pin	类型	名称/信号类型	插座/测量说明
1	A	供电 马达位置传感器	马达位置传感器
2、3	E/A	高压触点监测装置信号	—
4、5	E/A	碰撞信号	碰撞安全模块
6、7	E/A	PT-CAN 总线信号	驱动系 CAN2 总线连接

续表

线脚 Pin	类型	名称/信号类型	插座/测量说明
8、9	—	未被占用	—
10	E	唤醒信号 总线端 Kl.15	连接器唤醒信号 总线端 Kl.15
11	—	未被占用	
12	E	电源 总线端 Kl.30B	Life 模块配电器
13	M	接地 马达位置传感器	马达位置传感器
14～17	E	信号 马达位置传感器	马达位置传感器
18	E	信号 电机温度传感器	电机温度传感器
19	M	接地 电机温度传感器	电机温度传感器
20～24	—	未被占用	

A274*2B 插头上的线脚布置见表 4-25。

表 4-25 A274*2B 插头上的线脚布置

线脚 Pin	类型	名称/信号类型	插座/测量说明
1	E/A	高压相位 W	增程设备电机
2	E/A	高压相位 V	增程设备电机
3	E/A	高压相位 U	增程设备电机

A274*3B 插头上的线脚布置见表 4-26。

表 4-26 A274*3B 插头上的线脚布置

线脚 Pin	类型	名称/信号类型	插座/测量说明
1	E/A	高压正极	带快速充电功能 便捷充电系统
1	E/A	高压正极	不带快速充电功能 电机电子装置
2	E/A	高压负极	不带快速充电功能 电机电子装置
2	E/A	高压负极	带快速充电功能 便捷充电系统

与 RDME 控制单元的通信失灵时，应进行标准检测（整体测试模块）。存在某个控制单元内部故障时，预计将出现增程设备电动机电子单元（REME）中的故障记录。

（3）电子数字马达电控机构（EDME）

电气驱动机构控制系统是涉及具有众多组件的分布式系统。驱动机构控制系统的主控制单元是电子数字马达电控机构（EDME）。

作为最重要的 EDME 协作控制单元，电机电子伺控系统（EME）负责控制电机以及给 12V 车载网络供电。

其他 EDME 协作控制单元有存储器电子管理系统（SME）和便捷充电系统（KLE）。

EDME 控制单元安装在前方左侧轮罩内。

EDME 控制单元作为主控制单元和协调器，用于驱动机构控制系统的初级功能。

从整体上转换驱动力矩前，EDME 必须检查是否已建立行驶就绪状态。

EDME 询问电气驱动机构控制系统的所有分系统是否均正常工作，这是准备驱动力矩的前提条件。EDME 控制单元考虑可用的驱动装置电功率，该功率主要由高压蓄电池的状态决定。通过相应的总线信号，SME 控制单元将该状态传输至 EDME 控制单元。

作为检测结果，EDME 确定是否以及在哪个范围内可以建立驱动力矩。故障状态下或者可用性受限时，EDME 通过组合仪表输出检查控制信息。

图 4-75　EDME 单元模块接口
1—电子数字马达电控机构（EDME）；
2—48 芯插头连接（2 空腔）

未设计 EDME 主动冷却，因为由于左侧轮罩内的安装位置导致无法形成临界的温度值。

EDME 单元模块接口见图 4-75。

EDME 控制单元通过 48 芯插头连接与车辆连接在一起。EDME 控制单元通过总线端 30B 和总线端 Kl. 15 Wake-up（唤醒）供电。EDME 控制单元连接在总线 FlexRay、PT-CAN 和 PT-CAN2 上。EDME 电路连接如图 4-76 所示。

电子数字马达电控机构（EDME）A277*1B 插头为 48 针，黑色。插头上的线脚布置见表 4-27。

表 4-27　A277*1B 插头上的线脚布置

线脚 Pin	类型	名称/信号类型	插座/测量说明
1	E	电源 总线端 Kl. 30B	Life 模块配电器
2	—	未被占用	—
3	A	控制 电动冷却液泵	电动冷却液泵
4	A	控制 电动风扇断电继电器	电动风扇断电继电器
5	—	未被占用	
6	E	温度传感器信号	发动机室温度传感器 2
7	A	供电 加速踏板模块	加速踏板模块
8	A	控制	车厢内部制冷剂单向阀
9	—	未被占用	
10	E	温度传感器信号	发动机室温度传感器
11	M	接地 加速踏板模块	加速踏板模块
12	A	局域互联网总线信号	连接器 X328×1V
13	E/A	PT-CAN 总线信号	驱动系 CAN2 总线连接
14	—	未被占用	
15	E	信号 发动机室电动风扇 电动风扇 2 断路继电器	发动机室电动风扇 电动风扇 2 断路继电器
16	E	信号 加速踏板模块	加速踏板模块
17	—	未被占用	
18	E	信号 电动风扇	电动风扇
19～21	—	未被占用	
22	E	唤醒信号 总线端 Kl. 15	连接器唤醒信号 总线端 Kl. 15
23	—	未被占用	
24	A	供电 加速踏板模块	加速踏板模块
25	M	接地	接地点
26	A	控制 电动风扇 2 断路继电器	电动风扇 2 断路继电器
27	M	接地 加速踏板模块	加速踏板模块
28	E/A	PT-CAN 总线信号	驱动系 CAN2 总线连接
29	—	未被占用	
30	E	温度传感器信号	发动机室温度传感器
31	E	温度传感器信号	发动机室温度传感器 2
32	E	信号 加速踏板模块	加速踏板模块
33～42	—	未被占用	
43、44	E/A	PT-CAN 总线信号	驱动系 CAN2 总线连接
45、46	—	未被占用	
47、48	E/A	FlexRay 总线信号	主域控制器

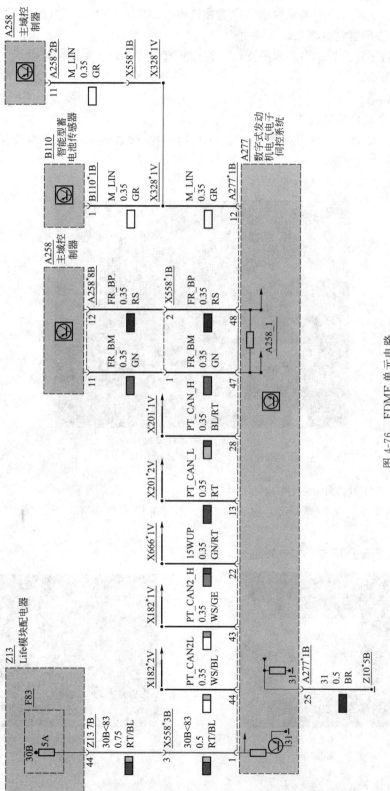

图 4-76 EDME 单元电路

与 EDME 控制单元的通信失灵时,应进行标准检测(整体测试模块)。存在某个控制单元内部故障时,预计将出现电子数字马达电控机构(EDME)中的故障记录。

(4) EME 高压蓄电池单元高压线更换

需要的准备工作:拆卸左侧水平支柱,拆卸竖直支柱,对于带便捷充电系统的车辆还应拆卸便捷充电系统。

拆卸步骤如下。

① 拆下后备厢底板饰板 1。

② 松开螺栓 2 并向上取出维修盖板 3。安装时应检查螺栓连接的氯丁橡胶螺母和密封件 4 是否损坏,必要时更新。

以上部件位置见图 4-77。

图 4-77　取出维修盖板

1—后备厢底板饰板;2—螺栓;3—维修盖板;4—密封件

③ 松开螺栓 1 并取下卸压件,见图 4-78。

④ 松开卸压件支架的螺栓 2,见图 4-78。注意解锁和松开不同电动汽车插头连接的提示。

⑤ 解除联锁并脱开高压线 1 的插头,见图 4-79。

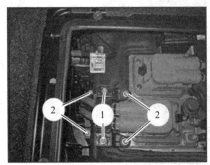

图 4-78　取下卸压件及支架

1,2—螺栓

图 4-79　解除联锁拆下高压线

1—高压线

⑥ 向外按压锁止凸耳并拔下导线架 1,见图 4-80。

⑦ 松开螺栓 2,见图 4-80。

⑧ 将电缆盒 1 的锁止凸耳沿驱动模块 2 的箭头方向取下，见图 4-81。注意解锁和松开不同电动汽车插头连接的提示。

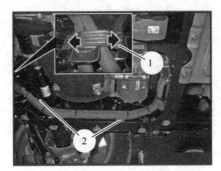

图 4-80　取下导线架

1—导线架；2—螺栓

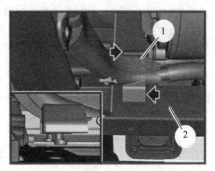

图 4-81　取下电缆盒锁止块

1—电缆盒；2—驱动模块

⑨ 解除联锁并脱开高压线 1 的插头，见图 4-82。

⑩ 经由后桥模块 2 抽出高压线 1，见图 4-82。

⑪ 松开螺栓 1 并取下卸压件，见图 4-83。

⑫ 从卸压件支架 3 上取下高压线 2，见图 4-83。

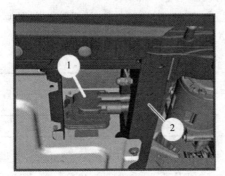

图 4-82　抽出高压线

1—高压线；2—后桥模块

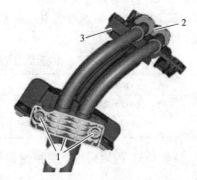

图 4-83　取下高压线

1—螺栓；2—高压线；3—卸压件支架

以与拆卸相反的顺序进行安装。

4.2.7　驱动电机控制器故障维修

电机控制器出现故障时，整车通常表现为无 EV 模式，仪表报"请检查动力系统"，检测故障时，需用诊断仪进入"电机控制器"模块读取数据流，有两种情况，一种为"系统无应答"，需要进行全面诊断；另一种为能读取相应故障码，则根据相应故障码进行诊断。以下诊断流程以比亚迪唐车型为例。

(1) 读取"系统无应答"时诊断流程

检查低压接插件相关的引脚。若有异常，则可检查相应的低压回路，包括电源、接地、CAN 通信等。

| B51-60/62～B51-61 | VCC 外部 12V 电源 | ON 挡 | 10～14V |
| B51-36～B51-37 | CAN-L CAN 信号低 | OFF 挡（断蓄电池） | 54～69Ω |

（2）可读取故障码的诊断流程

① 故障码报"P1B0100：IPM 故障"。先查询驱动电机控制器的程序版本信息，检查故障码是否能清除，然后再尝试多次上 OK 挡电试车，看故障是否会重现。

a. 检测直流母线到三相线的管压降是否正常。若不正常，则更换驱动电机控制器与 DC 总成。

b. 若管压降正常，则检查是否还报其他故障码；若根据其他故障码进行排查依旧无效，则更换驱动电机控制器与 DC 总成直流母线到三相线的管压降测量方法。

端子	万用表连接	正常值
三相线 A/B/C 与直流母线正极的管压降	正极-负极	0.32V 左右
直流母线负极与三相线 A/B/C 的管压降	正极-负极	0.32V 左右
三相线 A/B/C 与车身地的阻抗	正极-负极	10MΩ

② 故障码报"P1B0500：高压欠压"。先查询驱动电机控制器的程序版本信息，检查故障码是否能清除，然后再尝试多次上 OK 挡电试车，看故障是否会重现。

a. 读取动力电池电压若小于 400V，则对动力电池、高压配电箱和高压线路进行检查。

b. 用诊断仪读取电机控制器直流母线电压（正常值 400～820V），同时对比 DC 母线电压，若都不正常，则检查动力电池、高压配电箱和高压线路。

c. 若驱动电机控制器母线电压和 DC 高压侧电压，一个正常，一个不正常，则更换驱动电机控制器与 DC 总成。

③ 旋变信号异常检查。检查低压接插件。

P1BBF00	前驱动电机旋变故障-信号丢失
P1BC000	前驱动电机旋变故障-角度异常
P1BC100	前驱动电机旋变故障-信号幅值减弱

a. 退电 OFF 挡，拔掉电机控制器低压接插件。

b. 测 B51-44 和 B51-29：(8.3±2)Ω；测 B51-45 和 B51-30：(16±4)Ω；测 B51-46 和 B51-31：(16±4)Ω。

c. 如果步骤 b 所测电阻正常，则检查电机旋变接插件是否松动，如果没有，则为动力总成故障。

④ 过温故障检测。

1	P1BB300	前驱动电机控制器 IGBT 过温告警
2	P1BB400	前驱动电机控制器水温过高报警
3	P1BC700	前驱动电机控制器 IPM 散热器过温故障
4	P1BC800	前驱动电机控制器 IGBT 三相温度校验故障报警

a. 电机冷却系统防冻液不足或有空气。

b. 电机电动水泵不工作。

c. 电机散热器堵塞。

d. 前驱动电机控制器与 DC 总成。

⑤ 故障码报"P1B0900：开盖保护"。先查询驱动电机控制器的程序版本信息，检查故障码是否能清除，然后再尝试上 OK 挡电试车，看故障是否会重现。检测控制器盖子是否打

开；更换驱动电机控制器与 DC 总成。

⑥ 电机缺相、电机过流故障检测。

1	P1BC200	前驱动电机缺 A 相
2	P1BC300	前驱动电机缺 B 相
3	P1BC400	前驱动电机缺 C 相
4	P1B0000	前驱动电机过流

检查电机三相线。

a. 退电 OFF 挡，取下维修开关。拔掉电机三相线高压插件。

b. 电机 A、B、C 三相高压线之间阻值（0.36±0.02）Ω。

c. 如果步骤 b 所测电阻异常，则检查接插件是否松动，如果没有，则为动力总成故障。

(3) 故障维修案例

案例 1：

故障现象：车辆在满电状态下 EV 模式行驶几分钟后，突然自动切换到 HEV 模式，人为也无法再切回 EV 模式；仪表没有故障提示。使用 ED400 或 VDS1000 读取到在车辆切换 HEV 瞬间，驱动电机控制器中的 IGBT 温度达到 100°。

故障分析：在驱动电机控制器及 DC 总成内部，有三组单元在工作时会产生热量，分别为 IPM（控制器内部智能功率控制模块）、IGBT（电机驱动模块）、电感，因此，在驱动电机控制器及 DC 总成内部有相应的水道对这三个部分进行冷却。导致 IGBT 高温报警的原因如下。

① 电机冷却系统防冻液不足或有空气。

② 电机电动水泵不工作。

③ 电机散热器堵塞。

④ 驱动电机控制及 DC 总成本身故障。

维修步骤：

① 使用 ED400 或 VDS1000 读取驱动电机数据流，发现水泵工作不正常。

② 检查散热风扇是否正常启动、运行。

③ 检查过程中发现动水泵在 OK 挡电下不工作，致使 IGBT 温度迅速上升。

④ 仔细检查发现水泵搭铁出现断路故障，通过排查找到断路点。重新装配好试车，故障排除。

故障排除：水泵搭铁处重新处理。

维修小结：

温度报警、风扇工作条件：工作温度超过一定范围时，驱动电机控制器及 DC 总成就会检测到，同时经过 CAN 网络传递给发动机 EMS，EMS 驱动冷却风扇继电器后，冷却风扇工作以快速冷却防冻液，以降低温度。以下为冷却风扇工作条件。

① 电机水温。47～64℃，低速请求；＞64℃，高速请求。

② IPM。53～64℃，低速请求；＞64℃，高速请求；＞85℃，报警。

③ IGBT。55～75℃，低速请求；＞75℃，高速请求；＞90℃，限制功率输出；＞100℃，报警。

④ 电机温度。90～110℃，低速请求；＞110℃，高速请求。

满足 3 个低速请求时，电子风扇低速转动；满足 1 个高速请求时，电子风扇高速转动。

案例 2：

故障现象：上电 OK 挡灯点亮，SOC 为 83%，EV 模式行驶中自动切换到 HEV，发动机启动，无法使用 EV 模式，仪表提示"请检查动力系统"。

检修过程：

① 用诊断仪读取整车各模块软、硬件版本号及整车故障码并记录。

② 清除整车故障码后对车辆重新上电。

③ 试车故障再次出现，读取数据流，驱动电机控制器报：P1B1100 旋变故障-信号丢失、P1B1300 旋变故障-信号幅值减弱。

④ 在驱动电机控制器 62Pin 接插件线束端，分别检测电机旋变阻值，结果正常。参考标准：正弦（16±4）Ω、余弦（16±4）Ω、励磁（8.3±2）Ω。

⑤ 检查驱动电机控制器 62Pin 接插件端子、旋变小线端子，结果正常。

⑥ 更换驱动电机控制器与 DC 总成后，车辆恢复正常。

故障排除：更换前驱动电机控制器及 DC 总成。

维修小结：更换前驱动电机控制器及 DC 总成，需要进行防盗编程及标定，具体步骤如下。

① 更换前必须对旧控制器 ECM 密码清除，见图 4-84。

② 安装新控制器需对 ECM 编程，见图 4-85。

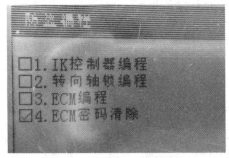

图 4-84　ECM 密码清除

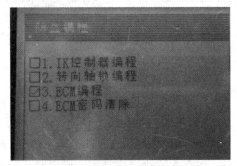

图 4-85　ECM 编程

③ ECM 编程完成后退电 5s，重新上电。对电机系统配置进行设置，见图 4-86、图 4-87。

图 4-86　倾角传感器标定

图 4-87　选择四驱配置

④ 读取倾角信息，见图 4-88、图 4-89。

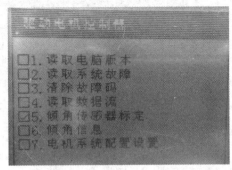

图 4-88 倾角传感器标定

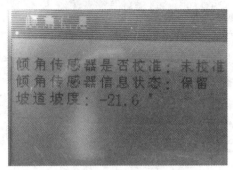

图 4-89 读取倾角信息

操作说明：在车辆处于水平时读取倾角数值，确认是否正常（坡道坡度正常值：0°）；如有偏差，则进行倾角标定。

⑤ 标定完毕后车辆退电，5s 后重新上电。读取数据流，检查刹车信号是否正常，不踩刹车时信号为"0"（图 4-90）。

如果数据异常，则需进行刹车起点标定，标定方法如下。

a. 整车上 ON 挡电（特别注意不要上 OK 挡电，否则在进行下一步操作时会导致车辆有向前冲的危险）；不要踩刹车（有制动开关信号就无法标定）。

b. 深踩油门（50%～100%），持续 5s 以上，电控便可自动标定。

c. 正常退电一次，延迟 5s 再上电。

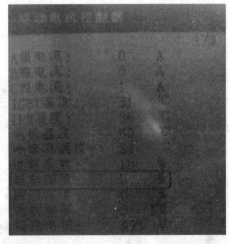

图 4-90 确认刹车深度传感器数据为 0

第5章
电动汽车冷却系统

5.1 冷却系统结构

5.1.1 荣威 E50 高压电池与驱动电机冷却

纯电动汽车冷却系统分为 2 个独立的系统：PEB/驱动电机冷却系统和电池冷却系统。

电机冷却系统处于较低温度时，冷却液泵不工作。温度上升后，冷却液泵工作。冷却液泵的工作温度不能超过 75℃，最合适的工作温度应该低于 65℃。PEB/电机冷却液泵安装在前右纵梁上，位置见图 5-1。

BMS 用于控制电池冷却系统电动水泵，在电池温度上升到 32.5℃时开启，在温度低于 27.5℃时关闭。BMS 发出要求电池冷却器膨胀阀关闭和水泵运转的信号。20℃时电池的冷却液泵电阻值为 1.3Ω 左右。电池冷却液泵安装在车身底盘上，位置见图 5-2。

图 5-1 电机冷却液泵位置

图 5-2 电池冷却液泵位置

膨胀水箱盖的额定压力为 140kPa，安装位置见图 5-3。

PEB/电机冷却系统冷却液温度 ECT 传感器安装在散热器右侧前部，位置见图 5-4。

元件作用：控制电子风扇运转，不提供信号给仪表。PEB 计算冷却液温度并将它与 PEB 冷却温度传感器信号进行比较，判断是否需要使用 PEB 冷却液温度传感器控制冷却风扇运转。电池冷却系统温度传感器在电池组内部，从外面看不到。

电池冷却器（Chiller）安装在车身底盘中部，位置见图 5-5。其组成部件为热交换器、带电磁阀的膨胀阀（TXV）、管路接口和支架。电池冷却器主要用于完成电池冷却液和制冷系统的制冷剂的热交换，将电池冷却液中的热量转移到制冷剂中。

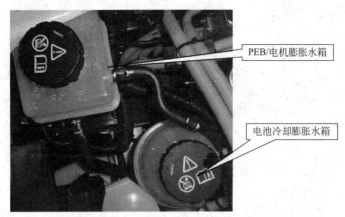

图 5-3　冷却膨胀水箱

图 5-4　冷却液传感器安装位置

图 5-5　电池冷却器位置

电池冷却器-膨胀阀控制/冷却液温度控制如下所述。

ETC 收到 BMS 的膨胀阀电磁阀开启的信号要求，首先打开电池冷却器膨胀阀的电磁阀，并给 EAC 发启动信号。电池组最适宜温度值为 20～30℃。当电池的冷却液温度在 30℃以上时，ETC 限制乘客舱制冷量；当冷却液温度在 48℃以上时，ETC 关闭乘客舱制冷功能，但除霜模式除外。ETC 只控制冷却液温度。BMS 控制冷却液与 BMS 电池内部的热量交换（控制冷却泵）。快速充电冷却必要条件：快速充电时，会被网关模块唤醒，此时电池冷却系统进入正常工作状态。

冷却风扇受 VCU 控制。冷却风扇工作时，VCU 控制 PWM 模块使冷却风扇以在 20%～90% 的占空比范围内的 8 个挡位的速度工作。冷却风扇开启条件取决于 EAC 和 PEB 冷却液温度这两个重要因素。当 EAC 开启或 PEB 冷却液温度高于 52℃时，冷却风扇即开始工作。冷却风扇停止工作条件：PEB 冷却液温度低于 65℃（实测47℃），并且 EAC 关闭。点火开关关闭、EAC 关闭时，若 PEB 冷却液温度高于 65℃，则冷却风扇继续工作：环境温度低于 10℃时工作 30s；环境温度高于 10℃时工作 60s。散热器与冷却风扇部件见图 5-6。

PEB/驱动电机冷却系统布置如图 5-7 所示。

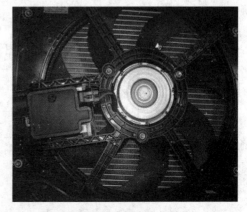

图 5-6　散热器和冷却风扇

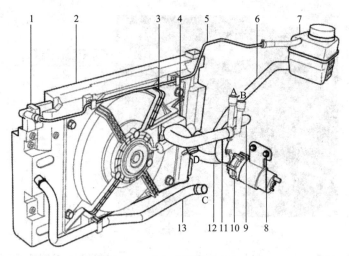

图 5-7 冷却系统部件分布

A—电力电子箱（PEB）进液口；B—电力电子箱（PEB）出液口；C—驱动电机出液口；D—驱动电机进液口；
1—散热器；2—冷却风扇罩；3—冷却风扇；4—冷却风扇低速电阻；5—散热器溢流管；6—软管（膨胀水箱
到散热器）；7—膨胀水箱（电机）；8—电机冷却水泵安装支架；9—软管（水泵到PEB）；10—冷却水泵
（电机）；11—软管（PEB到电机）；12—软管（水泵到散热器）；13—软管（电机到散热器）

PEB/驱动电机冷却液流向如图 5-8 所示。

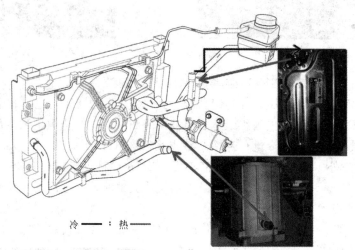

冷 ——— ；热 ———

图 5-8 冷却液流向

PEB/驱动电机冷却系统控制原理如图 5-9 所示。

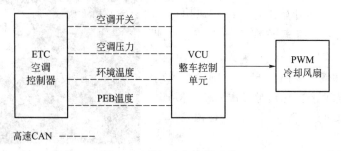

图 5-9 冷却系统控制流程

PEB/驱动电机冷却系统电路连接如图5-10所示。

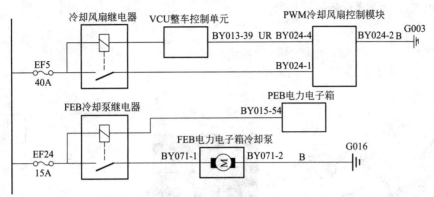

图5-10　冷却系统电路

动力电池冷却系统布置如图5-11所示。

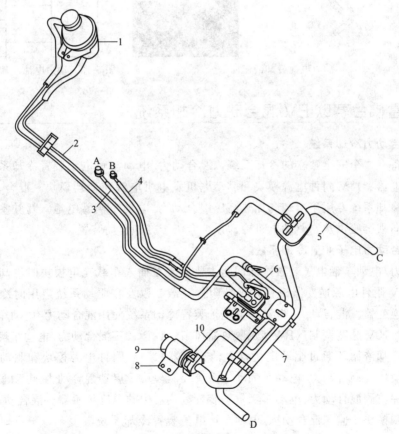

图5-11　动力电池冷却系统部件

A—电池冷却器（Chiller）低压空调管接口；B—电池冷却器（Chiller）高压空调管接口；C—高压电池冷却液出液口；
D—高压电池冷却液进液口；1—膨胀水箱（电池）；2—软管（膨胀水箱到冷却水管三通）；3—电池冷却器（Chiller）
低压空调管；4—电池冷却器（Chiller）高压空调管；5—软管（电池到冷却水管三通）；6—软管［电池
冷却器（Chiller）到电池］；7—软管（冷却水管三通到水泵）；8—电池冷却水泵安装支架；
9—冷却水泵（电池）；10—软管［水泵到电池冷却器（Chiller）］

动力电池冷却系统冷却液流向如图 5-12 所示。

动力电池冷却系统控制原理见图 5-13。

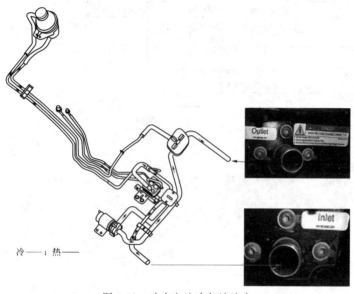

冷——；热——

图 5-12　动力电池冷却液流向

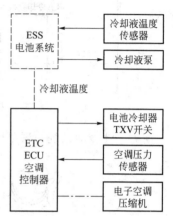

图 5-13　动力电池冷却控制系统框图

5.1.2　雪佛兰赛欧 EV 混合动力冷却系统

(1) 混合动力冷却系统

车辆装备有 4 个完全独立的冷却系统。混合动力/电动车辆电子装置冷却系统专用于冷却蓄电池充电器、14V 附件电源模块和驱动电机发电机电源逆变器模块。混合动力/电动车辆蓄电池组冷却系统专用于冷却和加热高压混合动力/电动车辆蓄电池。驾驶室加热器冷却系统专用于向乘客舱供热。驱动电机冷却系统专用于冷却驱动装置。

(2) 混合动力电子装置冷却系统

混合动力/电动车辆电子装置冷却回路主要用于在插入车载充电模块时冷却车载充电模块，冷却 14V 附件电源逆变器模块以维持附件负载，以及在驱动系统启用时冷却驱动电机发电机电源逆变器。混合动力/电动车辆电子装置冷却系统使用混合动力/电动车辆电子装置散热器、1 个 12V 脉宽调制（PWM）散热器风扇、1 个 12V 混合动力/电动车辆电子装置冷却液泵，使冷却液循环通过驱动电机蓄电池充电器、14V 附件电源模块和驱动电机发电机电源逆变器模块。混合动力/电动车辆动力系统控制模块 2 启动混合动力/电动车辆电子装置冷却液泵，并监测混合动力/电动车辆电子装置散热器中的温度传感器。混合动力/电动车辆动力系统控制模块 2 监测混合动力/电动车辆电子装置冷却系统温度，以确定何时运行散热器风扇。当车辆启动时和充电期间，混合动力/电动车辆电子装置冷却液泵将启动。混合动力/电动车辆电子散热器和变速器散热器结合为一个散热器总成。根据冷却液回路温度，混合动力/电动车辆电子装置冷却液泵和散热器冷却风扇在停机之后也会保持运行。

混合动力/电动车辆电子装置冷却系统循环使用的冷却液为预混合 DEX-COOL® 冷却液，是 DEX-COOL® 冷却液和去离子水按 50/50 比例配置的混合液。去离子水用于隔离高电压并防止腐蚀，从而防止影响散热片的性能。混合动力/电动车辆电子装置冷却系统始终应使用预混合冷却液，切勿使用自来水。

驱动电机控制模块冷却系统组成如图 5-14 所示。

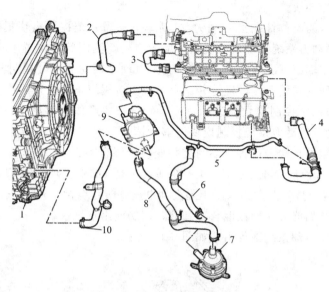

图 5-14 驱动电机冷却系统组成

1—散热器、冷凝器和油冷器总成；2—动力电源逆变控制模块出水管；3—动力电源逆变控制模块进水管；
4—驱动电机蓄电池充电模块出水管；5—驱动电机控制模块冷却液储液罐放气管；6—驱动电机控制模块
冷却液泵出水管；7—驱动电机控制模块冷却液泵；8—驱动电机控制模块冷却液泵进水管；
9—驱动电机控制模块冷却液储液罐；10—驱动电机控制模块冷却液储液罐进水管

(3) 混合动力/电动车辆蓄电池组冷却系统

能量存储系统冷却系统使用 1 个蓄电池散热器、1 个 12V 脉宽调制（PWM）散热器风扇、1 个 12V 混合动力/电动车辆蓄电池组冷却液泵、1 个制冷剂/冷却液热交换器（冷却器）、1 个蓄电池安装冷/热板、电动空调压缩机电机控制模块总成、制冷剂压力和温度传感器、环境空气温度传感器和 1 个混合动力/电动车辆蓄电池组冷却液流量控制阀来冷却高压混合动力/电动车辆蓄电池。混合动力/电动车辆蓄电池内还具有一个高压加热器，用于在需要时加热进入蓄电池安装冷/热板的冷却液。混合动力/电动车辆动力系统控制模块 2 监测混合动力/电动车辆蓄电池冷却液温度、混合动力/电动车辆蓄电池电池组温度、制冷剂温度和制冷剂压力。混合动力/电动车辆动力系统控制模块 2 确定混合动力/电动车辆蓄电池所需的冷却或加热量，并打开混合动力/电动车辆蓄电池组冷却液泵，定位混合动力/电动车辆蓄电池组冷却液流量控制阀；并根据需要运行散热器风扇，请求空调压缩机模块打开高压空调压缩机，或打开高压混合动力/电动车辆蓄电池组加热器。车辆运行时、充电期间或车辆熄火但仍在维持混合动力/电动车辆蓄电池组温度时，混合动力/电动车辆蓄电池组冷却系统可能会激活。

混合动力/电动车辆蓄电池组冷却液控制阀通过混合动力/电动车辆蓄电池温度控制系统秋管理循环的冷却液流量。控制阀具有 1 个输入端口和 3 个输出端口，分别为散热器、旁通和冷却器。控制阀具有 1 个内部阀体，可以通过阀使电动机转动至不同位置，从而控制液体端口的连接。控制阀可进行 90°操作。当控制阀将冷却液导入散热器端口时，冷却液可通过一个前置热交换器流动。当控制阀在旁通位置时，冷却液通过蓄电池组流动而不通过其他的热交换器。当控制阀在冷却器位置时，冷却液通过热交换器流动，降低空调冷却系统的冷却液温度。控制阀可移动至旁通和冷却器之间的多个位置，以最佳的效果混合冷却混合动力/电动车辆蓄电池组冷却液。

阀门根据其自身的电位计向混合动力/电动车辆动力系统控制模块提供位置反馈信号。混合动力/电动车辆动力系统控制模块使用该反馈信号监测阀门的位置。不同的阀位置对应不同的电阻值。当车辆第一次启动时，混合动力/电动车辆动力系统控制模块通过将阀门移动到一个止端并返回其初始位置，确定并记录对应于该阀门止端位置的传感器值。此即混合动力/电动车辆动力系统控制模块"诊断读入"阀门。此操作能够用于进行阀杆断裂测试，并使混合动力/电动车辆动力系统控制模块能够"读入"对应于该止端的位置反馈值。每一次车辆动力循环使用的止端将在各止端间交替变换。混合动力/电动车辆蓄电池组冷却系统循环使用的冷却液为预混合 DEX-COOL® 冷却液，是 DEX-COOL® 冷却液和去离子水按 50/50 比例配置的混合液。去离子水用于隔离高电压并防止腐蚀，从而防止影响散热片的性能。蓄电池冷却系统始终应使用预混合冷却液，切勿使用自来水。

驱动电机蓄电池冷却系统部件组成如图 5-15 所示。

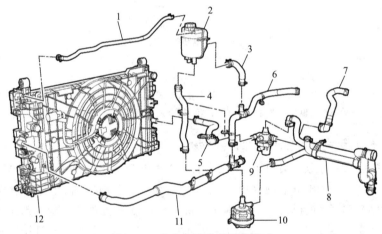

图 5-15 动力电池冷却系统组成

1—驱动电机蓄电池冷却系统储液罐放气管；2—驱动电机蓄电池冷却系统储液罐；3—驱动电机蓄电池冷却系统储液罐进水管；4—驱动电机蓄电池冷却液泵进水管；5—散热器进水管；6—驱动电机蓄电池冷却液冷却器出水管；7—驱动电机蓄电池冷却液冷却器进水管；8—驱动电机蓄电池冷却液冷却器进出口软管带加热器出水管；9—驱动电机蓄电池冷却液流量控制阀；10—驱动电机蓄电池冷却液泵；11—散热器出水管；12—散热器、冷凝器和油冷器总成

(4) 乘客厢加热器系统

乘客舱加热器系统包括 12V 辅助加热器冷却液泵、1 个高压冷却液加热器控制模块和 1 个加热器芯。暖风、通风与空调系统控制模块打开辅助加热器冷却液泵，并监测乘客舱中的温度传感器和冷却液回路，从而确定是否需要使用高压驾驶室加热器控制模块。乘客舱热量由通过加热器芯的气流提供。加热器芯通过来自高压驾驶室加热器控制模块的冷却液加热。混合动力/电动车辆动力系统控制模块将运行辅助加热器冷却液泵和冷却液加热器控制模块，以便根据乘客舱的加热需要取得最佳效率。

乘客舱加热器冷却系统循环使用的冷却液为一种 DEX-COOL® 冷却液和去离子水按 50/50 比例配置的混合液。

5.2 冷却系统检修

5.2.1 驱动电机冷却系统冷却液的排空与加注

(1) 排空步骤

① 打开电机膨胀箱盖。

② 在举升机上举升车辆。

③ 将合适的容器固定好以收集冷却液。

④ 松开卡箍，并从散热器上断开散热器到水泵软管的连接。

⑤ 让电机冷却系统排空掉。

(2) 加注步骤

① 将散热器到水泵软管连接到散热器上，并用卡箍固定。

② 降低车辆。

③ 准备好规定浓度的冷却液。

④ 加注冷却系统，直到冷却液达到电机膨胀水箱颈部并保持静止。

⑤ 连接诊断仪让水泵运转20～30min，直到膨胀水箱中没有气泡冒出，液面不再下降。

⑥ 关闭水泵，并断开诊断仪。

⑦ 如需要，将冷却液加至刻度MAX和MIN之间，并拧紧膨胀水箱盖。

⑧ 检查系统有无泄漏。

5.2.2 动力电池冷却系统冷却液的排空与加注

(1) 排空步骤

① 打开电池膨胀箱盖。

② 在举升机上举升车辆。

③ 拆下底部导流板。

④ 将合适的容器固定好以收集冷却液。

⑤ 松开卡箍，并从三通上断开电池到冷却水管三通软管的连接。

⑥ 让电池冷却系统排空掉。

(2) 加注步骤

① 将电池到冷却水管三通软管连接到三通上，并用卡箍固定。

② 降低车辆。

③ 准备好规定浓度的冷却液。

④ 加注冷却系统，直到冷却液达到电池膨胀水箱颈部并保持静止。

⑤ 连接诊断仪让水泵运转。

⑥ 在举升机上举升车辆。

⑦ 松开电动水泵进水口处的放气螺栓，将管路内空气排空，直到有冷却液进入水泵时，立即拧紧放气螺栓。

⑧ 降下车辆，继续使水泵运转20～30min，并根据膨胀水箱中的液面下降情况不断补充冷却液，直到没有气泡冒出，液面不再下降。

⑨ 关闭水泵，并断开诊断仪。

⑩ 如需要，则将冷却液加至刻度 MAX 和 MIN 之间。

⑪ 检查系统有无泄漏。

⑫ 装上底部导流板。

5.3　冷却系统故障诊断

5.3.1　赛欧 EV 电子装置冷却系统诊断

步骤	操　作	是	否
1	是否根据"症状"或其他诊断表的指示来执行该诊断	至步骤 2	重新确认
2	①必要时，将冷却液添加到冷却液缓冲罐中 ②使用全球诊断系统，打开混合动力电子装置冷却液泵，并将转速增加至 1000r/min。 ③从驱动电机发电机电源逆变器模块上快速拆下和安装电动差动驱动电机电源逆变器模块冷却软管。检查驱动电机发电机电源逆变器模块中是否有冷却液流出	至步骤 12	至步骤 3
3	从驱动电机发电机电源逆变器模块上快速拆下和安装动力电源逆变控制模块进水管。动力电源逆变控制模块出水管中是否有冷却液流出	至步骤 14	至步骤 4
4	从附件直流电源控制模块上快速拆下和安装动力电源逆变控制模块进水管。附件直流电源控制模块中是否有冷却液流出	至步骤 16	至步骤 5
5	从附件直流电源控制模块上快速拆下和安装驱动电机发电机控制模块冷却出口软管。驱动电机发电机控制模块冷却出口软管中是否有冷却液流出	至步骤 17	至步骤 6
6	从驱动电机蓄电池充电器上快速拆下和安装驱动电机控制模块冷却液泵出水管的更换。驱动电机蓄电池充电器中是否有冷却液流出	至步骤 19	至步骤 7
7	从驱动电机蓄电池充电器上快速拆下和安装驱动电机控制模块冷却液泵出水管驱动电机控制模块冷却液泵中是否有冷却液流出	至步骤 20	至步骤 8
8	从驱动电机控制模块冷却液泵上拆下和安装驱动电机控制模块冷却液泵出水管。驱动电机控制模块冷却液泵中是否有冷却液流出	至步骤 22	至步骤 9
9	从驱动电机蓄电池冷却液散热器上快速拆下和动力电源逆变控制模块出水管。动力电源逆变控制模块出水管中是否有冷却液流出	至步骤 23	至步骤 10
10	从发电机控制模块冷却液泵上快速拆下和安装驱动电机控制模块冷却液泵进水管。发电机控制模块冷却液泵中是否有冷却液流出	至步骤 24	至步骤 11
11	更换发电机控制模块冷却液泵。修理是否完成	至步骤 25	至步骤 1
12	检查电动差动驱动电机电源逆变器模块冷却软管或驱动电机发电机电源逆变器模块冷却出口软管是否有扭结或堵塞	至步骤 13	至步骤 1
13	更换电动差动驱动电机电源逆变器模块冷却软管或驱动电机发电机电源逆变器模块冷却出口软管。修理是否完成	至步骤 25	至步骤 1
14	①使用全球诊断系统，关闭混合动力电子装置冷却液泵 ②从驱动电机发电机电源逆变器模块上拆下发电机控制模块冷却液软管 ③从驱动电机发电机电源逆变器模块上拆下电动差动驱动电机电源逆变器模块冷却软管 ④反向冲洗驱动电机发电机电源逆变器模块冷却通道 ⑤安装发电机控制模块冷却液软管 ⑥安装电动差动驱动电机电源逆变器模块冷却软管 ⑦使用全球诊断系统，打开混合动力电子装置冷却液泵，并将转速增加至 1000r/min ⑧从驱动电机发电机电源逆变器模块上快速拆下和安装电动差动驱动电机电源逆变器模块冷却软管 驱动电机发电机电源逆变器模块中是否有冷却液流出	至步骤 25	至步骤 15

续表

步骤	操　作	是	否
15	更换驱动电机发电机电源逆变器模块。修理是否完成	至步骤25	至步骤1
16	更换发电机控制模块冷却液软管。修理是否完成	至步骤25	至步骤1
17	①使用全球诊断系统，关闭混合动力电子装置冷却液泵 ②从附件直流电源控制模块上拆下驱动电机发电机控制模块冷却出口软管 ③从附件直流电源控制模块上拆下发电机控制模块冷却液软管 ④反向冲洗附件直流电源控制模块冷却通道 ⑤安装驱动电机发电机控制模块冷却出口软管 ⑥安装发电机控制模块冷却液软管 ⑦使用全球诊断系统，打开混合动力电子装置冷却液泵，并将转速增加至1000r/min ⑧从附件直流电源控制模块上快速拆下和安装发电机控制模块冷却液软管 附件直流电源控制模块中是否有冷却液流出	至步骤25	至步骤18
18	更换附件直流电源控制模块。修理是否完成	至步骤25	至步骤1
19	更换驱动电机发电机控制模块冷却出口软管。修理是否完成	至步骤25	至步骤1
20	①使用全球诊断系统，关闭混合动力电子装置冷却液泵 ②从驱动电机蓄电池充电器上拆下驱动电机发电机控制模块冷却出口软管 ③从驱动电机蓄电池充电器上拆下驱动电机发电机控制模块冷却出口软管 ④反向冲洗驱动电机蓄电池充电器冷却通道 ⑤安装驱动电机发电机控制模块冷却出口软管 ⑥使用全球诊断系统，打开混合动力电子装置冷却液泵，并将转速增加至1000r/min ⑦从驱动电机蓄电池充电器上快速拆下和安装驱动电机发电机控制模块冷却出口软管 驱动电机控制模块冷却液泵出水管中是否有冷却液流出	至步骤25	至步骤21
21	更换驱动电机蓄电池充电器。修理是否完成	至步骤25	至步骤1
22	更换驱动电机控制模块冷却液泵出水管。修理是否完成	至步骤25	至步骤1
23	更换驱动电机蓄电池冷却液散热器。修理是否完成	至步骤25	至步骤1
24	更换驱动电机控制模块冷却液泵进水管。修理是否完成	至步骤25	至步骤1
25	①必要时，将冷却液添加到冷却液缓冲罐中 ②运行系统以检验修理效果 是否发现故障并加以排除	系统正常	至步骤1

5.3.2　赛欧EV冷却系统泄漏测试

专用工具：EN-24460-A冷却系统压力测试仪；GE-46143散热器盖和储液罐测试适配器。

受压的情况下，散热器内溶液温度会很高，超出沸点。发动机很热（压力很高）时拆下散热器盖，会导致溶液瞬间沸腾，并产生爆炸力。溶液将喷射到发动机、翼子板和拆卸盖子的人员身上，可能导致严重的人身伤害。任何时候都不推荐使用可燃防冻剂，比如乙醇，因为可燃防冻剂可能导致严重的火灾。

为了避免被烫伤，在发动机和散热器未冷却时，不要拆卸散热器盖。如果太快地拆下盖子，则滚烫的液体和蒸汽会在受压的情况下喷出。

① 拆下压力盖。

② 测试压力盖的工作情况。

③ 用水冲洗压力盖接合面。

④ 使用EN-24460-A冷却系统压力测试仪同GE-46143散热器盖和储液罐测试适配器，以便向冷却系统施加压力（切勿超过压力盖的额定值）。

⑤ 冷却系统应该保持额定压力至少2min。观察压力表的压力损失。

⑥ 必要时修理所有泄漏。

5.3.3 赛欧 EV 蓄电池组冷却液加热器故障

将车辆开关置于 ON（打开）位置后，指令混合动力/电动车辆蓄电池组冷却液加热器开启。混合动力/电动车辆动力系统控制模块 2 监测混合动力/电动车辆蓄电池组冷却液温度传感器 1 的温度变化，以检查混合动力/电动车辆蓄电池组冷却液加热器的工作是否正常。

蓄电池组加热器出现故障可能会阻止蓄电池加热，且车辆在蓄电池温度低于 -25℃（-13℉）的寒冷天气中将无法启动。

有故障的蓄电池组加热器，其金属外壳可能褪色或变形。

专用工具：EL-48900 混合动力汽车安全套件；EL-50772 隔离万用表。

在维修任何高电压部件或接头之前，务必执行高压解除程序。必须使用人身安全设备（PPE）并遵循正确的程序。

① 车辆处于维修模式。

② 确认未设置 DTC P0AA1、P0AD9、P0ADD、P0AE2、P0AE4、P0AFA、P0C44、P0C45、P0C47、P0D0A、P0D11、P0D22、P1EBC～P1EBF、P1EC0、P1EC3、P1EC5 或 P1FFB～P1FFE。

如果设置了任何故障诊断码，则按代码提示进行诊断处理。

如果没有设置故障诊断码则按以下步骤处理。

③ 车辆熄火，解除高电压。

④ 断开 E54 混合动力/电动车辆蓄电池组冷却液加热器的线束连接器。

⑤ 测试 E54 混合动力/电动车辆蓄电池组冷却液加热器的端子 A 和端子 B 之间的电阻是否为 61～75Ω。如果不在规定范围内，则更换 E54 混合动力/电动车辆蓄电池组冷却液加热器。

请务必使用 EL-50772 隔离万用表执行以下导通性测试。选择隔离测试设置挡，然后选择 500V 范围。

⑥ 使用 EL-50772 隔离万用表，在隔离试验设置挡下，测试以下 E54 混合动力/电动车型蓄电池组冷却液加热器端子和蓄电池托架搭铁之间的电阻是否为 550MΩ；如果小于规定值则更换 E54 混合动力/电动车辆蓄电池组冷却液加热器。

⑦ 如果在规定值内则更换 A28 混合动力/电动车辆蓄电池接触器总成。

5.3.4 赛欧 EV 蓄电池组冷却液泵故障

(1) 系统检验

① 车辆处于维修模式。

② 确认未设置 DTC P0C43、P0C44、P0C45、P0CE0、P0CE2、P0CE3、P0D0A、P0D11、P1EBC、P1EC3、P1EC4、P1EC5、P1EC6、P1EC7、P1EC8、U0111、U185B 或 U2602。

如果设置了任何故障诊断码，则根据代码引导进行故障处理。

如果没有设置故障诊断码则进行下一步操作。

③ 混合动力/电动车辆蓄电池组冷却液泵停用且不运行，确认以下故障诊断仪参数。

"Hybrid/EV Battery Pack Coolant Pump Command（混合动力/电动车辆蓄电池组冷却液泵指令）"小于10％。

"Hybrid/EV Battery Pack Coolant Pump Feedback（混合动力/电动车辆蓄电池组冷却液泵反馈）"为0％。

"Hybrid/EV Battery Pack Coolant Pump Speed（混合动力/电动车辆蓄电池组冷却液泵转速）"为25r/min。

④ 将车辆充电模式设置为"IMMEDIATE（即时）"。

⑤ 车辆熄火，连接充电线套件。

⑥ 车辆充电时，混合动力/电动车辆蓄电池组冷却液泵停用且不运行，确认下列故障诊断仪参数。

"Hybrid/EV Battery Pack Coolant Pump Command（混合动力/电动车辆蓄电池组冷却液泵指令）"为10％。

"Hybrid/EV Battery Pack Coolant Pump Feedback（混合动力/电动车辆蓄电池组冷却液泵反馈）"为50％＋/－5％。

"Hybrid/EV Battery Pack Coolant Pump Speed（混合动力/电动车辆蓄电池组冷却液泵转速）"为50r/min。

⑦ 指令混合动力/电动车辆蓄电池组冷却液泵打开至90％，确认以下故障诊断仪参数。

"Hybrid/EV Battery Pack Coolant Pump Command（混合动力/电动车辆蓄电池组冷却液泵指令）"大于10％。

"Hybrid/EV Battery Pack Coolant Pump Feedback（混合动力/电动车辆蓄电池组冷却液泵反馈）"为50％＋/－5％。

"Hybrid/EV Battery Pack Coolant Pump Speed（混合动力/电动车辆蓄电池组冷却液泵转速）"大于50r/min。

⑧ 故障排除，系统正常。

（2）系统测试

① 将车辆熄火，断开G37混合动力/电动车辆蓄电池组冷却液泵的线束连接器。

② 测试搭铁电路端子4和搭铁之间的电阻是否小于10Ω。如果等于或高于10Ω，则修理搭铁电路中的开路/电阻过大故障。如果小于10Ω，则进行下一步操作。

③ 使车辆处于维修模式。

④ 测试B＋电路端子5和搭铁电路端子4之间的电压是否高于11.5V。如果等于或小于11.5V，则进行以下操作。

a. 将车辆开关置于OFF（关闭）位置，测试B＋电路端子5和搭铁之间的电阻是否为无穷大。如果电阻不为无穷大，则修理电路上的对搭铁短路故障。如果电阻为无穷大，则进行下一步操作。

b. 测试B＋电路端对端的电阻是否小于2Ω。如果为2Ω或更大，则修理电路中的开路/电阻过大故障。如果小于2Ω且熔丝熔断，则更换G37混合动力/电动车辆蓄电池组冷却液泵。

如果大于11.5V，则进行下一步操作。

⑤ 在启用电路端子1和搭铁电路端子4之间连接一个测试灯。

⑥ 使用故障诊断仪指令"Hybrid Battery Pack Coolant Pump Command（混合动力蓄

电池组冷却液泵指令）"关闭（10%）和开启（90%）。

在指令状态之间切换时，测试灯应当相应点亮和熄灭。

如果测试灯在10%时始终点亮则进行以下操作。

a. 将车辆熄火，断开K114B混合动力/电动车辆动力系统控制模块2的X2线束连接器。

b. 测试泵启用电路端子和搭铁之间的电压是否低于1V。如果是1V或更高，则修理电路上的对电压短路故障。如果低于1V，则更换K114B混合动力/电动车辆动力系统控制模块2。

如果测试灯在90%时未点亮，则进行以下操作。

a. 将车辆熄火，断开K114B混合动力/电动车辆动力系统控制模块2的X2线束连接器。

b. 测试泵启用电路和搭铁之间的电阻是否为无穷大。如果电阻不为无穷大，则修理电路上的对搭铁短路故障。如果电阻为无穷大，则进行下一步操作。

c. 测试泵启用电路端到端的电阻是否小于2Ω。如果为2Ω或更大，则修理电路中的开路/电阻过大故障。如果小于2Ω，则更换K114B混合动力/电动车辆动力系统控制模块2。

如果在进行指令状态切换时，测试灯相应点亮和熄灭，则进行下一步操作。

⑦ 在控制电路端子3和B+电路端子5之间连接一个测试灯。

⑧ 使用故障诊断仪指令"Hybrid Battery Pack Coolant Pump Command（混合动力蓄电池组冷却液泵指令）"在20%和90%之间切换。检查测试灯是否在控制电路端子3和B+电路端子5之间进行亮光（20%）和暗光（90%）之间的明暗变化。

如果测试灯始终为暗光或未点亮，则进行以下操作。

a. 将车辆熄火，断开K114B混合动力/电动车辆动力系统控制模块2的X2线束连接器。

b. 测试控制电路端子和搭铁之间的电压是否低于1V。如果是1V或更高，则修理电路上的对电压短路故障。如果小于1V，则进行下一步操作。

c. 测试控制电路端对端的电阻是否小于2Ω。如果为2Ω或更大，则修理电路中的开路/电阻过大故障。如果小于2Ω，则更换K114B混合动力/电动车辆动力系统控制模块2。

如果测试灯始终点亮，则进行以下操作：

a. 将车辆熄火，断开K114B混合动力/电动车辆动力系统控制模块2的X2线束连接器。

b. 测试控制电路和搭铁之间的电阻是否为无穷大。如果电阻不为无穷大，则修理电路上的对搭铁短路故障。如果电阻为无穷大，则进行下一步操作。

c. 测试控制电路端对端的电阻是否小于2Ω。如果为2Ω或更大，则修理电路中的开路/电阻过大故障。如果小于2Ω，则更换K114B混合动力/电动车辆动力系统控制模块2。

如果测试灯在亮光（20%）和暗光（90%）之间变化，则进行下一步操作。

⑨ 确认故障诊断仪上的"Hybrid Battery Pack Coolant Pump Feedback（混合动力蓄电池组冷却液泵反馈）"参数小于10%。

如果等于或大于10%，则进行以下操作。

a. 将车辆熄火，断开K114B混合动力/电动车辆动力系统控制模块2的X2线束连接器。

b. 测试反馈电路端子 2 和搭铁之间的电阻是否为无穷大。如果电阻不为无穷大，则修理电路上的对搭铁短路故障。如果电阻为无穷大，则更换 K114B 混合动力/电动车辆动力系统控制模块 2。

如果小于 10%，则进行下一步操作。

⑩ 在反馈电路端子 2 和搭铁电路端子 4 之间安装一根带 3A 熔丝的跨接线。

⑪ 确认故障诊断仪 "Hybrid Battery Pack Coolant Pump Feedback（混合动力蓄电池组冷却液泵反馈）" 参数大于 90%。

如果小于 90%，则进行以下操作。

a. 将车辆熄火，断开 K114B 混合动力/电动车辆动力系统控制模块 2 的 X2 线束连接器。

b. 测试反馈电路端子和搭铁之间的电压是否低于 1V。如果是 1V 或更高，则修理电路上的对电压短路故障。如果小于 1V，则进行下一步操作。

c. 测试控制电路端对端的电阻是否小于 2Ω。如果为 2Ω 或更大，则修理电路中的开路/电阻过大故障。如果小于 2Ω，则更换 K114B 混合动力/电动车辆动力系统控制模块 2。

如果等于或高于 90%，则进行下一步操作。

⑫ 更换 G37 混合动力/电动车辆蓄电池组冷却液泵。

5.3.5 赛欧 EV 电子装置冷却液泵故障

(1) 电路/系统检验

① 车辆处于维修模式。

② 确认未设置 DTC P0C43、P0C44、P0C45、P0C47 或 P1EC6。

如果设置了任何故障诊断码，则根据代码引导进行维修。如果没有设置故障诊断码，则进行下一步操作。

③ 将车辆开关置于 ON（打开）位置。

④ 使用故障诊断仪确认 "Hybrid/EV Electronics Coolant Pump Command（混合动力/电动车辆电子装置冷却液泵指令）" 在 20% 和 90% 之间切换，且 "Hybrid Electronics Coolant Pump Feedback（混合动力电子装置冷却液泵反馈）" 为 50%+/−5%。

⑤ 如果读数在规定范围内，则系统正常。

(2) 电路/系统测试

① 将车辆熄火，断开 G35 混合动力/电动车辆电子装置冷却液泵的线束连接器。

② 测试搭铁电路端子 4 和搭铁之间的电阻是否小于 10Ω。如果等于或高于 10Ω，则修理搭铁电路中的开路/电阻过大故障。如果小于 10Ω，则进行下一步操作。

③ 使车辆处于维修模式。

④ 测试 B+电路端子 5 和搭铁电路端子 4 之间的电压是否为 B+。如果小于 B+，则进行以下操作。

a. 将车辆开关置于 OFF（关闭）位置，测试 B+电路端子 5 和搭铁之间的电阻是否为无穷大。如果电阻不为无穷大，则修理电路上的对搭铁短路故障。如果电阻为无穷大，则进行下一步操作。

b. 测试 B+电路端对端的电阻是否小于 2Ω。如果为 2Ω 或更大，则修理电路中的开路/电阻过大故障。如果小于 2Ω 且熔丝熔断，则更换 G35 混合动力/电动车辆电子装置冷却液泵。

如果是 B+，则进行下一步操作。

⑤ 在启用电路端子 1 和搭铁电路端子 4 之间连接一个测试灯。

⑥ 使用故障诊断仪指令 "Hybrid/EV Electronics Coolant Pump（混合动力/电动车辆电子装置冷却液泵）" 关闭（10%）和开启（90%）。在指令状态之间切换时，测试灯应当相应点亮和熄灭。

如果测试灯在 10% 时始终点亮，则进行以下操作。

a. 将车辆熄火，断开 K114B 混合动力/电动车辆动力系统控制模块 2 的 X2 线束连接器。

b. 测试泵启用电路端子和搭铁之间的电压是否低于 1V。如果是 1V 或更高，则修理电路上的对搭铁短路故障。如果低于 1V，则更换 K114B 混合动力/电动车辆动力系统控制模块 2。

如果测试灯在 90% 时未点亮，则进行以下操作。

a. 将车辆熄火，断开 K114B 混合动力/电动车辆动力系统控制模块 2 的 X2 线束连接器。

b. 测试泵启用电路和搭铁之间的电阻是否为无穷大。如果电阻不为无穷大，则修理电路上的对搭铁短路故障。如果电阻为无穷大，则进行下一步操作。

c. 测试泵启用电路端到端的电阻是否小于 2Ω。如果为 2Ω 或更大，则修理电路中的开路/电阻过大故障。如果小于 2Ω，则更换 K114B 混合动力/电动车辆动力系统控制模块 2。

如果在进行指令状态切换时，测试灯相应点亮和熄灭，则进行下一步操作。

⑦ 在控制电路端子 3 和 B+ 电路端子 5 之间连接一个测试灯。

⑧ 使用故障诊断仪指令 "Hybrid/EV Electronics Coolant Pump ON（混合动力/电动车辆电子装置冷却液泵开启）" 在 20% 和 90% 之间切换。检查测试灯是否在控制电路端子 3 和 B+ 电路端子 5 之间进行亮光（20%）和暗光（90%）之间的明暗变化。

如果测试灯始终为暗光或未点亮，则进行以下操作。

a. 将车辆熄火，断开 K114B 混合动力/电动车辆动力系统控制模块 2 的 X2 线束连接器。

b. 测试控制电路端子和搭铁之间的电压是否低于 1V。如果是 1V 或更高，则修理电路上的对电压短路故障。如果小于 1V，则进行下一步操作。

c. 测试控制电路端对端的电阻是否小于 2Ω。如果为 2Ω 或更大，则修理电路中的开路/电阻过大故障。如果小于 2Ω，则更换 K114B 混合动力/电动车辆动力系统控制模块 2。

如果测试灯始终点亮，则进行以下操作。

a. 将车辆熄火，断开 K114B 混合动力/电动车辆动力系统控制模块 2 的 X2 线束连接器。

b. 测试控制电路和搭铁之间的电阻是否为无穷大。如果电阻不为无穷大，则修理电路上的对搭铁短路故障。如果电阻为无穷大，则更换 K114B 混合动力/电动车辆动力系统控制模块 2。

如果测试灯在亮光（20%）和暗光（90%）之间变化，则进行下一步操作。

⑨ 拆下测试灯。

⑩ 确认故障诊断仪 "Hybrid/EV Electronics Coolant Pump Feedback（混合动力/电动

车辆电子装置冷却液泵反馈）"参数小于 10%。

如果大于 10%，则进行以下操作。

a. 将车辆熄火，断开 K114B 混合动力/电动车辆动力系统控制模块 2 的 X2 线束连接器。

b. 测试反馈电路端子 2 和搭铁之间的电阻是否为无穷大。如果电阻不为无穷大，则修理电路上的对搭铁短路故障。如果电阻为无穷大，则更换 K114B 混合动力/电动车辆动力系统控制模块 2。

如果为 10%，则进行下一步操作。

⑪ 在反馈电路端子 2 和搭铁电路端子 4 之间安装一根带 3A 熔丝的跨接线。

⑫ 确认故障诊断仪 "Hybrid/EV Electronics Coolant Pump Feedback（混合动力/电动车辆电子装置冷却液泵反馈）"参数大于 90%。

如果小于 90%，则进行以下操作。

a. 将车辆熄火，断开 K114B 混合动力/电动车辆动力系统控制模块 2 的 X2 线束连接器。

b. 测试反馈电路端子和搭铁之间的电压是否低于 1V。如果是 1V 或更高，则修理电路上的对电压短路故障。如果小于 1V，则进行下一步操作。

c. 测试控制电路端对端的电阻是否小于 2Ω。如果为 2Ω 或更大，则修理电路中的开路/电阻过大。如果小于 2Ω，则更换 K114B 混合动力/电动车辆动力系统控制模块 2。

如果等于或高于 90%，则进行下一步操作。

⑬ 更换 G35 混合动力/电动车辆电子装置冷却液泵。

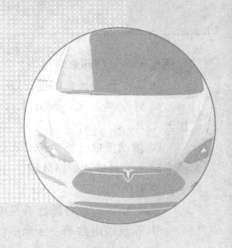

第6章
电动汽车高压系统

6.1 系统结构与原理

6.1.1 荣威 E50 高压配电单元

高压配电单元（PDU）位于前舱中，固定在 PEB 和 PDU 托盘之上，主要作用为将高压电池组的高压电分配给各高压用电器，同时可以对电空调压缩机和加热器高压回路起过流保护作用。

高压配电单元线束位于车身底板下，连接在高压电池包和 PDU 之间，主要功能为将高压电池组直流电引到 PDU 上。

电空调压缩机线束位于前舱中，连接在 PDU 和电空调压缩机之间，主要作用为将 PDU 上的高压直流电引给电空调压缩机。

高压加热器线束从乘客舱的车身前围处穿到前舱和底板下，主要作用为连接 PDU 和加热器，将 PDU 的高压直流电引给加热器；连接慢充充电器和高压电池包，将慢充充电器的直流电传给高压电池组。

驱动电机线束位于前舱，连接在 PEB 和驱动电机之间，主要功能为将 PEB 上的三相交流电提供给驱动电机。

高压配电系统安装位置见图 6-1。

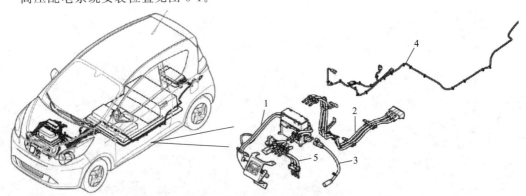

图 6-1　高压配电系统

1—高压配电单元；2—高压配电单元线束；3—高压压缩机线束；4—高压加热器线束；5—高压电机线束

高压配电箱线束连接如图 6-2 所示。

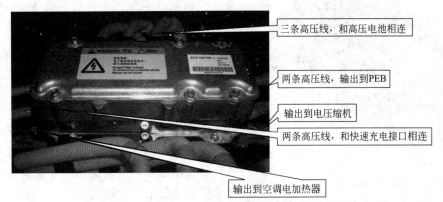

图 6-2　高压配电箱线束分布

高压配电单元电路简图如图 6-3 所示。

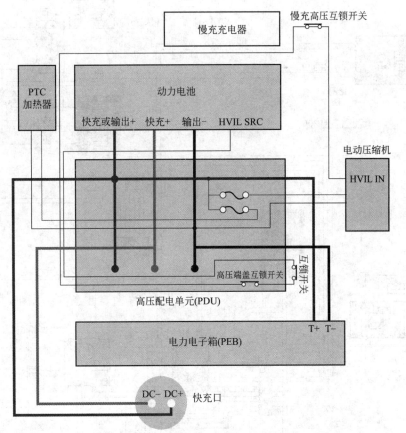

图 6-3　高压配电单元电路简图

6.1.2　宝马 i3 高压系统

(1) 系统组成

在配有高压系统的车辆中安装了高于 60V 的直流电压或高于 30V 的交流电压驱动的组

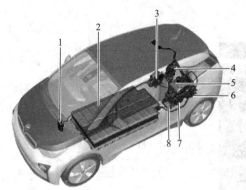

图 6-4　高压系统部件位置

1—电控辅助加热器；2—高压蓄电池单元；3—增程
设备电机；4—增程设备电动机电子单元（REME）；
5—电机电子伺控系统（EME）；6—便捷充电电子
控制系统（KLE）；7—电机；8—空调压缩机（电动）

件。这些车辆中的组件大多数需要电气功率。电动汽车的高压系统在直流电压低于 650V 的情况下运转，并且必须为车辆的驱动装置和一些便捷功能提供大量电力。高压系统部件分布如图 6-4 所示。

下列系统概况以带增程设备的 I01 高压安全系统为例展示，高压系统电路原理见图 6-5。

①带存储器管理电子装置（SME）的高压蓄电池单元。高压蓄电池电源为 I01 的电器驱动装置提供能量储存。它也是一个带有发动机的常规车辆燃油箱的等价物。

高压蓄电池电源由以下部分组成。

a. 存储器电子管理系统（SME）控制单元。

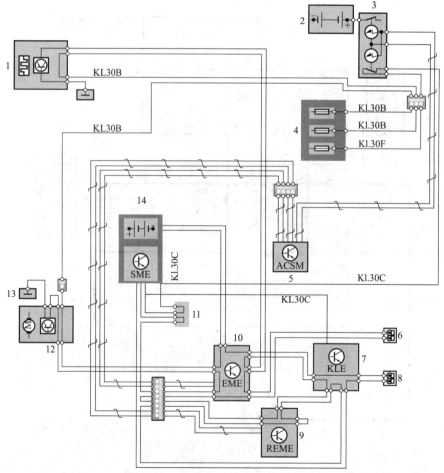

图 6-5　高压系统原理框图

1—电控辅助加热器；2—蓄电池；3—安全蓄电池接线柱；4—Life 模块配电器；5—碰撞安全模块（ACSM）；
6—充电接口的高压线；7—便捷充电电子控制系统（KLE）；8—充电接口的高压线；9—增程设备电动机
电子单元（REME）；10—电机电子伺控系统（EME）；11—高压安全插头（Service Disconnect）；
12—空调压缩机（电动）；13—负荷接地；14—带存储器管理电子装置（SME）的高压蓄电池单元

b. 安全箱。

c. 电池监控电子设备。

d. 电池模块。

e. 制冷剂温度传感器。

f. 带冷却通道和加热装置的热交换器（取决于装备）。

② 电机电子伺控系统（EME）。电机电子伺控系统（EME）是一个安装在铝壳内的功率电子装置（图6-6）。在该铝壳内具有下列组件：电机电子伺控系统（EME）控制单元，为12V车载网络供电的DC-DC变换器，变频器（逆变器和整流器），充电电子装置。

变频器（逆变器和整流器）用于将直流电压从高压蓄电池转换成三相交流电压以控制作为发动机的电机。相反，当电机作为发电机运行时，变频器把电机的三相交流电压转换成直流电压，并因此可以装载高电压蓄电池。

充电电子装置用于将从家庭电网中获得的交流电压转换为高压系统充电所需的直流电压。

③ 电机。电机是一个同步电机。转子（Rotor）位于内部，装备有永久磁铁。定子（Stator）是环形的，位于外面，围绕着转子，由带铁芯的三相线圈形成。如果在定子的线圈上有三相交流电压，则其形成一个旋转的磁场，该磁场（在发动机运转下）吸住转子内的磁铁。

④ 电动空调压缩机。电驱动的空调压缩机在高压车载网络上运行。

图6-6　电机电子伺控系统
1—隔音板；2—电机
电子装置；3—电机

冷暖空调（IHKR和IHKA）的控制单元是主控制单元。冷暖空调的控制单元通过局域互联网总线与空调压缩机的电子控制装置通信。

电子控制装置和变压器均整合在空调压缩机的壳体之中。通过流经的制冷剂对这两者进行冷却。在电子控制装置中分析冷暖空调控制单元的请求。变压器将直流电压转变成交流电压，利用交流电压驱动空调压缩机。

⑤ 电控辅助加热器。电控辅助加热器通过高压车载网络运行。它的基本工作原理是电热水器。电控辅助加热器借助加热螺旋体按需加热加热循环回路中的冷却液。此时，以间歇方式控制加热螺旋体。

在冷暖空调控制单元中，根据不同的信号（例如脚部空间温度传感器的温度信号）生成一个针对电控辅助加热器的百分比功率请求，并将其传输到局域互联网总线。

⑥ 高压安全插头。高压安全开关或插入的桥是高压触点监测装置电路的一部分。脱开高压安全开关的插头和轴套，高压触点监测装置的电路断开。此外，高压蓄电池单元中电动机械式接触器的供电中断。因此高压系统自动向下运行，从而切断电压。

高压安全开关的插头和轴套无法完全相互脱开。两个部件在机械上是防止完全脱开的。为了断开高压触点监测装置的电压，将两个部件相互脱开，直到可以使用防止重新接通的U形锁即可。

⑦ 高压充电接口。高压充电接口的高压线与电机电子伺控系统（EME）连接。相线和

零线设计为屏蔽型高压线。数据导线和监控导线是屏蔽的，并接在充电接口模块（LIM）中的插头上。

监控导线识别充电插头是否插在充电接口上，同时确定充电电缆最大可能的电流负荷。

⑧ 增程设备电动机电子单元（REME）。增程设备电动机电子单元（REME）的主要任务是控制范围扩展电机。

REME 完全作为发电机进行工作。REME 控制单元中的变频器将电机的三相交流电压转换为直流电压。产生的直流电压可以给高压蓄电池充电。该过程在增程设备运行时进行。

⑨ 便捷充电电子控制系统（KLE）。便捷充电系统仅在以 7.4kW 的电功率进行交流充电以及用交流电流和直流电进行组合充电时使用。

以 7.4kW 的电功率进行交流充电时便捷充电系统（KLE）的主要任务是将交流电压转换为直流电压。通过从整流器中切换完成该任务。该功率电子装置由 KLE 控制单元控制。

不同国家具有不同类型的便捷充电系统（KLE）。

（2）系统功能

高压系统具有以下功能：控制用于接通和关闭高压系统的接触器；主动和被动放电；监控高压系统是否有绝缘故障。下面将逐个具体介绍。

① 打开和关闭高压系统。通过电机电子伺服系统 EME 和存储器电子管理系统 SME 控制单元的共同工作启动高压系统。EME 此时作为主控单元，SME 则成为待执行的副控单元。附属的命令作为总线信号通过 PT-CAN2 传输。

当总线端 Kl.15 接通或存在停车空调或充电请求时，EME 请求启动高压系统。以多个步骤启动：

a. 测试高压车载网络（预负荷）。检查高压蓄电池单元和整个高压车载网络是否工作准备就绪。其中还包括高压触点监测装置电路必须闭合。

b. 电压升高。由于高压电路中的电容（中间电路电容器）将流过很高的接通电流，该电流会永久损坏中间电路电容器和接触器，因此电压慢慢升高。

c. 闭合接触器触点接头。高压系统的关闭分为常规关闭和快速关闭。常规关闭时，主要起到保护电气部件和检查高压系统的作用。例如，当电流强度降到接近 0A 数值时，应打开电动机械式接触器触点接头，否则会施加高负荷。

出于安全考虑，高压系统的电压必须尽快降到无危险值时，必须快速关闭高压系统。具体情况如下。

• 事故。根据事故严重程度，通过总线信号指令关闭或通过分离 12V 电池正极的安全蓄电池接线柱，切断电源。在第二种情况下，电动机械式接触器的供电自动断开，从而自动打开其触点接头。

• 过电流。借助电压电流传感器监控高压车载网络中的电流强度。如果识别到过大的电流强度，则 SME 会要求强制打开接触器。

• 短路。

• 临界状态（单格电池上的低电压、过压或温度过高）。

• 高压触点监测装置的电路断路。

② 主动和被动放电。高压组件在内部安装的电容器中存储电能。为了确保在高压系统

关闭后或在故障情况下在较短时间内将高压电路中储存的能量放电,集成了以下两种类型的放电。

a. 主动放电。在每次高压系统关闭后通过接通一个电阻在短于 5s 的时间内将存储的能量放电。如果电机或电机扩充器需仍需旋转,则通过两个电机接口的短路避免感应电压的产生。

b. 被动放电。如果主动放电失败或高压组件带着仍存储在其中的能量从电机电子伺控系统(EME)中被断开,被动放电便会产生作用。电机电子伺控系统、增程设备电动机电子单元和空调压缩机(电器)配有电阻器,以便在 2min 内释放电能。

③ 监控高压系统是否有绝缘故障。绝缘监控用于检测,激活的高压部件(例如高压线)和车辆接地之间的绝缘电阻是否超过或低于要求的最小值。如果绝缘电阻低于最小值,则存在车辆零件处于危险电压下的危险。

绝缘监控的反应分为两个级别。如果绝缘电阻低于第一个阈值,则对人还没有直接危险,因此高压系统保持激活,不输出检查控制信息,但故障状态将被保存在故障代码存储器中。如果低于第二个更低的绝缘电阻阈值,则不仅进行故障记录,而且也会输出检查控制信息,该信息要求驾驶员探访修理厂。

(3)维修注意事项

混合动力汽车具有一个辅助高压车载网络,要注意其特殊的安全规定。

通常禁止对带电的高电压组件进行维修工作。执行涉及高压组件的每个工作步骤前,必须将高压系统切换为无电压并防止未经准许的再次试运转。

① 关闭点火开关并让车辆休眠。

② 拔下高压安全开关(高压安全开关)。

③ 锁死高压安全开关以防重新插入。

④ 打开点火开关。

⑤ 务必保持 10s 的等候时间,直到组合仪表上显示检查控制信息"高压系统已断开"(ID 636)。

6.1.3 比亚迪秦高压配电箱

高压配电箱主要是将电池包的电能分配给各用电模块,也将车载输出的电能分配给电池包。

主要组成部分:车载充电器、电池管理器、高压配电箱、动力电池、驱动电机控制器及 DC 总成、空调 PTC 和压缩机。高压配电箱安装位置见图 6-7。

配电箱本身无故障码,但是接触器及霍尔传感器可以通过电池管理器的故障码来判断。具体如表 6-1 所示。

表 6-1 电池管理器相关配电箱故障码

62	P1A3D00	负极接触器回检故障
63	P1A3E00	正极接触器回检故障
64	P1A3F00	预充接触器回检故障
66	P1A4100	主接触器烧结故障
78	P1A4D00	电流霍尔传感器故障

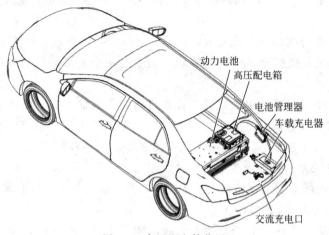

图 6-7　高压配电箱位置

6.1.4　比亚迪唐高压配电箱

高压配电箱总成的功能主要是通过对接触器的控制来实现将动力电池的高压直流电供给整车高压电器，以及接收车载充电器或是非车载充电器的直流电来给动力电池充电；同时含有其他的辅助检测功能，如电流检测，漏电监测等。高压配电箱实物如图 6-8 所示。

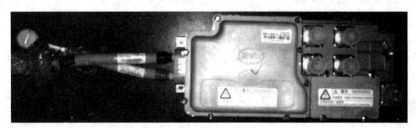

图 6-8　唐的高压配电箱

高压配电箱功能如表 6-2 所示。

表 6-2　高压配电箱功能

项目	功能	描　　述
1	高压直流输出（放电）	通过电池管理器控制预充接触器、主接触器等吸合，使放电回路导通，为前后电机控制器、空调负载供电
2	车载充电器单相充电输入	通过电池管理器控制车载充电接触器吸合，使车载充电器充电回路导通，为动力电池充电
3	电流采样	通过霍尔电流传感器采集动力电池正极母线中的电流，为电池管理器提供电流信号
4	高压互锁功能	通过低压信号确认整个高压系统盖子及高压接插件是否已经完全连接，现设计为 3 个相互独立的高压互锁系统：驱动系统（串接开盖检测）；空调系统；充电系统

唐高压配电箱外部连接如图 6-9 所示，内部结构见图 6-10、图 6-11。

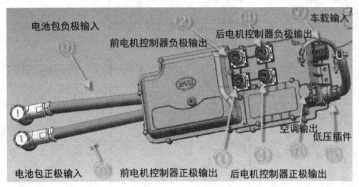

图 6-9　外部连接

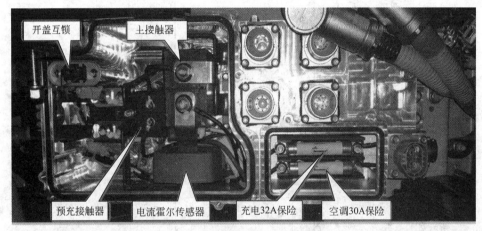

图 6-10　内部结构（一）

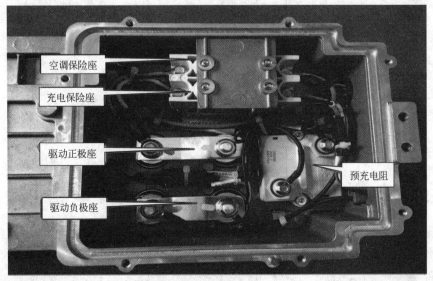

图 6-11　内部结构（二）

比亚迪唐高压配电箱电路如图 6-12 所示。

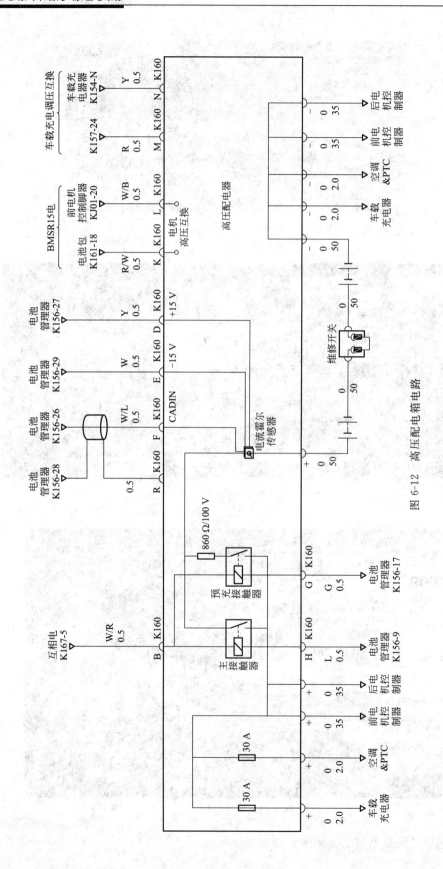

图 6-12　高压配电箱电路

6.2 高压系统维修

6.2.1 比亚迪唐高压配电系统维修

(1) 故障码与控制端子信息

配电箱本身无故障码，但是接触器及霍尔传感器可以通过电池管理器的故障码来判断。具体如表 6-3 所示。

表 6-3 电池管理器相关配电箱故障码

序号	故障码	故障码定义
1	P1A3E00	正极接触器回检故障
2	P1A3F00	预充接触器回检故障
3	P1A4000	充电接触器回检故障
4	P1A4100	主接触器烧结故障
5	P1A4300	电池管理器+15V 供电过高故障
6	P1A4400	电池管理器+15V 供电过低故障
7	P1A4500	电池管理器-15V 供电过高故障
8	P1A4600	电池管理器-15V 供电过低故障
9	P1A4A00	高压互锁一直检测为高信号故障
10	P1A4B00	高压互锁一直检测为低信号故障
11	P1A4D00	电流霍尔传感器故障

高压配电箱低压接插件 K160 针脚分布如图 6-13 所示。

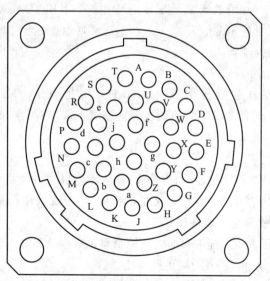

图 6-13 低压插件引脚分布

引脚号	定义	对接模块引脚	对地正常值
A	未连接		
B	主预充/主接触器 电源	双路电	约 12V
D	霍尔电流传感器+15V	电池管理器 K156-18	约+15V

引脚号	定义	对接模块引脚	对地正常值
E	霍尔电流传感器−15V	电池管理器 K156-20	约+15V
F	霍尔电流传感器信号	电池管理器 K156-26	<1V
G	主预充继电器控制	电池管理器 K156-17	<1V
H	主接触器控制	电池管理器 K156-9	<1V
K	BMS高压互锁输入	电池包 K161-18	
L	BMS高压互锁输出	前电机控制器 KJ01-20	
M	充电系统高压互锁输入	车载充电器 K157-24	
N	充电系统高压互锁输出	车载充电器 K154-N	
R	电流霍尔信号屏蔽地	电池管理器 K156-28	

（2）故障排查

① 检查配电箱空调保险。

a. 整车置于 OFF 挡。

b. 拆开配电箱侧边小盖。

c. 测量上方空调保险（32A）是否导通；导通则配电箱保险正常，不导通则更换空调保险。

② 检查接触器电源脚。

a. 整车上 ON 挡，连接好铁电池。

b. 用万用表测量低压接插件引脚（K160-B）对地电压，如不正常则检查低压线束供电。K160-B—车身地正常值约 12V。

③ 检查预充接触器控制脚。

在上 OK 挡过程中用万用表测量低压接插件引脚（K160-G）对地电压是否由 12V—0V—12V；K160-G—车身地正常值为<1V，如不正常则检查电池管理器或线束。

④ 检查正极接触器控制脚。

a. 整车上电于 ON/OK 挡。

b. 用万用表测量低压接插件引脚（K160-H）对地电压。K160-H—车身地正常值为<1V（ON/OK 挡），若测量为正常值则接触器控制正常，若测量值不正常检查电池管理器或线束。

（3）常见故障分析

① 无 EV 模式，仪表报"请检查动力系统"，故障码报"主接触器烧结"。

a. 先查询高压 BMS 的程序版本（确认是最新版），检查故障码是否能清除，然后再尝试多次上 OK 挡电，看故障是否会重现。

b. 上 OFF 挡用万用表检测配电箱的电机控制器正极端口和电池包正极端口是否导通或开箱检查主接触器是否导通，若导通则更换主接触器。

② 无 EV 模式，高压电池管理器报"预充失败故障"。在上电过程中测量 K160-G 对地电压是否会有"12V—0V—12V"这样的一个过程。若有，且驱动电机控制器直流母线无瞬间高压输入，则重点排查预充接触器。若无，则检查电池管理器、采样线束。

③ 高压电池管理器报"电流霍尔传感器故障"。

a. 整车上 OK 挡。

b. 用万用表测量低压接插件 K160-D 和 K160-E 对地电压。

• 若 K160-D 对地电压在＋15V 左右且 K160-E 对地电压在－15V 左右，则更换高压配电箱（电流霍尔传感器）。

• 若两引脚对地电压不在上述范围内，则检查动力电池管理器及线路。

④ 电流异常检测。测试霍尔信号（1V 对应 100A）并与电源管理器的当前电流进行对比，从而来判断霍尔电流的正常与否。

6.2.2　雪佛兰 VOLT 高压解除

专用工具：EL-50774 高/低电阻计；EL-48900 混合动力汽车安全组件；EL-50554-1 14V 电源逆变器保证线束；EL-50554-2 充电器保证线束。

在进行任何高压系统的工作前，确保穿戴了以下人身安全保护装置。

① 无论在室内还是室外，距离车辆 50ft（1ft＝0.3048m）内，应佩戴带侧护套的安全眼镜。

② 经认证的最新的 Class 0 绝缘手套额定电压为 1000V，配有皮革保护装置。

a. 使用手套前需进行目视检查和功能检查。

b. 在高压蓄电池总成处进行工作时，要始终佩戴绝缘手套，无论该系统通电与否。

如不遵循这些程序将可能导致严重伤害甚至死亡。

"高电压解除"程序将执行以下作业。

① 确定如何解除高电压。

② 确定如何测试是否存在高电压。

③ 确定高电压始终存在的条件且必须使用人身安全设备（PPE）和遵循正确的程序。

(1) 维修 A4 混合动力/电动车辆蓄电池组、360V 直流电缆

① 查阅高电压安全信息。

② 从 X98 混合动力蓄电池充电器插座上断开并拆下所有 12V 蓄电池充电器和交流充电电缆。

③ 从车辆上拆下所有遥控门锁发射器，并固定在车辆外的某个位置。

④ 尝试使用点火模式开关启动车辆。

如果车辆进入驱动系统启动模式或发动机启动，则定位并拆下车辆上的所有遥控门锁发射器并返回步骤③。

⑤ 断开 12V 蓄电池。注意：12V 蓄电池必须断开，以确保得到正确的测试结果。

⑥ 拆下 S15 手动维修断开杆 1，将手动维修断开杆放置在车外的一个安全位置（图 6-14）。

⑦ 使用 UL® 列出的或同等的最小额定电压为 600V 的绝缘胶带对暴露的高电压开口进行封盖。

⑧ 等待 5min，待高电压电容器放电后再继续操作。

⑨ 使用数字式万用表，确认 EL-50554 电压解除保证测试线束、EL-50554-1 和 EL-50554-2

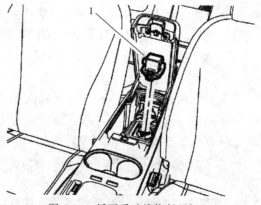

图 6-14　拆下手动维修断开杆

1—断开杆

电缆在以下各点的电阻测量值小于1Ω。

　　a. 高电压直流电（−360V）负极端子 B 至高电压直流电（−360V）负极端子。

　　b. 高电压直流电（＋360V）正极端子 A 至高电压直流电（＋360V）正极端子。

　　如果测试结果大于规定范围，则维修或更换 EL-50554-1 或 EL-50554-2，并重复所有测量。

　　⑩ 使用数字式万用表，确认 EL-50554-1 和 EL-50554-2 在高电压直流电（＋360V）正极端子 A 至高电压直流电（−360V）负极端子 B 之间的电阻为无穷大。

　　如果测试结果小于规定范围，则维修或更换 EL-50554-1 或 EL-50554-2，并重复所有测量。

　　⑪ 确认 EL-50554-1 和 EL-50554-2 高电压直流电（−360V）负极端子 B 和高电压直流电（＋360V）正极端子 A 具有正确的端子张力。

　　如果发现存有接触不良，则维修或更换 EL-50554-1 或 EL-50554-2，并重复所有测量。

　　⑫ 拆下 T6 电源逆变器模块盖。注意佩带高压绝缘手套直到确定暴露于高压中的风险不再存在。

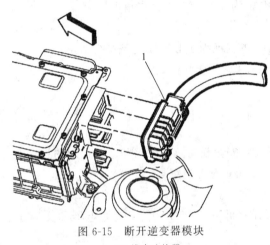

图 6-15　断开逆变器模块
1—X3 线束连接器

　　⑬ 断开 T6 电源逆变器模块的 X3 线束连接器 1（图 6-15）。

　　⑭ 通过测量 12V 蓄电池测试数字式万用表。

　　如果数字式万用表不能正确测量 12V 蓄电池，则维修或更换数字式万用表并重复所有的电压测量。

　　注意：拆下手动维修断开杆后，必须等待至少 5min，待高电压电容器放电后再继续操作，以确保得到正确的测试结果。

　　⑮ 确认 T6 电源逆变器模块的电压已解除。使用数字式万用表，确认以下各点的电压测量值低于 3V。

- 高电压直流电（−360V）负极端子 B 至车辆底盘搭铁。
- 高电压直流电（＋360V）正极端子 A 至车辆底盘搭铁。
- 高电压直流电（＋360V）正极端子 A 和高电压直流电（−360V）负极端子 B。

　　如果测试结果高于 3V，则保持数字式万用表连接至端子直到电压降至 3V 以下，以使高电压电容器放电。电压降至 3V 以下后请继续下一步操作。

　　⑯ 确认 T6 电源逆变器模块 X3 线束连接器的电压已解除。使用数字式万用表，确认以下各点的电压测量值低于 3V。

- 高电压直流电（−360V）负极端子 B 至车辆底盘搭铁。
- 高电压直流电（＋360V）正极端子 A 至车辆底盘搭铁。
- 高电压直流电（＋360V）正极端子 A 和高电压直流电（−360V）负极端子 B。

　　如果测试结果高于 3V，则接触器可能卡在闭合位置或 A4 蓄电池组总成内部存在隔离损失。

　　⑰ 拆下 3 个催化转换器螺母。从排气歧管断开催化转换器。将排气歧管移动并固定至一侧。

⑱ 拆下前排气管隔热罩。

⑲ 断开 A28 混合动力蓄电池接触器总成的 X1 线束连接器 1 和 X2 线束连接器 2（图 6-16）。

⑳ 断开 A28 混合动力蓄电池接触器总成的下列高电压互锁线束连接器。

• F118 混合动力蓄电池组跨接连接器 6。

• X6 14V 电源模块跨接连接器 7。

• X7 蓄电池充电器跨接连接器 8。

㉑ 断开 A28 混合动力蓄电池接触器总成的 X4 线束连接器 4。

㉒ 将 EL-50554-1 连接至 A28 混合动力蓄电池接触器总成。使用数字式万用表，确认以下各点的电压测量值低于 3V。

• 高电压直流电（－360V）负极端子 B 至车辆底盘搭铁。

• 高电压直流电（＋360V）正极端子 A 至车辆底盘搭铁。

• 高电压直流电（＋360V）正极端子 A 和高电压直流电（－360V）负极端子 B。

如果测试结果高于 3V，则接触器可能卡在闭合位置或 A4 蓄电池组总成内部存在隔离损失。

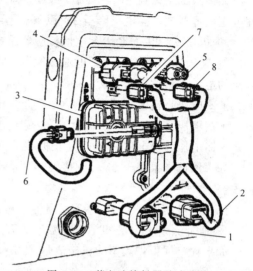

图 6-16　蓄电池接触器总成连接

1—X1 线束连接器；2—X2 线束连接器；3—X3 线束连接器；4—X4 线束连接器；5—X5 线束连接器；6—F118 混合动力蓄电池跨接连接器；7—X6 14V 电源模块跨接连接器；8—X7 蓄电池充电器跨接连接器

㉓ 确认 A28 混合动力蓄电池接触器总成的 X4 线束连接器 4 的电压已解除。使用数字式万用表，确认以下各点的电压测量值低于 3V。

• 高电压直流电（－360V）负极端子 B 至车辆底盘搭铁。

• 高电压直流电（＋360V）正极端子 A 至车辆底盘搭铁。

• 高电压直流电（＋360V）正极端子 A 和高电压直流电（－360V）负极端子 B。

如果测试结果高于 3V，则保持数字式万用表连接至端子直到电压降至 3V 以下，以使高电压电容器放电。电压降至 3V 以下后请继续下一步操作。

㉔ 断开 A28 混合动力蓄电池接触器总成的 X5 线束连接器 5。

㉕ 将 EL-50554-2 连接至 A28 混合动力蓄电池接触器总成。使用数字式万用表，确认以下各点的电压测量值低于 3V。

• 高电压直流电（－360V）负极端子 B 至车辆底盘搭铁。

• 高电压直流电（＋360V）正极端子 A 至车辆底盘搭铁。

• 高电压直流电（＋360V）正极端子 A 和高电压直流电（－360V）负极端子 B。

如果测试结果高于 3V，则接触器可能卡在闭合位置或 A4 蓄电池组总成内部存在隔离损失。

㉖ 确认 A28 混合动力蓄电池接触器总成线束的 X5 线束连接器 5 的电压已解除。使用数字式万用表，确认以下各点的电压测量值低于 3V。

• 高电压直流电（－360V）负极端子 B 至车辆底盘搭铁。

• 高电压直流电（＋360V）正极端子 A 至车辆底盘搭铁。

• 高电压直流电（＋360V）正极端子 A 和高电压直流电（－360V）负极端子 B。

如果测试结果高于 3V，则保持数字式万用表连接至端子直到电压降至 3V 以下，以使高电压电容器放电。电压降至 3V 以下后请继续下一步操作。

㉗ 断开 A28 混合动力蓄电池接触器总成的 X3 线束连接器 3。

㉘ 确认 A28 混合动力蓄电池接触器总成的电压已解除。使用数字式万用表，确认以下各点的电压测量值低于 3V。

• 高电压直流电（－360V）负极端子 B 至车辆底盘搭铁。

• 高电压直流电（＋360V）正极端子 A 至车辆底盘搭铁。

• 高电压直流电（＋360V）正极端子 A 和高电压直流电（－360V）负极端子 B。

如果测试结果高于 3V，则接触器可能卡在闭合位置或 A4 蓄电池组总成内部存在隔离损失。

注意：可使用一个 9V 直流蓄电池测试数字式万用表。

㉙ 通过测量 12V 蓄电池测试数字式万用表。

如果数字式万用表不能正确测量 12V 蓄电池，则维修或更换数字式万用表并重复所有的电压测量。

㉚ 如果所有测试结果均低于 3V，则可立刻对 A4 蓄电池组总成、360V 直流电源逆变器电缆或整车进行维修。

（2）维修 T6 电源逆变器模块总成或 T12 变速器

① 查阅高电压安全信息。

② 从 X98 混合动力蓄电池充电器插座上断开并拆下所有 12V 蓄电池充电器和交流充电电缆。

③ 从车辆上拆下所有遥控门锁发射器，并固定在车辆外的某个位置。

④ 尝试使用点火模式开关启动车辆。

如果车辆进入驱动系统启动模式或发动机启动，则定位并拆下车辆上的所有遥控门锁发射器并返回步骤③。

⑤ 断开 12V 蓄电池。注意：12V 蓄电池必须断开，以确保得到正确的测试结果。

⑥ 拆下 S15 手动维修断开杆。将手动维修断开杆放置在车外的一个安全位置。

⑦ 使用 UL®列出的或同等的最小额定电压为 600V 的绝缘胶带对暴露的高电压开口进行封盖。

⑧ 等待 5min，待高电压电容器放电后再继续操作。

⑨ 拆下 T6 电源逆变器模块盖。

注意：佩带高压绝缘手套直到确定暴露于高压中的风险不再存在。

⑩ 断开 T6 电源逆变器模块的 X3 线束连接器。

⑪ 通过测量 12V 蓄电池测试数字式万用表。

如果数字式万用表不能正确测量 12V 蓄电池，则维修或更换数字式万用表并重复所有的电压测量。

注意：拆下手动维修断开杆后，必须等待至少 5min，待高电压电容器放电后再继续操作，以确保得到正确的测试结果。

⑫ 确认 T6 电源逆变器模块的电压已解除。使用数字式万用表，确认以下各点的电压测量值低于 3V。

- 高电压直流电（−360V）负极端子 B 至车辆底盘搭铁。
- 高电压直流电（＋360V）正极端子 A 至车辆底盘搭铁。
- 高电压直流电（＋360V）正极端子 A 和高电压直流电（−360V）负极端子 B。

如果测试结果高于 3V，则保持数字式万用表连接至端子直到电压降至 3V 以下，以使高电压电容器放电。电压降至 3V 以下后请继续下一步操作。

⑬ 确认 T6 电源逆变器模块 X3 线束连接器的电压已解除。使用数字式万用表，确认以下各点的电压测量值低于 3V。

- 高电压直流电（−360V）负极端子 B 至车辆底盘搭铁。
- 高电压直流电（＋360V）正极端子 A 至车辆底盘搭铁。
- 高电压直流电（＋360V）正极端子 A 和高电压直流电（−360V）负极端子 B。

如果测试结果高于 3V，则接触器可能卡在闭合位置或 A4 蓄电池组总成内部存在隔离损失。

⑭ 断升 T6 电源逆变器模块的 X4 线束连接器。

⑮ 确认 T6 电源逆变器模块的电压已解除。使用数字式万用表，确认以下各点的电压测量值低于 3V。

- 高电压直流电（−360V）负极端子 B 至车辆底盘搭铁。
- 高电压直流电（＋360V）正极端子 A 至车辆底盘搭铁。
- 高电压直流电（＋360V）正极端子 A 和高电压直流电（−360V）负极端子 B。

如果测试结果高于 3V，则保持数字式万用表连接至端子直到电压降至 3V 以下，以使高电压电容器放电。电压降至 3V 以下后请继续下一步操作。

⑯ 确认 T6 电源逆变器模块 X4 线束连接器的电压已解除。使用数字式万用表，确认以下各点的电压测量值低于 3V。

- 高电压直流电（−360V）负极端子 B 至车辆底盘搭铁。
- 高电压直流电（＋360V）正极端子 A 至车辆底盘搭铁。
- 高电压直流电（＋360V）正极端子 A 和高电压直流电（−360V）负极端子 B。

如果测试结果高于 3V，则保持数字式万用表连接至端子直到电压降至 3V 以下，以使高电压电容器放电。电压降至 3V 以下后请继续下一步操作。

⑰ 通过测量 12V 蓄电池测试数字式万用表。

如果数字式万用表不能正确测量 12V 蓄电池，则维修或更换数字式万用表并重复所有的电压测量。

⑱ 如果所有测试结果均低于 3V，则可立刻维修 T6 电源逆变器模块总成或 T12 变速器。

（3）维修 K1-14 伏附件电源模块

① 查阅高电压安全信息。

② 从 X98 混合动力蓄电池充电器插座上断开并拆下所有 12V 蓄电池充电器和交流充电电缆。

③ 从车辆上拆下所有遥控门锁发射器，并固定在车辆外的某个位置。

④ 尝试使用点火模式开关启动车辆。

如果车辆进入驱动系统启动模式或发动机启动，则定位并拆下车辆上的所有遥控门锁发射器并返回步骤③。

⑤ 断开 12V 蓄电池。注意：12V 蓄电池必须断开，以确保得到正确的测试结果。

⑥ 拆下 S15 手动维修断开杆。将手动维修断开杆放置在车外的一个安全位置。

⑦ 使用 UL® 列出的或同等的最小额定电压为 600V 的绝缘胶带对暴露的高电压开口进行封盖。

⑧ 等待 5min，待高电压电容器放电后再继续操作。

注意：佩带高压绝缘手套直到确定暴露于高压中的风险不再存在。

⑨ 断开 K1 14V 附件电源模块 X1 线束连接器的 F117 线束连接器。

⑩ 断开 K1 14V 附件电源模块的 X1 线束连接器。

⑪ 通过测量 12V 蓄电池测试数字式万用表。

如果数字式万用表不能正确测量 12V 蓄电池，则维修或更换数字式万用表并重复所有的电压测量。

注意：拆下手动维修断开杆后，必须等待至少 5min，待高电压电容器放电后再继续操作，以确保得到正确的测试结果。

⑫ 确认 K1 14V 附件电源模块的电压已解除。使用数字式万用表，确认以下各点的电压测量值低于 3V。

- 高电压直流电（−360V）负极端子 B 至车辆底盘搭铁。
- 高电压直流电（＋360V）正极端子 A 至车辆底盘搭铁。
- 高电压直流电（＋360V）正极端子 A 和高电压直流电（−360V）负极端子 B。

如果测试结果高于 3V，则保持数字式万用表连接至端子直到电压降至 3V 以下，以使高电压电容器放电。电压降至 3V 以下后请继续下一步操作。

⑬ 确认 K1 14V 附件电源模块 X1 线束连接器的电压已解除。使用数字式万用表，确认以下各点的电压测量值低于 3V。

- 高电压直流电（−360V）负极端子 B 至车辆底盘搭铁。
- 高电压直流电（＋360V）正极端子 A 至车辆底盘搭铁。
- 高电压直流电（＋360V）正极端子 A 和高电压直流电（−360V）负极端子 B。

如果测试结果高于 3V，则接触器可能卡在闭合位置或 A4 蓄电池组总成内部存在隔离损失。

⑭ 通过测量 12V 蓄电池测试数字式万用表。

如果数字式万用表不能正确测量 12V 蓄电池，则维修或更换数字式万用表并重复所有的电压测量。

⑮ 如果所有测试结果均低于 3V，则可立刻维修 K1 14V 附件电源模块。

(4) 维修 T18 蓄电池充电器或 X98 混合动力/电动车辆蓄电池充电器插座

① 查阅高电压安全信息。

② 从 X98 混合动力蓄电池充电器插座上断开并拆下所有 12V 蓄电池充电器和交流充电电缆。

③ 从车辆上拆下所有遥控门锁发射器，并固定在车辆外的某个位置。

④ 尝试使用点火模式开关启动车辆。

如果车辆进入驱动系统启动模式或发动机启动，则定位并拆下车辆上的所有遥控门锁发射器并返回步骤③。

⑤ 断开 12V 蓄电池。注意：12V 蓄电池必须断开，以确保得到正确的测试结果。

⑥ 拆下 S15 手动维修断开杆。将手动维修断开杆放置在车外的一个安全位置。

⑦ 使用 UL® 列出的或同等的最小额定电压为 600V 的绝缘胶带对暴露的高电压开口进行封盖。

⑧ 等待 5min，待高电压电容器放电后再继续操作。

⑨ 拆下前轮罩前衬板。

⑩ 断开 T18 蓄电池充电器的 F120 线束连接器。

⑪ 断开 T18 蓄电池充电器的 X4 线束连接器。

⑫ 通过测量 12V 蓄电池测试数字式万用表。

如果数字式万用表不能正确测量 12V 蓄电池，则维修或更换数字式万用表并重复所有的电压测量。

注意：拆下手动维修断开杆后，必须等待至少 5min，待高电压电容器放电后再继续操作，以确保得到正确的测试结果。

⑬ 确认 T18 蓄电池充电器没有电压存在。使用数字式万用表，确认以下各点的电压测量值低于 3V。

- 高电压直流电（−360V）负极端子 B 至车辆底盘搭铁。
- 高电压直流电（＋360V）正极端子 A 至车辆底盘搭铁。
- 高电压直流电（＋360V）正极端子 A 和高电压直流电（−360V）负极端子 B。

如果测试结果高于 3V，则保持数字式万用表连接至端子直到电压降至 3V 以下，以使高电压电容器放电。电压降至 3V 以下后请继续下一步操作。

⑭ 确认 T18 蓄电池充电器 X4 线束连接器的电压已解除。使用数字式万用表，确认以下各点的电压测量值低于 3V。

- 高电压直流电（−360V）负极端子 B 至车辆底盘搭铁。
- 高电压直流电（＋360V）正极端子 A 至车辆底盘搭铁。
- 高电压直流电（＋360V）正极端子 A 和高电压直流电（−360V）负极端子 B。

如果测试结果高于 3V，则接触器可能卡在闭合位置或 A4 蓄电池组总成内部存在隔离损失。

⑮ 断开 T18 蓄电池充电器的 X3 线束连接器。

⑯ 确认 T18 蓄电池充电器没有电压存在。使用数字式万用表，确认以下各点的电压测量值低于 3V。

- 高电压交流电（−120/−240V）负极端子 B 至车辆底盘搭铁。
- 高电压交流电（＋120/＋240V）正极端子 A 至车辆底盘搭铁。
- 高电压交流电（＋120/＋240V）中性端子 C 至车辆底盘搭铁。
- 高电压交流电（＋120/＋240V）正极端子 A 和高电压交流电（−120/−240V）负极端子 B。
- 高电压交流电（＋120/＋240V）正极端子 A 和高电压交流电中性端子 C。
- 高电压交流电（＋120/＋240V）正极端子 B 和高电压交流电中性端子 C。

如果测试结果高于 3V，则保持数字式万用表连接至端子直到电压降至 3V 以下，以使高电压电容器放电。电压降至 3V 以下后请继续下一步操作。

⑰ 通过测量 12V 蓄电池测试数字式万用表。

如果数字式万用表不能正确测量 12V 蓄电池，则维修或更换数字式万用表并重复所有的电压测量。

⑱ 如果所有测试结果均低于3V，则可立刻维修T18蓄电池充电器控制模块或X98混合动力蓄电池充电器插座。

（5）维修G1空调压缩机

① 查阅高电压安全信息。

② 从X98混合动力蓄电池充电器插座上断开并拆下所有12V蓄电池充电器和交流充电电缆。

③ 从车辆上拆下所有遥控门锁发射器，并固定在车辆外的某个位置。

④ 尝试使用点火模式开关启动车辆。

如果车辆进入驱动系统启动模式或发动机启动，则定位并拆下车辆上的所有遥控门锁发射器并返回步骤③。

⑤ 断开12V蓄电池。注意：12V蓄电池必须断开，以确保得到正确的测试结果。

⑥ 拆下S15手动维修断开杆。将手动维修断开杆放置在车外的一个安全位置。

⑦ 使用UL®列出的或同等的最小额定电压为600V的绝缘胶带对暴露的高电压开口进行封盖。

⑧ 等待5min，待高电压电容器放电后再继续操作。

⑨ 拆下T6电源逆变器模块盖。

⑩ 断开T6电源逆变器模块的X3线束连接器。

⑪ 通过测量12V蓄电池测试数字式万用表。

如果数字式万用表不能正确测量12V蓄电池，则维修或更换数字式万用表并重复所有的电压测量。

注意：拆下手动维修断开杆后，必须等待至少5min，待高电压电容器放电后再继续操作，以确保得到正确的测试结果。

⑫ 确认T6电源逆变器模块的电压已解除。使用数字式万用表，确认以下各点的电压测量值低于3V。

- 高电压直流电（-360V）负极端子B至车辆底盘搭铁。
- 高电压直流电（+360V）正极端子A至车辆底盘搭铁。
- 高电压直流电（+360V）正极端子A和高电压直流电（-360V）负极端子B。

如果测试结果高于3V，则保持数字式万用表连接至端子直到电压降至3V以下，以使高电压电容器放电。电压降至3V以下后请继续下一步操作。

⑬ 确认T6电源逆变器模块X3线束连接器的电压已解除。使用数字式万用表，确认以下各点的电压测量值低于3V。

- 高电压直流电（-360V）负极端子B至车辆底盘搭铁。
- 高电压直流电（+360V）正极端子A至车辆底盘搭铁。
- 高电压直流电（+360V）正极端子A和高电压直流电（-360V）负极端子B。

如果测试结果高于3V，则接触器可能卡在闭合位置或A4蓄电池组总成内部存在隔离损失。

⑭ 断开T6电源逆变器模块的X4线束连接器。

⑮ 确认T6电源逆变器模块的电压已解除。使用数字式万用表，确认以下各点的电压测量值低于3V。

- 高电压直流电（−360V）负极端子 B 至车辆底盘搭铁。
- 高电压直流电（＋360V）正极端子 A 至车辆底盘搭铁。
- 高电压直流电（＋360V）正极端子 A 和高电压直流电（−360V）负极端子 B。

如果测试结果高于 3V，则保持数字式万用表连接至端子直到电压降至 3V 以下，以使高电压电容器放电。电压降至 3V 以下后请继续下一步操作。

⑯ 确认 T6 电源逆变器模块 X4 线束连接器的电压已解除。使用数字式万用表，确认以下各点的电压测量值低于 3V。

- 高电压直流电（−360V）负极端子 B 至车辆底盘搭铁。
- 高电压直流电（＋360V）正极端子 A 至车辆底盘搭铁。
- 高电压直流电（＋360V）正极端子 A 和高电压直流电（−360V）负极端子 B。

如果测试结果高于 3V，则保持数字式万用表连接至端子直到电压降至 3V 以下，以使高电压电容器放电。电压降至 3V 以下后请继续下一步操作。

⑰ 断开 G1 空调压缩机 X2 线束连接器的 F116 线束连接器。

⑱ 断开 G1 空调压缩机的 X2 线束连接器。

⑲ 确认 G1 空调压缩机的电压已解除。使用数字式万用表，确认以下各点的电压测量值低于 3V。

- 高电压直流电（−360V）负极端子 B 至车辆底盘搭铁。
- 高电压直流电（＋360V）正极端子 A 至车辆底盘搭铁。
- 高电压直流电（＋360V）正极端子 A 和高电压直流电（−360V）负极端子 B。

如果测试结果高于 3V，则保持数字式万用表连接至端子直到电压降至 3V 以下，以使高电压电容器放电。电压降至 3V 以下后请继续下一步操作。

⑳ 通过测量 12V 蓄电池测试数字式万用表。

如果数字式万用表不能正确测量 12V 蓄电池，则维修或更换数字式万用表并重复所有的电压测量。

㉑ 如果所有测试结果均低于 3V，则可立刻维修 G1 空调压缩机。

（6）维修 K10 冷却液加热器控制模块

① 查阅高电压安全信息。

② 从 X98 混合动力蓄电池充电器插座上断开并拆下所有 12V 蓄电池充电器和交流充电电缆。

③ 从车辆上拆下所有遥控门锁发射器，并固定在车辆外的某个位置。

④ 尝试使用点火模式开关启动车辆。

如果车辆进入驱动系统启动模式或发动机启动，则定位并拆下车辆上的所有遥控门锁发射器并返回步骤③。

⑤ 断开 12V 蓄电池。注意：12V 蓄电池必须断开，以确保正确的测试结果。

⑥ 拆下 S15 手动维修断开杆。将手动维修断开杆放置在车外的一个安全位置。

⑦ 使用 UL® 列出的或同等的最小额定电压为 600V 的绝缘胶带对暴露的高电压开口进行封盖。

⑧ 等待 5min，待高电压电容器放电后再继续操作。

⑨ 拆下牵引功率逆变器模块盖。

⑩ 断开 T6 电源逆变器模块的 X3 线束连接器。

⑪ 通过测量 12V 蓄电池测试数字式万用表。

如果数字式万用表不能正确测量 12V 蓄电池，则维修或更换数字式万用表并重复所有的电压测量。

注意：拆下手动维修断开杆后，必须等待至少 5min，待高电压电容器放电后再继续操作，以确保得到正确的测试结果。

⑫ 确认 T6 电源逆变器模块的电压已解除。使用数字式万用表，确认以下各点的电压测量值低于 3V。

- 高电压直流电（－360V）负极端子 B 至车辆底盘搭铁。
- 高电压直流电（＋360V）正极端子 A 至车辆底盘搭铁。
- 高电压直流电（＋360V）正极端子 A 和高电压直流电（－360V）负极端子 B。

如果测试结果高于 3V，则保持数字式万用表连接至端子直到电压降至 3V 以下，以使高电压电容器放电。电压降至 3V 以下后请继续下一步操作。

⑬ 确认 T6 电源逆变器模块 X3 线束连接器的电压已解除。使用数字式万用表，确认以下各点的电压测量值低于 3V。

- 高电压直流电（－360V）负极端子 B 至车辆底盘搭铁。
- 高电压直流电（＋360V）正极端子 A 至车辆底盘搭铁。
- 高电压直流电（＋360V）正极端子 A 和高电压直流电（－360V）负极端子 B。

如果测试结果高于 3V，则接触器可能卡在闭合位置或 A4 蓄电池组总成内部存在隔离损失。

⑭ 断开 T6 电源逆变器模块的 X4 线束连接器。

⑮ 确认 T6 电源逆变器模块的电压已解除。使用数字式万用表，确认以下各点的电压测量值低于 3V。

- 高电压直流电（－360V）负极端子 B 至车辆底盘搭铁。
- 高电压直流电（＋360V）正极端子 A 至车辆底盘搭铁。
- 高电压直流电（＋360V）正极端子 A 和高电压直流电（－360V）负极端子 B。

如果测试结果高于 3V，则保持数字式万用表连接至端子直到电压降至 3V 以下，以使高电压电容器放电。电压降至 3V 以下后请继续下一步操作。

⑯ 确认 T6 电源逆变器模块 X4 线束连接器的电压已解除。使用数字式万用表，确认以下各点的电压测量值低于 3V。

- 高电压直流电（－360V）负极端子 B 至车辆底盘搭铁。
- 高电压直流电（＋360V）正极端子 A 至车辆底盘搭铁。
- 高电压直流电（＋360V）正极端子 A 和高电压直流电（－360V）负极端子 B。

如果测试结果高于 3V，则保持数字式万用表连接至端子直到电压降至 3V 以下，以使高电压电容器放电。电压降至 3V 以下后请继续下一步操作。

⑰ 断开 K10 冷却液加热器控制模块 X2 线束连接器的 F119 线束连接器。

⑱ 断开 K10 冷却液加热器控制模块的 X2 线束连接器。

⑲ 确认 K10 冷却液加热器控制模块的电压已解除。使用数字式万用表，确认以下各点的电压测量值低于 3V。

- 高电压直流电（－360V）负极端子 B 至车辆底盘搭铁。
- 高电压直流电（＋360V）正极端子 A 至车辆底盘搭铁。

- 高电压直流电（+360V）正极端子 A 和高电压直流电（-360V）负极端子 B。

如果测试结果高于 3V，则保持数字式万用表连接至端子直到电压降至 3V 以下，以使高电压电容器放电。电压降至 3V 以下后请继续下一步操作。

⑳ 通过测量 12V 蓄电池测试数字式万用表。

如果数字式万用表不能正确测量 12V 蓄电池，则维修或更换数字式万用表并重复所有的电压测量。

㉑ 如果所有测试结果均低于 3V，则可立刻维修 K10 冷却液加热器控制模块。

6.2.3　雪佛兰 VOLT 高压启用

① 确保 12V 蓄电池被断开。注意始终紧固高压紧固件至规定扭矩。扭矩不足或扭矩过大将导致故障或损坏。

② 在完成高压系统维修后，且在高压手动断开杆安装之前，检查以下内容。

- 确认所有工具或松动部件已被取下。
- 确认高压系统的完好性以及所有连接器均以安装。

确认所有高电压互锁电路连接器和盖已安装。

安装所有诊断时拆下或更换的部件或连接器。

③ 安装 S15 混合动力/电动车辆蓄电池组高压手动断开杆。

④ 连接 12V 蓄电池。

⑤ 车辆处于维修模式时，如果更换了 A4 混合动力/电动车辆蓄电池组、K16 蓄电池能量控制模块或任何混合动力/电动车辆蓄电池接口控制模块，则编程 K16 蓄电池能量控制模块和混合动力/电动车辆蓄电池接口控制模块。

⑥ 发动机舱盖打开，启动发动机，然后将车辆熄火。

⑦ 车辆处于维修模式时，使用故障诊断仪执行驾驶员车窗快速读入并清除所有故障诊断码信息。

⑧ 车辆熄火，且所有车辆系统关闭。所有车辆系统的关闭可能需要长达 2min 时间。

⑨ 车辆处于维修模式时，使用故障诊断仪确认未设置故障诊断码。如果设置了故障诊断码，则转至相应的故障诊断码信息。

⑩ 启动发动机并使其怠速 2min。

⑪ 车辆熄火并等待 5min。

⑫ 车辆处于维修模式时，使用故障诊断仪确认 T6 牵引功率逆变器模块和 K114B 混合动力/电动车辆动力系统控制模块 2 故障诊断码信息，即以下故障诊断码自代码清除后已运行且未设置。

- 电机位置传感器读入 DTC P0C17 和 P0C18。
- 接触器 DTC P0AD9、P0ADD、P0D0A、P0D11、P0AE4 和 P1EBC。
- 放电和预充电 DTC P0C76、P0C77、P0C78 和 P0AFB。
- 高电压隔离损失 DTC P0AA6、P1AE6 和 P1F0E。

如果故障诊断码已运行并通过，则进行车辆路试并确认无故障诊断码设置。

如果设置了故障诊断码，则转至相应的故障诊断码信息。

如果故障诊断码自代码清除后未运行，则根据相应的故障诊断码运行条件查看并操作车辆，确保故障诊断码运行并通过。

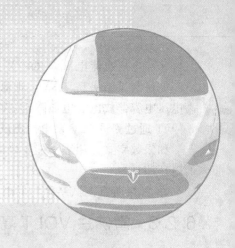

第7章
电动汽车低压系统

7.1 系统结构与原理

7.1.1 荣威 E50 低电压系统

　　车辆在前舱的左侧配置有 12V 免维护铅酸蓄电池，蓄电池托盘支架总成固定在车身托架上，有蓄电池隔热罩覆盖。蓄电池隔热罩保护蓄电池免受驱动电机热辐射以延长蓄电池寿命。蓄电池电极是使用夹具式连接的柱式类型。低压蓄电池安装位置见图 7-1。

　　PMU 用胶带捆绑固定在蓄电池负极电缆上，控制模块本身包含电压、电流、温度传感器，这些传感器用来采集蓄电池的工作状态。电源管理单元端子分布如图 7-2 所示。

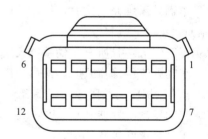

图 7-2　PMU 端子

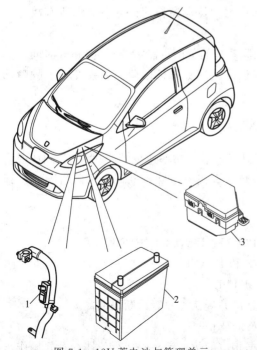

图 7-1　12V 蓄电池与管理单元

1—电源管理单元（PMU）；2—蓄电池；3—发动机舱熔丝盒

针脚号	描述
1	电源管理单元模块供电（B+）
2	—
3	慢充充电信号
4	蓄电池电压读取（-）
5	电源管理单元模块接地（GND）
6	—
7	蓄电池电压读取（+）
8	点火开关位置信号（IGN）
9	点火开关位置信号（ST）
10	点火开关位置信号（ACC）
11	高速 CAN1 低电平（CAN1-L）
12	高速 CAN1 高电平（CAN1-H）

低压电池与管理单元原理如图 7-3 所示。图 7-4 为其电路简图。

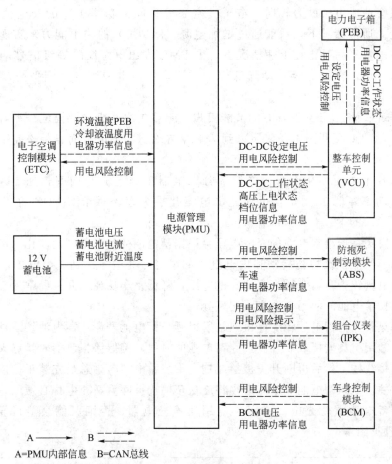

A→B 表示 A=PMU内部信息 B=CAN总线

图 7-3 低压电池与管理控制系统电路

通过传感器采集蓄电池电压、电流、温度信息，对蓄电池状态进行计算，并且获得整车的用电器工作状态和 DC/DC 工作状态，实现整车供电系统对蓄电池的动态电量平衡、节能模式、智能充电等功能。PMU 组成如图 7-5 所示。

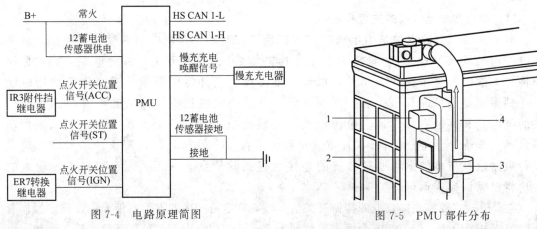

图 7-4 电路原理简图

图 7-5 PMU 部件分布

1—内部电压传感器；2—内部温度传感器；3—霍尔电流传感器；4—蓄电池电流（负极线缆）

如果用电器全开，则蓄电池会不断放电，导致蓄电池亏电，下次无法启动。针对电动汽车，更加会造成电子助力转向，电子真空泵等瞬间大功率工作的安全性电器无法得到稳定的供电。通常情况下，只能通过增加电源（DC-DC）的输出能力来实现供电和用电的平衡。动态电量平衡是指在上述情况下，由PMU发出电源风险等级信号，部分舒适性用电器收到信号后，根据等级自动降低部分功率，使供电和用电达到平衡，实现动态的电量平衡。

对于纯电动车而言，PMU具有的节能模式，能够在蓄电池电量较足、不需要继续充电的情况下，将DC-DC的供电电压降下来到达13V左右（对蓄电池而言是略高于满电状态时的电压）。

降低整车供电电压，从而可以降低部分用电器工作电流和功率，如14.5V100A变成13V95A，功率降低15%，蓄电池充电电流几乎为零，对于DC-DC而言，供电的功率降低。

智能充电模式是指给蓄电池的充电电压会根据蓄电池的状态不同而变化。例如蓄电池电量较低时，为了保证下次顺利启动和供电电压的平稳，会适当提到充电电压，加快充电进行；在蓄电池电量较高时，会适当降低充电电压，降低整车功耗，并且经常处于小电流充电状态，对于延长蓄电池的使用寿命有一定好处。

蓄电池隔热罩保护蓄电池免受电机热辐射以延长蓄电池寿命。蓄电池接线柱与特殊电缆连接器连接，须用工具连接或断开。拆除蓄电池的时候，确保警报已消除且点火器关闭。总是先断开负极接线柱，然后再断开正极接线柱。重装蓄电池时，总是先装正极接线柱，然后再装负极接线柱。如果蓄电池亏电，必须将之从车辆上拆除重新充电！必须用一个充电器在恒定电流下使蓄电池重新充电。一定不能用快速充电器，否则可能会造成蓄电池损坏。PMU充电原理见图7-6。

图7-6　PMU运作流程

7.1.2　雪佛兰 VOLT 电源模式

(1) 串行数据电源模式主控模块

本车许多电路的电源是由电源模式主控模块控制的。车辆的电源模式主控模块就是车身控制模块（BCM）。电源按钮开关是小电流按压式按钮开关，并向电源模式主控模块传送离散的电源按钮开关信号，以确定电源模式，并将电源模式通过串行数据电路发送到需要此信息的其他模块。根据需要，电源模式主控模块将启动电源模式主控模块的继电器和其他直接输出。电源模式主控模块决定所需的电源模式（车辆熄火、车辆启动、车辆处于维修模式），且将信息经由串行数据发送到其他模块。如果电源模式串行数据信息与单独模块通过自身的连接所得到的信息不一致，那么切换电压输入的模块将以默认模式运行。

电源模式主控模块接收电源按钮开关信号和在规定范围内的发射器信号，以确定操作者所期望的电源模式。以下的电源模式参数列表显示了相应点火开关位置下这些输入参数（电路）的正确状态和发射器至车辆的范围。

（2）电源模式参数

电源模式	发送的电源模式	点火开关按钮（电源按钮开关电路输入至车身控制模块）	点火开关按钮电压点火开关按钮电压输入至车身控制模块	钥匙插入锁芯开关/车内的遥控门锁发射器（在规定范围内发射器至车身控制模块信号）
在规定范围内的发射器	车辆熄火	未启动	9V	是
在规定范围外的发射器	车辆熄火	未启动	9V	否
车辆启动电源模式、然后按下电源按钮开关（脚踩上和离开制动踏板）；发射器在车辆内	车辆熄火	启动（推下）/未启动（未推下）	6V（按下）	是
车辆熄火电源模式、然后按下电源按钮开关，脚踩在制动踏板上；发射器在车辆内	车辆启动	启动（推下）/未启动（未推下）	6V（按下）	是
车辆熄火电源模式、然后按住电源按钮开关5s，脚离开制动踏板；发射器在车辆内	车辆处于维修模式	启动（推下）/未启动（未推下）	6V（按下）	是

（3）继电器控制的电源模式

车身控制模块利用离散电源按钮开关输入、在规定范围状态内的发射器和制动踏板位置状态辨别正确的电源模式（车辆熄火、车辆启动和车辆处于维修模式）。在确定所期望的电源模式后，车身控制模块将为该电源模式启动相应的继电器，并以串行数据信息向其他模块发送电源模式信息。

电源模式转至车辆熄火后，保持型附件电源继电器将再通电保持一段时间。

（4）按压式按钮启动

本车装有电子按钮启动开关。电源按钮开关装有两个蓝色LED，一个用作背景灯，另一个用于指示车辆启动模式或车辆处于维修模式。当驾驶员车门打开且车辆未启动时，电源按钮开关灯闪烁。闪烁的灯将最终暂停。当车辆启动或车辆处于维修模式时，电源按钮开关灯将稳定点亮。当车辆熄火时，电源按钮开关灯将熄灭。

（5）车辆启动

此位置用于驾驶或启动。车辆启动模式用于电子驱动系统和汽油发动机上的维修（包括保养和润滑）和诊断。当车辆熄火且踩下制动踏板时，按一次电源按钮开关，将车辆置于车辆启动模式。当准备驱动车辆时，组合仪表显示启用的燃油表或蓄电池表，以及音频启动信号。在极冷环境下可能需花15s。必要时将仅启动汽油发动机。如果车辆未启动，则组合仪表将显示带未启用的燃油表和蓄电池表界面。在此电源模式中电子驱动系统启动。当处于此电源模式时，如果打开发动机舱盖，汽油发动机将启动。当处于此电源模式时，车辆可充电。

（6）车辆处于维修模式

当将车辆置于车辆处于维修模式后，充电电缆连接至车辆，车辆将不充电。要对车辆充电，请在进入车辆处于维修模式前将充电电缆连接至车辆。

此电源模式可用于维修和诊断，且可能出于排放检查目的，要求用于确认故障指示灯的正确运行。对于用车辆处于维修模式进行的维修和诊断，其项目不要求启动电子驱动系统或运行汽油发动机。当车辆熄火且未踩下制动踏板时，按住电源按钮开关超过5s，将使车辆置于车辆处于维修模式。组合仪表和音频系统将像在车辆启动模式下一样运行，但不能驱动车辆。在此电源模式中电子驱动系统未启动。当处于此电源模式时，如果打开发动机舱盖，则汽油发动机将不启动。

（7）车辆熄火

要使车辆熄火，在车辆处于驻车挡时按下电源按钮开关。保持型附件电源（RAP）将保持启用直至驾驶员车门被打开。当车辆熄火时，如果车辆未处于驻车挡，则驾驶员信息中心（DIC）将显示"SHIFT TO PARK（切换至驻车挡）"信息。在此电源模式中电子驱动系统未启动。当处于此电源模式时，如果打开发动机舱盖，则汽油发动机将不启动。当处于此电源模式时，车辆可充电。

（8）蓄电池节电模式

在对外运输或车辆储存状况下，蓄电池节电模式减少了一些模块的寄生负载。在蓄电池没有耗尽时，这将提高蓄电池的耗时达到70天。当车辆在运输/存储时，由于蓄电池节电模式，一些性能的功能性将降低，比如禁用遥控功能执行器或安全防盗功能。

当从点火开关电源或记忆电源上断开一些模块时，蓄电池节电模式会结合一个锁止继电器。蓄电池节电模式通过打开危险警告闪光灯，将车辆置于车辆处于维修模式，然后按下电源按钮开关持续15s以上来初始化。这个模式通过重复之前使继电器锁止在另一个方向的程序来禁用。一旦为车辆处于维修模式且危险警告闪光灯点亮，则按下电源按钮开关超过15s将在其他方向上以锁止继电器。车辆经过长时间储存后，此功能可在需要时多次使用。

（9）车身控制模块唤醒/睡眠状态

车身控制模块在唤醒状态下能够控制或者运行所有的车身控制模块功能。当系统功能的启动控制或者正常监视停止一段时间后，车身控制模块进入睡眠状态。车身控制模块必须检测到某个唤醒输入信号，才会进入唤醒状态。睡眠状态时车身控制模块监视这些输入。

如果检测到以下任何唤醒输入，车身控制模块将进入唤醒状态。

- 串行数据线路（包括唤醒电路）上的活动。
- 蓄电池重新连接。
- 任一车门打开信号。
- 前大灯点亮。
- 车辆启动。
- 车辆处于维修模式。
- 驻车灯点亮。
- 遥控车门或者遥控启动信息。

当以下所有情况都存在时，车身控制模块将进入睡眠状态。

- 车辆熄火，发射器超出范围。
- 串行数据线路（包括唤醒电路）上无活动。
- 没有发出输出指令。
- 无延迟计时器进行活动计数。
- 未出现唤醒输入。

如果满足所有这些条件，则车身控制模块将进入低功率或睡眠状态。

串行数据唤醒电路上的控制模块基于电路的电压水平启用或停用通信。

7.1.3 雪佛兰 VOLT 保持型附件电源

车身控制模块（BCM）监视车辆电源模式、蓄电池状况和每个车门未关/打开开关状态，以确定是否应启动或终止保持型附件电源。保持型附件电源通过两种不同的方法控制：继电器控制和串行数据控制。一些模块通过串行数据电路从车身控制模块收到保持型附件电源信息。如有必要，则通过模块保持型附件电源电源模式操作关闭串行数据控制的保持型附件电源。其他子系统通过继电器直接由车身控制模块启动。只要车辆电源模式不为车辆熄火，则无论车门开关信号如何，由保持型附件电源启动的部件和系统在任何时候都能够启动。

（1）继电器控制的保持型附件电源

除了车辆熄火电源模式，车身控制模块在所有其他电源模式下均保持继电器通电。在所有车门关闭的情况下，切换至车辆熄火状态且使发射器超出规定范围后，继电器还能再通电约 10min。

当满足以下条件之一时，继电器控制的保持型附件电源将终止。

在进入车辆熄火状态且发射器超出规定范围之后，车身控制模块从任何车门未关或打开开关接收到指示任何车门打开的输入。

如果进入车辆熄火状态且发射器超出规定范围时，车身控制模块从这些开关收到任何车门未关或打开信号，保持型附件电源将不开始。

- 车身控制模块内部的保持型附件电源计时器计时约 10min。
- 车身控制模块检测到蓄电池容量降低至规定的极限以下。

在保持型附件电源模式下，附件继电器供电的系统如下。

- 中央控制台储物箱附件电源插座。
- 点烟器。

（2）串行数据控制的保持型附件电源

串行数据控制的保持型附件电源系统如下：收音机。

收音机保持型附件电源启动/终止与继电器的操作相同，只有一个例外：保持型附件电源工作时，关闭收音机的唯一车门开关是驾驶员车门开启开关。

7.1.4 雪佛兰 VOLT 附件直流电源控制模块

14V 电源模块（又称附件直流电源控制模块）位于后备厢中的地板储物箱装饰板下。它用四个紧固件固定至底盘并连接至一个塑料冷却管。14V 电源模块具有一根高电压引线，该引线穿过后备厢地板并连接至一根来自混合动力蓄电池组的高电压电缆。连接至 14V 电源模块的还有 12V 电缆的正负极，以及串行数据的信号连接器。

14V 电源模块是一个电子装置，用于替代传统车辆上的发电机。在混合动力或电动车辆上，14V 电源模块将高电压（300V）直流电（DC）转换为低电压（12V）直流电，为附件电气运行供电，并为 12V 蓄电池充电。

当车辆处于正常行驶周期时，14V 电源模块通常仅提供 12V 直流电。但是，当车辆正通过标准的墙壁插座充电时，则需要运行 14V 电源模块以维持 12V 蓄电池。

14V 电源模块能提供电流高达 180A 的 12V 直流电。

14V 电源模块在通电和运行期间会进行内部测试。所有来自 14V 电源模块的故障诊断码将报告至混合动力系统控制模块，并由其控制。14V 电源模块仅通过串行数据与混合动力系统控制模块通信。

14V 电源模块的输入包括高电压和 12V 电路。14V 电源模块还有两个 12V 离散输入信号，即附件和运行/启动，它们中的任何一个都必须为高电平才能将其唤醒。14V 电源模块连接至动力系统扩展通信电路，并与混合动力系统控制模块进行通信。14V 电源模块监测各种内部部件的电流、电压和温度。14V 电源模块将不会开始供应 12V 直流电，除非：

- Accessory 输入信号或者 Run/Crank 输入信号为高。
- 相应串行数据启用信号由混合动力系统控制模块发送。

只有收到来自混合动力系统控制模块的相应串行数据启用信号后，14V 电源模块才开始转换电压。

14V 电源模块唯一支持的输出信号为串行数据通信信号以及给车辆 12V 部件供电并给 12V 蓄电池充电的 12V 直流电。混合动力/电动车辆上的低电压 12V 电缆不要求特殊的颜色或维修程序。

7.2 低压系统电池

7.2.1 比亚迪秦铁电池

铁电池是启动型铁电池及电池管理器（BMS）的简称。铁电池功能如下。

对于电气系统来说，在未进入过放保护或者超低功耗情况下，铁电池都是电气设备的常电供给电源。

当需要起动机工作时，铁电池电压会被拖低，为避免影响到整车供电电压正常，需要临时切断 DC-DC 给铁电池充电回路；此时 DC-DC 单供整车用电设备用电，而铁电池则单独供起动机用电，两放电回路互不影响；最后发动机启动工作后重新接通充电回路，回到最初状态。

当发电机和 DC-DC 输出不足时，由铁电池辅助向用电设备供电。

铁电池还可以吸收电路中的瞬时过电压，保持汽车电器系统电压的稳定，保护电子元件。

铁电池有电压、电流和温度监测功能，存在异常状态会触发故障报警功能，当铁电池故障报警时，仪表上故障指示灯点亮（常亮），同时显示"请检查低压电池系统"。

满足智能充电整车条件，当铁电池电量偏低时，控制智能充电继电器吸合并同时发出智能充电请求给动力电池 BMS，动力电池 BMS 监测条件满足智能充电允许后，控制高压配电箱主吸合器工作并通过 DC-DC 放电给铁电池充电；启动铁电池 BMS 监测进行智能充电模式后发送状态报文给仪表做相应提醒，满足退出条件时启动铁电池将做相应控制策略退出此模式；其中若动力电池 BMS 监测不允许放电，则启动铁电池 BMS 将智能启动发动机命令发送给 BCM 和驱动电机控制器，整车满足相应条件后 BCM 工作进行配电，驱动电机控制器将命令 ECM 启动发动机，发电机工作后计时给启动铁电池充电；驱动电机收到启动铁电池 BMS 智能充电命令，将在发动机带动下启动给动力电池进行补充电量，接收到动力电池电量满足要求时结束此智能充电过程。

7.2.2 比亚迪唐低压铁电池

（1）铁电池功能与作用

低压铁电池作为整车电子设备低压电的来源。为保证整车低压系统的正常运行，整车设计应尽量保证低压铁电池不会亏电，故在传统的设计上增加了智能充电系统，保证低压铁电池不会亏电。低压 BMS 插件实物如图 7-7 所示。

图 7-7　低压 BMS 插件

唐车型具有智能充电功能，长时间停放时，无需断开低压蓄电池负极。当低压电池管理器检测到启动电池电量过低时（最低单节电池电压低于 3.2V，SOC40％），可以通过动力电池或启动发动机给启动电池充电。

一般情况下，主要通过动力电池给启动电池充电，因此长时间放置后再次启动时，SOC 会下降。当动力电池电量不足时，会自动启动发动机给启动电池充电，每次充电时间为 30min。

智能充电启动的前提是前后机舱盖关闭，且发动机启动充电要求车辆处于低功耗状态（如防盗状态）。

车辆在长时间放置过程中，可能会出现发动机自动启动的现象，建议长时间停放车辆时，不要置于密闭环境中，因为尾气排放会降低空气质量。

（2）低压 BMS 端子说明

低压 BMS 插件针脚分布如图 7-8 所示。

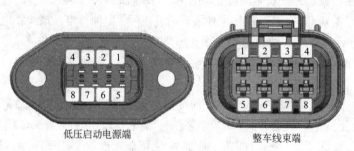

低压启动电源端　　　　　整车线束端

图 7-8　低压 BMS 插件针脚

1—B-CAN-H（250k）；2,7—未占用；3—B-CAN-L（250k）；4—GND；
5—ON 挡硬线信号检测；6—低功耗唤醒机械开关；8—OFF 挡充电控制

① K68-6 针脚。低功耗唤醒功能；低压电池处于休眠状态，通过左前门微动开关拉低唤醒。

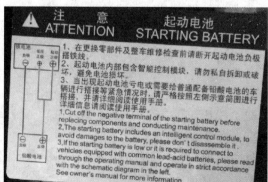

图 7-9　铁电池搭接充电说明

② K68-8 针脚。OFF 挡充电控制；低压电池电压较低，启动智能充电，低压 BMS 拉低 8 号针脚，控制双路电，同时通过 CAN 线发送低压充电请求命令，DC-DC 工作输出低压电，为低压电池充电。

（3）低压铁电池搭接及充电方法

① 低压铁电池救援搭接方法。搭接充电方法如标签说明和图示所述操作，见图 7-9。

② 低压铁电池充电方法。

连接方式：通过正极启动端和负极端跟外接充电设备连接，注意固定拧紧螺钉或其他紧固件。

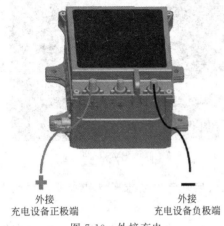

+
外接
充电设备正极端

−
外接
充电设备负极端

图 7-10　外接充电

充电设备：恒流恒压源/充电柜等。

限制电压：13.8V/13.6V。

限制电流：20A。

a. 如果低压回路处于休眠状态，则需要将低压极柱和启动极柱短接一下，低压回路即可恢复。连接方法见图 7-10。

b. 请勿从低压正极柱连接充电，因为只有正极启动极柱才有过充保护。

c. 切勿对电池串联（24V）充电（两个或者多个串联充电都不行）。

(4) 常见故障处理

① 整车无法上电（蓄电池亏电）。

a. 首先尝试按左前门微动开关唤醒铁电池。

• 若能唤醒，则为蓄电池进入休眠状态；唤醒后应尽快打着车辆，给启动铁电池充电，怠速或者行车充电时间在半小时以上。

• 若不能唤醒，则用万用表测量蓄电池电压。若发现启动极柱电压正常、中间极柱异常，则为蓄电池故障（压差 0.4V）；若两极柱均异常，则可能为蓄电池亏电，请将蓄电池外接充电。

b. 整车上电后观察仪表动力电池电量。

• 若电量较高，则将前后舱盖关闭，整车会启动（对蓄电池）智能充电（低电量会启动发动机充电）。

• 若为异常掉电，则需进一步查明，详细见以下"智能充电故障"故障码解析。

• 若为偶发性掉电，针对出现 DC 偶发性异常导致掉电，检查 DC 模块是否异常，若 DC 在上电时"系统无应答"则可能为 DC 偶发性异常，读取 DC 程序版本若为旧版本则对其更新最新版的 DC 程序；若 DC 程序为最新版本，报"降压时硬件故障"且数据流显示有异常，则为 DC 故障。

② 仪表周期性提示"低压电池电量低，进入智能充电模式"。

a. 用诊断仪读取低压 BMS 中单节电压数据。

b. 若发现某一节电压相对于其他单节严重偏低，智能充电启动后对其充电到电压正常再放电监测其电压值又迅速下降，则可判定为蓄电池问题。

③ 若出现以下故障码，则进行以下判断。

a. 整车上 ON 挡电，诊断仪无法读取低压电池管理器，显示"系统无应答"，排除低压 BMS 电源和 CAN 线后，可判定为低压 BMS 故障，需更换蓄电池。

b. 若诊断仪读取低压电池管理系统故障，报"B1FB500：电源温度过高故障"，则读取数据流中蓄电池温度，若异常（高于 85℃）则需更换蓄电池。

c. 若诊断仪读取低压电池管理系统故障，报"B1FB700：智能充电故障"，则可能为低压 BMS、DC-DC、高压 BMS 故障，需进一步查明。

• 测量低压 BMS 通信和接地是否正常。测蓄电池低压接插件 k68-4 对地电阻是否小于

1Ω；测 K68-1、k68-3（CAN-H、CAN-L）电压是否正常，若异常则可能为低压 BMS 模块通信故障。

- 若低压 BMS 正常，则转查动力电池 BMS 通信是否异常，步骤同上。

- 若高压 BMS 正常，则转查 DC 低压输出是否正常检查 DC。整车上 OK 挡电，诊断仪进入 DC 模块读取故障码和数据流看是否有异常（若低压侧电压 13.8V 正常则可用万用表测蓄电池中间极柱），若数据流异常且报"降压时硬件故障"则很可能为 DC 故障。

d. 若诊断仪读取低压电池管理系统故障报"BMS 与高压电池管理器失去通信""BMS 与仪表失去通信""BMS 与 BCM 失去通信""BMS 与 ECM 失去通信""BMS 与驱动电机失去通信"故障码，则采取以下措施。

- 先退电清除故障码看故障是否重现，若不重现则为历史故障码，不影响整车行驶。

- 若重现则需进一步查明。检查与其报通信故障的相关模块常电、搭铁及通信是否异常，若异常则为该模块故障导致；同理查其他故障码相关模块。

（5）诊断数据流

低压电池管理系统（LBMS）数据流分析见图 7-11、图 7-12。

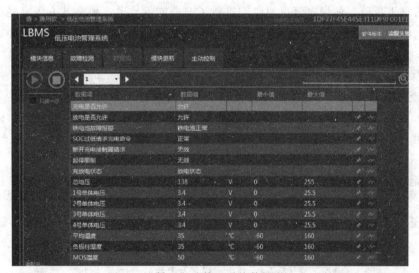

图 7-11 低压电池管理系统数据流（一）

图 7-12 低压电池管理系统数据流（二）

7.2.3 赛欧 EV 12V 蓄电池的放电与充电

专用工具：EL 50313 Midtronics GR8 蓄电池测试仪。

本车配备了一个吸附式玻璃垫蓄电池。这种类型的蓄电池所需的充电和测试参数与更为普通的常规富液式铅酸蓄电池有所不同。任何时候执行充电和/或测试时，都必须对充电/测试设备进行设置，否则可能对蓄电池造成永久性损坏。

充电操作区应通风良好。不要对冰冻的蓄电池进行充电。充电前使蓄电池恢复到室温并使用 EL50313 进行测试。对于本车配备的吸附式玻璃垫蓄电池，最大容许电压为 14.8V（在室温下）。

仅在蓄电池闲置 24h 后，测试其电压确定蓄电池充电状态是准确的。这样就有足够的时间使每个电池中的酸达到平衡。如果蓄电池在过去的 24h 内进行了充电或放电，则蓄电池充电状态将仅为估计状态。

免维护式蓄电池的充电状态是根据蓄电池端子之间的电压读数来判断的。因为蓄电池的电流流入或流出影响其电压，所以在检查电压时，发动机必须停止并且所有的电气负载必须关闭，包括寄生负载。如果对蓄电池刚刚进行了充电或者放电，那么其电压将受到影响，所以考虑测试前一段时间内对蓄电池进行了什么操作是很重要的。使用以下程序确定蓄电池的充电状态。

① 确保关闭了所有的电气负载。

② 检查在过去的 12h 内，蓄电池是否在车辆上使用过或者被充电。

如果回答为"否"，那么端子电压将是稳定的，在读取电压值之前也不必进行任何操作。跳至步骤③。如果回答为"是"，那么端子电压不稳定，应从蓄电池上次使用时算起，等待 12h。

③ 确定在过去 12h 中蓄电池暴露的平均温度，以估计蓄电池的温度。仅在蓄电池闲置12h 后，该表精度才为 10%。

④ 测量蓄电池端子处的蓄电池电压。根据估计的蓄电池温度，参见表 7-1 以确定充电状态。

表 7-1 蓄电池温度及充电状态

蓄电池电压/V	充电状态，在 0℃（32℉）时/%	充电状态，在 25℃（75℉）时/%
12.75	100	100
12.7	100	90
12.6	90	75
12.45	75	65
12.2	65	45
12.0	40	20

参考如下充电状态信息。

在返回维修或者继续存放前，如果蓄电池充电状态低于 65%，则必须重新充电。如果蓄电池的充电状态大于等于 65%，通常认为充电足够，可以返回进行正常的维修或者存放。然而，如果蓄电池用于交通阻塞慢速行驶或较短的行车时间，或者如果温度太高或太低，则在返回正常的维修或者保存前，蓄电池必须满充（至少充到 90%）。

蓄电池所需的充电时间根据以下因素而变化。

① 蓄电池充电器容量。蓄电池充电器电流越高，所需的充电时间越短。

② 蓄电池充电状态。完全放电蓄电池所需充电时间为半充电蓄电池所需充电时间的 2 倍以上。蓄电池放电后，若电压低于 11V，则内部电阻很大，充电开始时只能接受较低的电流。然后，随着充电电流使电解液含酸量增加，充电电流将随之增加。蓄电池过度放电将不能激活某些充电器的逆压保护。有关如何操作该电路的信息，请参见制造商的说明。

③ 蓄电池温度。蓄电池温度越低，蓄电池重新充电所需的时间越长。冷的蓄电池刚开始接受的充电电流非常低，然后随着蓄电池温度上升，充电电流增加。

充电步骤如下。

连接或断开蓄电池电缆、蓄电池充电器或跨接线时，请务必关闭点火开关。否则，会损坏发动机控制模块/泵控制模块或其他电气元件。

在蓄电池电缆连接的情况下给侧面端子蓄电池充电时，将充电器连接至正极电缆螺栓及远离蓄电池的搭铁处。在蓄电池电缆断开的情况下给侧面端子蓄电池充电时，安装蓄电池侧面端子适配器并将充电器连接至适配器上。

将蓄电池侧端子适配器紧固至 15N・m（11lbf・ft）。按下列程序对蓄电池充电。

① 关闭充电器。

② 确保所有蓄电池端子连接清洁且紧固。

③ 将充电器正极引线连接至蓄电池正极端子，或连接至发动机舱盖下分置式跨接器双头螺栓。

不要将充电器的负极引线连接至车辆其他电气附件或装置的外壳上，否则蓄电池充电器可能会损坏这些装置。

④ 将充电器负极引线连接至发动机舱内的固态发动机搭铁或者搭铁柱，发动机搭铁和搭铁柱直接连接至蓄电池负极端子，但是远离蓄电池。如果蓄电池负极电缆断开并且使用了端子适配器，则可直接连接至适配器上。

⑤ 接通充电器并且设置正常充电的最高设置。

⑥ 启动蓄电池充电器后每半小时检查一次蓄电池。

对蓄电池进行充电，直到恒压变流式充电器显示蓄电池充满。触摸蓄电池侧面，估计蓄电池的温度。如果触摸起来感觉过热或者其温度超过 45℃（125°F），则中断充电使蓄电池冷却后再继续充电。

⑦ 充电后，对蓄电池进行测试。

7.3 低压电器系统检修

7.3.1 比亚迪唐自动大灯高度传感器初始化

需要重新初始化的情况如下。

进行如下任一项操作后均需要将系统初始化，以便让 ALS ECU 记录后高度传感器的初始信号值。

① 更换悬架。

② 拆卸和重新安装或更换后高度传感器。

③ 更换前灯高度自动调整系统 ECU 后。

④ 更换前大灯总成后。

其中，蓄电池断电重新上电不需要进行初始化。

初始化前的车辆准备工作如下。

① 将行李箱和车辆卸载，确保备胎、工具和千斤顶在原来的位置，车内不能留有任何行李或其他重物。

② 轮胎胎压处于正常压力范围内。

③ 检查并确认车内没有乘客。

④ 将前大灯关闭。

⑤ 将车辆停放在水平地面上并保持车辆高度不变。

⑥ 将启动按钮置于 OFF 挡位置。

(1) 短接初始化

① 使用专用的短接器将诊断口 2 脚和 4 脚短接。

② 短接好后，在 20s 内转动灯控开关，使近光前大灯闪烁 3 次（即点亮—熄灭—点亮—熄灭—点亮—熄灭）。

动作频率要求：以约 1s 的时间间隔打开或关闭近光前大灯。

(2) 诊断仪初始化

① 将启动按钮置于 OFF 挡位置。

② 将诊断仪连接到诊断口。

③ 将启动按钮置于 ON 挡位置，并打开诊断仪。

④ 进入以下菜单：车型诊断/唐/大灯调节单元/元件动作测试/前灯初始化。

7.3.2 雪佛兰 VOLT 车窗电机编程

(1) 车窗电机标准化程序

未经标准化的车窗电机将不再执行快速上升和快速下降功能，这可能发生在以下情况中。

• 车窗电机已经断开或更换。

• 车门线束已经断开。

• 蓄电池已经断开或更换。

当设置 DTC B3205 4B 和 3210 4B 时，驾驶员信息中心将会显示以下警告。

"打开，然后关闭驾驶员车窗"；"打开，然后关闭乘客车窗"。

一旦车窗已经标准化，这些警告就将被清除，且各故障诊断码将被清除。

车窗标准化前必须关好车门，车门打开或未关可能导致执行正常化程序时电动车窗功能异常或不能工作。如果发生这种情况，则确认车门完全关闭然后重复标准化程序。

对于装有可折叠敞篷车顶的车辆，在对车窗执行标准化程序前车顶必须关闭并牢固锁定。

按以下步骤，标准化车窗电机。

① 将点火开关置于 ON 挡位置。

② 在车窗升至最上位置时，按住电动车窗开关直至车窗完全打开，并在车窗完全打开后继续按住开关约 5s。

③ 拉起电动车窗开关直至车窗完全关闭，并在车窗完全关闭后继续按住开关约 5s。

现在已标准化车窗，车窗应执行快速上升和快速下降功能。

（2）车窗电机重新读入程序

如果任何局域互联网（LIN）车窗电机出现以下情况，则需要执行重新读入程序。

- 车窗玻璃没有对准。
- 车窗玻璃已经更换。
- 车门已经更换。
- 车窗玻璃升降器已经更换。

执行重新读入程序之前，必须将车辆的四个轮胎正确充气并安装，车辆必须置于水平面上，且所有车门必须完全关闭。并且对于装有可折叠敞篷车顶的车辆，车顶还必须关闭并牢固锁定。

按以下步骤，重新读入车窗电机。

① 将点火开关置于 ON 挡位置。

② 使用故障诊断仪，选择"Module Diagnosis（模块诊断）""Body Control Module（车身控制模块）""Configuration/Reset Functions（配置/复位功能）"，并为需要重新读入程序的车窗电机选择相应的"Clear Window Learn Values（清除车窗读入值）"。

③ 读入程序后，完全退出故障诊断仪读入程序，直至退出编程后电动车窗才会标准化并工作。

④ 在车窗升至最上位置时，按住电动车窗开关直至车窗完全打开，并在车窗完全打开后继续按住开关约 5s。

⑤ 拉起电动车窗开关直至车窗完全关闭，并在车窗完全关闭后继续按住开关约 5s。

车窗现在已重新编程。

7.3.3　比亚迪 E6 先行者 CAN-BUS 故障检修

（1）检查诊断接口

① CAN 线是否正常，一般可以通过在诊断口测量 CAN-H 和 CAN-L 的电阻来判断。如果通过测量，电阻值在 60～70Ω，则 CAN 主线可以正常通信；如果电阻无限大，则表明断路；如果电阻无限小，则表明短路。

② 测量 CAN-H 和 CAN-L 的对地电压。正常情况下，CAN-H 的对地电压在 2.5～3.5V 之间，CAN-L 的对地电压在 1.5～2.5V 之间；如果在 0V 左右则表明对地短路，如果大于正常值则可能对电源短路。

③ 对总线各模块通过 CAN 线进行诊断。诊断口的 6 脚和 14 脚分别为高速网的 CAN-H 和 CAN-L，3 脚和 11 脚分别为车载低速网的 CAN-H 和 CAN-L。

④ 各模块都记录有与 CAN 通信相关的故障码，用于判断 CAN 通信是否正常。

⑤ 通过诊断仪读出通信异常时，先检查 CAN 线是否有故障，如果 CAN 正常，则再检查模块。

（2）检查熔丝

端　　子	正常值
F2/12 熔丝两端	小于 1Ω
F2/28 熔丝两端	小于 1Ω

（3）检查电源线束（图 7-13）

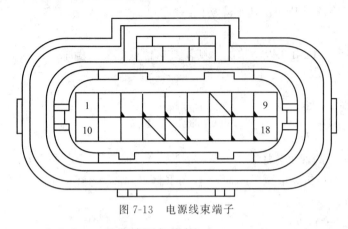

端子	条件	正常情况
M18-1～车身地	常电	11～14V
M18-11～车身地	ON 挡电	11～14V
M18-12～车身地	常电	11～14V
M18-2～车身地	始终	小于 1V
M18-10～车身地	始终	小于 1V
M18-3～M18-4	始终	约 124Ω
M18-5～M18-6	始终	约 124Ω
M18-8～M18-9	始终	无阻值
M18-15～M18-16	始终	约 124Ω
M18-17～M18-18	始终	约 124Ω

图 7-13　电源线束端子

（4）CAN 总线检测与维修

故障形式：CAN 总线故障形式主要有 CAN-H 和 CAN-L 短路、CAN-H 对正极短路、CAN-H 对地短路、CAN-H 断路、CAN-L 对正极短路、CAN-L 对地短路、CAN-L 断路共七种故障。

故障代码：CAN 总线使用三种类型的 DTC，见表 7-2。

表 7-2　CAN 总线使用的 DTC

内部错误 DTC	各 ECU 执行内部检查,如果其中一个发现内部 ECU 问题,则它会提出一个内部错误 DTC,指示该 ECU 需要更换
失去通信 DTC	失去通信 DTC(和总线关闭 DTC)是在 ECU 之间的通信出现问题时提出的,问题可能出在连接、导线或 ECU 本身上
信号错误 DTC	各 ECU 对某些输入回路执行诊断测试,以确定此回路功能是否正常(无断路或短路)。如果一个回路未通过诊断测试,则会相应设置一个 DTC(注意:并非所有输入都检测是否有错误)

（5）CAN 总线系统的波形测量

运用示波器可以同时测量 CAN-H 和 CAN-L 的波形。示波器的两个通道,分别接入 CAN-H 和 CAN-L 线路,这样在同一界面下同时显示 CAN-H 和 CAN-L 的同步波形,能很直观地分析系统出现了哪些问题。

（6）CAN 总线终端电阻的测量

① 拆下电瓶的电源线。

② 等待约 5min,直到所有的电容器充分放电。

③ 连接万用表至 DLC 接口测量电阻值（DLC6 号针脚为粉红色，14 号针脚为紫色）。

④ 将电源管理器 CAN 插头拔下，检测总的阻值是否发生变化。

⑤ 把电源管理器 CAN 插头插好，再将驱动电机控制器 CAN 插头拔下。

⑥ 检测总的阻值是否发生变化，并分析测量结果。

第8章
电动汽车空调系统

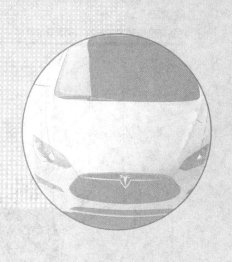

8.1 空调系统构造

8.1.1 荣威 E50 暖风与空调系统

暖风、通风与空调系统控制车辆内部温度及空气分配。该车安装有电子控制空调系统，其进气温度、出气温度、空气分配及鼓风机速度等功能都是手动选择的。配置的暖风、通风与空调系统使用的是电动压缩机和电加热器，见图 8-1。

电动压缩机 电加热器

图 8-1 电动压缩机与电加热器

空调（A/C）制冷系统布置如图 8-2 所示。

空调控制系统布置如图 8-3 所示。

暖风和通风部件布置如图 8-4 所示。

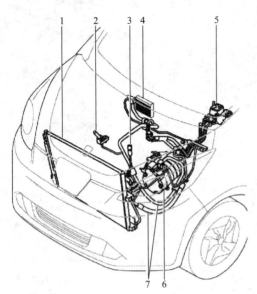

图 8-2　制冷系统布置

1—冷凝器；2—低压维修接头；3—高压维修接头；

4—蒸发箱；5—电池冷却器（Chiller）；

6—压缩机；7—空调管路

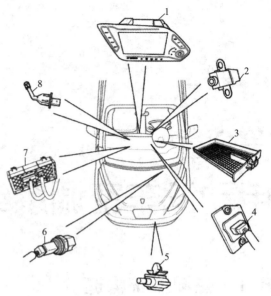

图 8-3　空调控制系统组成

1—空调与娱乐控制面板；2—室内温度传感器；

3—加热器温度传感器；4—功率管；

5—环境温度传感器；6—空调压力

传感器；7—ETC 控制器总成；

8—蒸发器芯子温度传感器

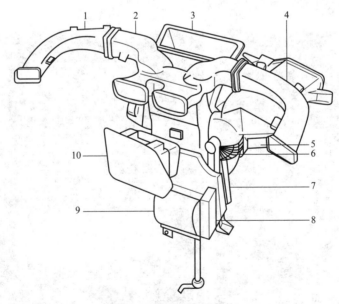

图 8-4　暖风和通风部件

1—左仪表板出风管；2—中央出风风道；3—前挡风玻璃出风口；4—右仪表板出风管；5—空调控制器总成；

6—循环控制风门；7—乘客舱空气滤清器；8—空调箱加热模块；9—空调箱；10—空调与娱乐控制面板

空调箱总成的作用：按控制面板上所选择的模式控制温度并分配引导进来的新鲜空气或循环空气。其部件包括鼓风机、电加热模块、蒸发器芯体及控制风门，安装在仪表板与发动机舱壁之间，见图 8-5。

鼓风机安装在空调箱总成内，见图8-6。鼓风机由控制面板上的按键控制，通过位于发动机舱熔丝盒内的鼓风机继电器及鼓风机调速电阻控制。

图8-5 空调箱总成

图8-6 鼓风机总成

高压电加热器和控制器，采用高压PTC空气加热，安装在空调箱总成内，见图8-7。

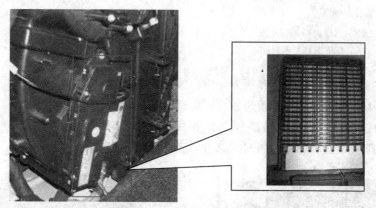

图8-7 电加热模块

空调（A/C）制冷系统主要部件有电动压缩机、冷凝器、蒸发器、热力膨胀阀，其结构分别见图8-8～图8-11。

电动压缩机安装在变速器的安装支架下，通过高压电机驱动。

冷凝器的作用：去除制冷剂中的湿气及固态颗粒，并作为液态制冷剂的容器。

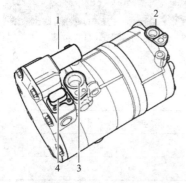

图8-8 电动压缩机

1—高压线束连接器；2—进气口；
3—出气口；4—低压线束连接器

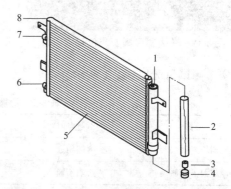

图8-9 冷凝器

1—调节腔室；2—干燥剂；3—过滤器；4—堵塞；5—热交换器；
6—出液接口；7—进气接口；8—端部腔室

蒸发器安装在暖风机总成的进气口中。

热力膨胀阀通过计量阀的限制使制冷剂的压力及温度降低，同时将制冷剂从固体粒子流变为精细的喷雾流，以改善蒸发效果。

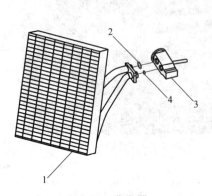

图 8-10　蒸发器

1—蒸发器；2—TXV 低压侧 O 形密封圈；
3—TXV；4—TXV 高压侧 O 形密封圈

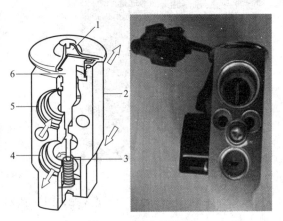

图 8-11　热力膨胀阀

1—膜片；2—壳体；3—计量阀；4—至蒸发器的进口通道；
5—自蒸发器的出口通道；6—热敏管

离开蒸发器的制冷剂的温度和压力作用在膜片及热敏管上，使膜片及热敏管移动，调节计量阀开度，从而控制通过蒸发器的制冷剂的量。

空调箱总成上带常闭电磁阀的热力膨胀阀如图 8-12 所示。

电池冷却器总成上带常开电磁阀的热力膨胀阀如图 8-13 所示。

图 8-12　热力膨胀阀安装位置（一）

图 8-13　热力膨胀阀安装位置（二）

实车测试情况如表 8-1 所示。

表 8-1　膨胀阀实车测试情况

项目	不通电时	通电时	20℃时电磁阀电阻值/Ω
空调箱上膨胀阀	两端相通	两端不通	23.7
冷却器上膨胀阀	两端不通	两端相通	23.7

电子空调控制系统（ETC）主要部件 ETC ECU 安装于乘客舱右侧熔丝盒附近（图 8-14），以高速 CAN 网络与其他控制器相互通信，同时以 LIN 线与电动压缩机和 PTC 加热模块进行通

信，与 BCM 通过 CAN 通信，以控制后风窗加热器，通过与网关模块通信连接诊断系统，接收来自前保险杠上的环境温度传感器的信息。

图 8-14　电子空调控制系统

8.1.2　宝马冷暖空调系统

（1）电动空调压缩机

宝马 i3 使用的是一种电动空调压缩机。利用高压驱动空调压缩机（电气），因此可以提供所需的功率。

即使在关闭发动机后的停车状态下，也可以利用空调压缩机（电气）驱动空调。

冷暖空调控制单元（IHKA）是主控制单元。冷暖空调控制单元通过 LIN 总线与空调压缩机（电气）的电子控制装置进行通信。

电子控制装置和变压器均整合在空调压缩机的壳体之中，通过流经的制冷剂对这两者进行冷却，在电子控制装置中分析冷暖空调控制单元的请求，变压器将直流电压转变成交流电压，利用交流电压驱动空调压缩机。

空调压缩机（电气）中的电子控制装置根据主控制单元（冷暖空调控制单元）的请求控制交流电机的转速。

交流电机（外转子，同步）用于驱动空调压缩机。由多个永久磁铁构成转子的磁场。在一定的转速范围内（例如每分钟 2000～8600 转）驱动交流电机，可以连续调节转速。

用于压缩制冷剂的是螺旋压缩机（也称作涡旋压缩机）。螺旋压缩机根据排挤原理工作。螺旋压缩机由 2 个相互嵌套的螺旋构成。外螺旋固定不同，交流电机通过轴驱动内螺旋作偏心运动。通过偏心运动使得两个螺旋反复接触，在螺旋之内形成多个逐渐变小的腔室，从而通过固定外螺旋中的开口吸入气态制冷剂。旋转大约 2 圈之后（例如旋转 720°之后）将吸入的制冷剂压缩。在随后的变化过程中（例如旋转 960°之后）制冷剂通过外螺旋中的中间开口流向冷凝器。

如果空调压缩机（电气）中变压器的温度升高到 110℃ 以上，则冷暖空调控制单元就会关闭电动空调压缩机。已经预先采取不同的措施（例如提高转速以实现自我冷却）尝试限制温度。

用于高压触点监测装置的检测导线经过高压组件的所有插头。在一些插头中安装了一个电桥。检测导线呈环形（类似于 MOST 环形结构）。环路中的下列控制单元分析检测导线的测试信号（具有一定频率的矩形波信号）：电机电子伺控系统（EME）、存储器管理电子装置（SME）。

如果断开检测导线的电路，则 EME 控制单元或者 SME 控制单元就会切断高压车载网络的供电。只有当检测导线的电路重新闭合后，才能给高压车载网络重新提供电压。

存储器电子管理系统（SME）生成测试信号。当启动高压车载网络时，存储器电子管理系统就会将测试信号馈入到检测导线之中。

图 8-15 所示为空调压缩机（电气），以 F04 车型为例。

空调压缩机（电气）通过 5 针插头连接与高压车载网络相连。空调压缩机（电气）通过 7 针插头连接与传统型车载网络（12V）和 LIN 总线相连。其电路连接如图 8-16 所示。

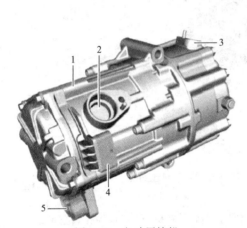

图 8-15　电动压缩机

1—具有集成电子控制装置和变压器的空调
压缩机（电气）；2—连接制冷剂管路
（吸管）；3—连接制冷剂管路（高压
管路）；4—7 针插头连接（连接到
传统型车载网络上）；5—5 针
高压连接（交流电机的供电）

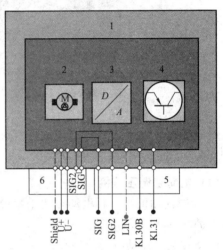

图 8-16　电子压缩机内部电气连接

1—空调压缩机（电动）；2—交流电机；
3—变压器（DC-AC 转换器）；4—电子
控制装置；5—用于传统型车载网络的
插头连接；6—用于高压车载网络的
插头连接（具有用于高压触点
监测装置的电桥）

高压连接线脚布置（5 针插头连接）见表 8-2。

表 8-2　高压连接线脚布置

线脚 Pin	说　明
屏蔽	屏蔽
SIG	利用电桥将高压触点监测装置（输入端）连接至 SIG2
SIG2	利用电桥将高压触点监测装置（输出端）连接至 SIG
U+	高压连接，正极
U−	高压连接，负极

线脚布置，连接到传统型车载网络以及 LIN 总线上（7 针插头连接），见表 8-3。

表 8-3　线脚布置

线脚 Pin	说　明
总线端 Kl. 30B	总线端 Kl. 30B 基础运行
Kl. 31	总线端 Kl. 31 接地
LIN	LIN 总线

续表

线脚 Pin	说　明
SIG	连接高压触点监测装置(输入端)
SIG2	连接高压触点监测装置(输出端)
2个线脚未使用	

空调压缩机（电气）标准值见表8-4。

表 8-4　空调压缩机（电气）标准值

参　　数	标准值
供电电压	120V
额定功率,转速	4.5kW,6500r/min
最大工作压力	30bar(1bar=10^5Pa)

（2）电控辅助加热器

在电控辅助加热器中，以电动方式将加热循环回路内的冷却液加热到客户希望的温度。

电控辅助加热器是一个单独的部件，工作原理与电动直通式加热器一样。电控辅助加热器借助加热螺旋体按需加热循环回路中的冷却液。此时，以间歇方式控制加热螺旋体。通过局域互联网总线、电控辅助加热器将出口的冷却液温度以及电流消耗输出至冷暖空调的控制单元。

在冷暖空调控制单元中，根据不同的信号（例如脚部空间温度传感器的温度信号）生成一个针对电控辅助加热器的百分比功率请求，并将其传输到局域互联网总线。

图 8-17 所示为电控辅助加热器，以 I01 车型为例。

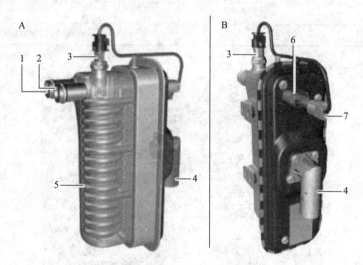

图 8-17　电控辅助加热器接口分布

A—视图显示加热螺旋体；B—视图显示电气接口；1—冷却液入口（来自附加冷却液泵）；2—冷却液出口（至车厢内部的暖风热交换器）；3—冷却液温度传感器（在暖风热交换器的冷却液出口上）；4—高压车载网络上的接口；5—加热螺旋体（3个并联的加热螺旋体）；6—12V 车载网络上的接口；7—冷却液温度传感器接口

电控辅助加热器连接在高压车载网络上。加热螺旋体是并联的。

冷暖空调的控制单元控制电控辅助加热器。该控制单元内部电气连接如图8-18所示。

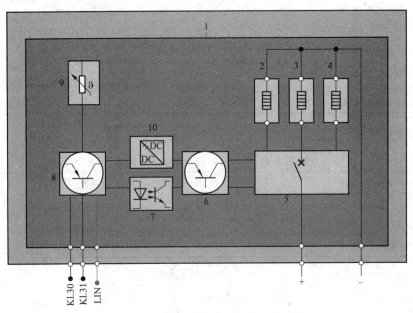

图 8-18　电控辅助加热器内部电气连接

1—电控辅助加热器；2—加热螺旋体 1；3—加热螺旋体 2；4—加热螺旋体 3；5—电源开关；6—电子控制装置；
7—光耦合器；8—电子控制装置；9—冷却剂温度传感器；10—DC-DC 转换器

线脚 Pin	说　明
Kl. 30	总线端 Kl. 30
总线端 Kl. 31	总线端 Kl. 31 接地
LIN	LIN 总线
＋	高压接口（正极导线）
－	高压接口（接地线）

电控辅助加热单元部件接口位置如图 8-19 所示。

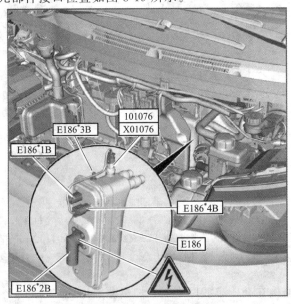

图 8-19　部件安装位置与接口端子

电控辅助加热器标准值见表 8-5。

表 8-5　电控辅助加热器标准值

参　　　数	标准值
低压侧供电电压	9～18V
高压接口供电电压	180～430V
额定电压 280V 时的电功率	不超过 5.5kW（±10％）
主动式加热运行	不超过 105℃
温度范围	−40～120℃
最大电流消耗	21A

电控辅助加热器失灵时，预计会出现冷暖空调控制单元中的故障记录。

（3）热泵控制器

在电动车中电机和功率电子装置上仅会产生少量可利用的余热。因此不值得安装附加设备将此余热有效用于加热供暖。即使车辆配备有增程设备，也不会利用发动机的余热。出于重量原因，不提供增程设备与热泵的组合。为使电动车的行驶距离不会因电子暖风装置再明显缩短，由热泵通过冷暖空调提供车厢内部的暖风。热泵可视为采用冷暖空调的反向原理。热泵则可将热能通过高温的制冷剂改道进入热泵热交换器，从而用于加热车厢内部，否则冷却运行中的热能将毫无用处地通过冷凝器排放至外接环境中。

热泵控制器以模拟方式实现执行器的控制以及热泵回路中的传感器分析。热泵控制器将模拟信号转换为数字信号，以及进行相反的转行。

下列部件连接在热泵控制器上。
- 3 个热泵回路中的温度传感器。
- 2 个制冷剂压力温度传感器。
- 3 个制冷剂单向阀。
- 3 个调节式膨胀阀。
- 辅助冷却液泵。

局域互联网总线用作热泵控制器和冷暖空调（IHKR 和 IHKA）控制单元之间的通信数据总线。热泵控制器安装位置见图 8-20。

热泵控制器通过一个 41 芯插头连接进行连接。热泵控制器通过局域互联网总线连接在冷暖空调的控制单元上。通过总线端30B 由乘员模块配电器向热泵控制器供电。

如果车辆配备有热泵，则由热泵控制器来控制附加冷却液泵，否则将由车身域控制器（BDC）控制附加冷却液泵。

热泵控制器失灵时，预计将在冷暖空调控制单元（自动恒温空调、手动恒温空调）中出现故障记录。

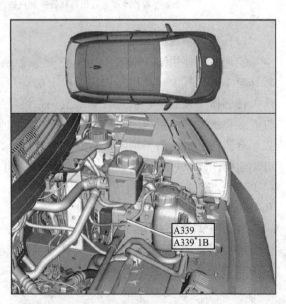

图 8-20　热泵控制器安装位置

8.1.3 赛欧 EV 暖风与空调系统

(1) 暖风系统

暖风系统使用高电压加热器向客舱提供热量。高电压加热器在车辆未运行且客舱需要热量时使用。高电压加热器提供不同等级的热量，取决于所需热量的多少和车外温度。

暖风、通风及空调控制模块打开冷却液泵并监测客舱、车外、发动机散热器、高电压加热器，以确定冷却液流量控制阀的位置及是否需要高电压加热器。客舱热量通过空气流过加热器芯来提供。加热器芯由来自高电压加热器的冷却液进行加热。

乘客舱加热器冷却系统循环使用的冷却液为一种 DEX-COOL® 冷却液和去离子水按 50/50 比例的混合液。暖风装置连接部件见图 8-21。

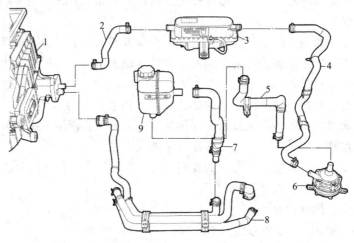

图 8-21 赛欧 EV 暖风装置

1—空调箱；2—暖风装置冷却液加热器出水管；3—暖风装置冷却液加热器；4—暖风装置冷却液加热器进水管；
5—加热器水辅助泵进水管；6—加热器水辅助泵；7—暖风装置冷却液加热器储液罐进水管；8—驱动电机
蓄电池冷却液冷却器进出口软管带加热器出水管；9—暖风装置冷却液加热器储液罐

(2) 空调系统

空调系统使用制冷剂 R-134a，它是一种超低温气体，能将乘客舱和高压蓄电池的热量转移至车外大气中。使用空调压缩机上的高压释放阀对空调系统进行机械保护。如果制冷剂压力传感器出现故障，或者，如果空调系统阻塞且制冷剂压力持续上升，那么高压释放阀将打开并将制冷剂从系统中释放。高电压电动空调压缩机为带有自容式高电压逆变器的电机直接耦合式压缩机。当车辆未运转时，电空调压缩机有能力运行并具有冷却性能。这一特点使电动空调压缩机可以独立以某一速度运行。电子车内气候控制模块和车辆一体化控制模块（VICM）将控制电动空调压缩机达到一个维持理想冷却等级的必要转速，而不是循环开启和关闭电动空调压缩机。

电动空调压缩机建立压力并增加制冷剂气体的热量。制冷剂气体从电动空调压缩机流至冷凝器，在冷凝器中制冷剂从气体凝结为液体，同时将热量扩散到车外大气中。然后，液态制冷剂流至蓄电池冷却器上的一个热膨胀阀（TXV）。热膨胀阀降低液态制冷剂的压力，它使制冷剂从液态膨胀为蒸气。低压制冷剂蒸气流入蓄电池冷却器并开始沸腾，当制冷剂蒸汽从蓄电池冷却器内流动的冷却液吸收热量时，它就变为气体。

蓄电池冷却器内的几块板子将蓄电池冷却液和制冷剂隔离。液态制冷剂还流至蒸发器上的第二个热膨胀阀。低压制冷剂蒸气从热膨胀阀流入蒸发器并开始沸腾，当制冷剂吸收来自客舱空气（流经蒸发器的外表面）的热量时，制冷剂变为气体。客舱空气中的水分凝结在蒸发器的外表面并向下流至暖风、通风与空调模块的底部，在此处通过一根排放软管排放到客舱之外。然后，低压制冷剂从蓄电池冷却液和蒸发器背部流出至电动空调压缩机，循环在此处开始重复。

8.2　空调控制原理

8.2.1　温度和分配控制

（1）循环控制空气风门

循环控制空气风门通过打开和关闭新鲜空气进气口和循环空气进气口来控制进气源。控制面板上的循环控制空气开关控制伺服电机驱动风门。

（2）混合风门

混合风门调节通过暖风芯体的空气流，以控制空调箱总成中空气的温度。混合风门连接到空调箱箱体中的心轴上。混合风门由混合风门伺服电机控制。

（3）空气分配风门

空气分配风门用于控制脚部位置、前挡风玻璃/前侧窗和面部出风口的空气流。这些风门控制从混合风门到出风口的流量，它们在操纵杆机构和控制面板上的空气分配开关之间安装有模式伺服电机。

（4）空气分配管道

仪表板上的两侧和面部出风口各有一个空气分配管道。前挡风玻璃的空气分配管道集成在仪表板中。仪表板中的通风口总成使乘员可以控制吹向面部的空气流量和方向。每个通风口总成都集成了用以调节流量的控制方向的可移动叶片。

8.2.2　制冷系统原理

制冷系统将车辆内部的热量传递到外部大气中，以提供除湿的凉爽空气给空调箱总成。该系统由电空调压缩机、冷凝器、TXV、空调管路和蒸发器组成。系统是一个填充 R-134a 制冷剂作为传热介质的封闭回路。制冷剂中添加空调润滑油，以润滑电空调压缩机的内部组件。

为完成热量的传递，制冷剂环绕系统循环，在系统内，制冷剂经历两种压力/温度模式。在每一种压力/温度模式下，制冷剂改变其状态，在改变状态的过程中，吸收与释放最大限度的热量。低压/低温模式从 TXV 开始，经蒸发器到电空调压缩机，在 TXV 内，制冷剂降低压力及温度，然后在蒸发器内改变其状态，从中温液态到低温蒸气，以吸收经过蒸发器周围空气的热量。高温/高温模式从电空调压缩机开始，经冷凝器到 TXV，制冷剂在通过电空调压缩机时，增加压力及温度，然后在冷凝器内释放热量到大气中，并改变其状态，从高温蒸气到中高温液态。系统原理如图 8-22 所示。

该制冷系统也参与电池系统的冷却，用于带走电池系统工作时产生的热量，将电池系统维持在一个良好的温度环境中工作。

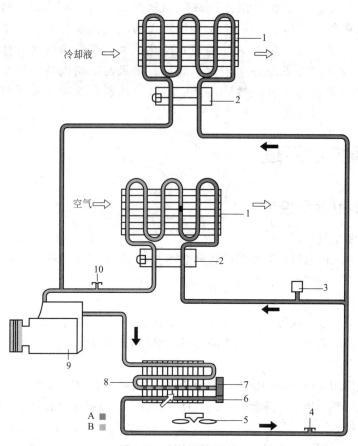

冷却液 ⇒

空气 ⇒

图 8-22　制冷系统原理

A—液态制冷剂；B—气态制冷剂；1—蒸发器；2—TXV；3—空调压力传感器；4—高压维修接头；

5—冷却风扇；6—过滤器；7—干燥剂；8—冷凝器；9—电空调压缩机；10—低压维修接头

　　电空调压缩机通过压缩来自蒸发器的低压、低温蒸气，并将其加载成到冷凝器的高压、高温蒸气的方式，使制冷剂环绕系统循环。

　　冷凝器将制冷剂的热量传递到周围空气中，以使来自电空调压缩机的制冷剂蒸气转变成液态。冷凝器同时还通过其干燥模块去除制冷剂中的湿气及固态颗粒，并作为液态制冷剂的容器，以适应蒸发器内的热负荷的变化。

　　由于冲击效应和/或冷却风扇的作用，通过经过热交换器的空气来吸收制冷剂的热量，将制冷剂由蒸气转变成液态。在制冷剂进入调节腔室前，冷凝器冷却并液化制冷剂。在调节腔室内，制冷剂内的大部分剩余气体被分离出来，制冷剂通过干燥剂及过滤器，以去除其中的湿气及颗粒物，进入次级冷却器部分。当制冷剂经过次级冷却器部分时，被进一步冷却，从而将冷凝器出口至蒸发器的制冷剂几乎 100％ 转变为液态。

　　膨胀阀可调节制冷剂的流量，使制冷剂流量与通过蒸发器芯体的空气热负荷相匹配。热力膨胀阀安装在蒸发器的进口接口及出口接口上。该阀有一个铝制的壳体，壳体内有进口及出口通道。在进口通道内安装有计量阀，计量阀由连接在膜片上的热敏管控制。膜片顶部充有制冷剂可感应蒸发器出口压力，而热敏管感应蒸发器出口温度。通过调整热力膨胀阀开度使得受力平衡，保证蒸发器出口有合适的过热度，达到制冷量与空气热负荷平衡。

该车上安装有两个带电磁阀的热力膨胀阀，一个安装在空调箱总成上，是一个带常闭电磁阀的热力膨胀阀；另一个安装在电池冷却器总成（Chiller）上，是一个带常开电磁阀的热力膨胀阀。带电磁阀的热力膨胀阀能根据系统的需要将热力膨胀阀接通或断开，当膨胀阀被接通时，制冷剂可以流经膨胀阀；当膨胀阀被断开时，制冷剂就不能流动。

液态制冷剂流经计量阀，进入蒸发器。通过计量阀的限制使制冷剂的压力及温度降低，同时将制冷剂从固体粒子流变为精细的喷雾流，以改善蒸发效果。当制冷剂通过蒸发器时，吸收流经蒸发器芯体周围空气的热量，温度的增加使制冷剂蒸发并增加制冷剂的压力。

离开蒸发器的制冷剂的温度和压力作用在膜片及热敏管上，使膜片及热敏管移动，调节计量阀开度，从而控制通过蒸发器的制冷剂的量。流经蒸发器芯体的空气越热，可用来蒸发制冷剂的热量就越大，从而允许更多的制冷剂通过计量阀。

蒸发器安装在暖风机总成的进气口中，用于吸收外部进气或循环进气的热量。低压低温制冷剂在蒸发器中由液体变为蒸气，在该转变状态过程中会吸收大量热量。

铝制空调管路将系统各部件连接在一起，为确保密封可靠，各接口间安装有 O 形圈。为了维持系统的相似流速，空调管路的直径会有所不同，以适应两种压力/温度状况。低压/低温状况下安装较大直径的管路，高压/高温状况下安装较小直径的管路，并将制冷剂加注接口整合在空调管路中，以便于系统维修。

8.2.3　空调运行控制

为了运行制冷系统，A/C ECU 控制电空调压缩机转速，VCU 控制冷却风扇的转速。A/C ECU 还控制空调箱上的伺服电机、鼓风机速度、空气温度和空气分配的操作。

(1) 进气方式控制

按下控制面板空气循环模式按键或 LCD 空调系统界面的车内循环模式触摸键时，LCD 空调系统界面中的内循环模式触摸键高亮，循环控制电机带动空调箱总成中的控制风门，以关闭新鲜空气进气口，打开循环空气进气口。

再按下循环控制开关或 LCD 空调系统界面中的外循环模式触摸键时，内循环模式触摸键图标高亮消失，同时外循环模式触摸键高亮；然后，循环控制电机转动暖风机总成中的控制风门，以打开新鲜空气进气口，关闭循环空气进气口；循环控制电机控制风门切换到外循环模式。

(2) 鼓风机速度控制

鼓风机控制模块将鼓风机的电源输出端连接到不同的接地端，从而产生相应不同的鼓风机运行电压。鼓风机控制模块最多可提供整个蓄电池电压给鼓风机，使其以最大速度运行。

(3) 空气温度控制

按下控制面板升温按键、降温按键或 LCD 空调系统界面的升温触摸键、降温触摸键时，可以操纵暖风机总成上的暖风机混合风门伺服电机，同时可以控制电空调压缩机或空调箱加热模块。混合风门改变流经空调箱和空调箱加热模块芯体的空气比例。

(4) 空气分配控制

按下控制面板空气分配模式按键或 LCD 空调系统界面上的 4 个相应触摸键，以操纵模式风门伺服电机转动空调箱总成中的空气分配风门来引导空气进入乘客舱周围相应的出风口。

8.2.4 冷热空调电路原理

以众泰 100S 电动汽车为例，控制电路如图 8-23 所示。

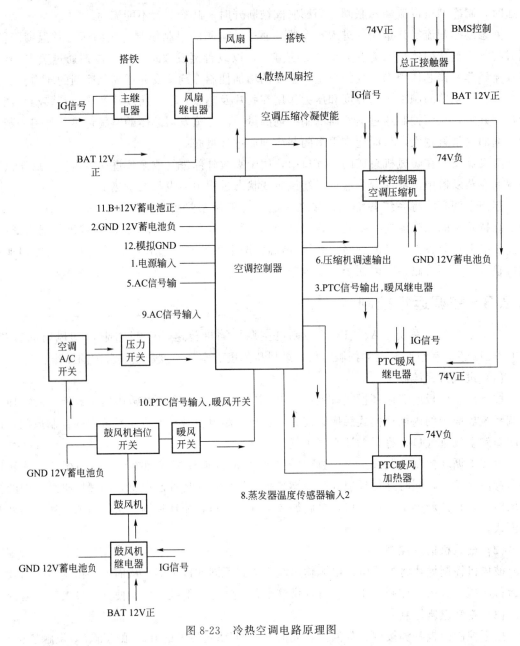

图 8-23 冷热空调电路原理图

(1) 冷空调原理

当 A/C 开关启动后，启动信号经过空调控制器，空调控制器检测空调压力开关，当空调管路内达到一定压力时，压力开关吸合。总正接触器吸合后，高压传递给空调压缩机控制器。空调压缩机控制器把输入的两相直流电转换为三相直流电输送给电动空调压缩机，同时使能使压缩机工作。各部件之间采用铜管（或铝管）和高压橡胶管连接成一个密闭系统。制冷系统工作时，制冷剂不同的状态在这个密闭系统内循环流动。

（2）热空调原理

当暖风开关启动后，信号传递给空调控制器，同时检测热敏电阻，当 PTC 温度低于 95℃时，热敏电阻导通，空调控制器把信号传递给 PTC 接触器，PTC 接触器吸合。分电盒内总正接触器、暖风接触器吸合后，74V 电源传递给 PTC 加热器，当温度升高到 95℃时温控开关断开，空调接触器不输出信号，暖风接触器断开，暖风关闭。

8.3 系统功能检测

8.3.1 赛欧 EV 空调（A/C）系统性能测试

（1）测试制冷系统

如果怀疑制冷系统发生故障，则检查是否存在以下情况。

① 检查散热器芯和冷凝器芯外表面，确保气流未被灰尘、树叶或其他异物堵塞。检查冷凝器与散热器之间以及所有外表面。

② 检查冷凝器芯、软管和管内是否阻塞或扭结。

③ 检查鼓风机风扇的工作情况。

④ 检查所有空气管道是否泄漏或堵塞。气流量低表明蒸发器芯可能堵塞。

（2）制冷不足"快速检查"步骤

执行以下"触摸"程序，快速判断空调系统是否正确加注了制冷剂。大部分车型的气温必须高于 21℃（70℉）。

① 启动车辆。

② 打开前舱盖和所有车门。

③ 接通空调开关。

④ 将温度控制按钮设置到最冷位置。

⑤ 将鼓风机转速开关设置为最大转速。

⑥ 用手感触蒸发器出口管处的温度。管应该是冷的。

⑦ 检查是否有其他故障。

⑧ 检查系统是否泄漏。若发现泄漏，则将系统排空并进行必要的修理。在修理完毕后，排空并重新加注系统。

8.3.2 比亚迪唐汽车空调控制系统部件检测

（1）空调控制器

从空调控制器 G92、G91、G152 连接器接口处测量。

端子号	线色	端子描述	条件	正常值
G91-3～车身地	W/R	ON 挡电	ON 挡电	11～14V
G91-4～车身地	B/W	水泵继电器驱动信号	—	—
G91-12～车身地	R/Y	负离子高压包继电器控制脚	—	—
G91-14～车身地	R/B	鼓风机继电器驱动信号	—	—
G91-18～车身地	B	搭铁	始终	小于 1V

续表

端子号	线色	端子描述	条件	正常值
G91-20～车身地	L/R	压力传感器1电源（输出4.8V）	—	—
G91-22～车身地	G/Y	模式风门电机反馈电源	—	—
G91-23～车身地	Br	主驾冷暖电机反馈电源	—	—
G91-24～车身地	Y/R	副驾冷暖电机反馈电源	—	—
G91-25～车身地	O	小风门电机反馈电源	—	—
G92-1～车身地	R/Y	主驾驶冷暖电机控制电源2	—	—
G92-2～车身地	Br	三通水阀电机控制电源1	—	—
G92-3～车身地	Y/B	模式电机控制电源1	—	—
G92-5～车身地	G/R	内外循环电机控制电源1	—	—
G92-7～车身地	Y/B	副驾驶冷暖电机控制电源1	—	—
G92-8～车身地	B	主驾驶冷暖电机控制电源1	—	—
G92-9～车身地	G/P	三通水阀电机控制电源2	—	—
G92-10～车身地	R/G	模式电机控制电源2	—	—
G92-11～车身地	Y	内外循环电机反馈电源1	—	—
G92-13～车身地	G/W	内外循环电机控制电源2	—	—
G92-14～车身地	L	小风门电机控制电源2	—	—
G92-15～车身地	SB	小风门电机控制电源1	—	—
G92-17～车身地	LG	副驾驶冷暖电机控制电源2	—	—
G92-19～车身地	B	搭铁	—	—
G92-20～车身地	BR/W	三通水阀电机反馈电源	—	—
G92-21～车身地	O	日光照射传感器电源	—	—
G92-24～车身地	Y	前鼓风机反馈信号	—	—
G152-2～车身地	P	CAN线端子（整车CAN-H）	始终	2.5～3.5V
G152-3～车身地	V	CAN线端子（整车CAN-L）	始终	1.5～2.5V
G152-4～车身地	V	CAN线端子（内部CAN-L）	始终	1.5～2.5V

（2）室外温度传感器

端子	条件	正常值
1～2	0℃	32.25～33.69kΩ
1～2	15℃	15.77～16.00kΩ
1～2	25℃	9.90～10.10kΩ
1～2	35℃	6.424～6.610kΩ
1～2	90℃	0.8810～0.9429kΩ

（3）蒸发器温度传感器

端子	条件	正常值
1～2	0℃	14.820～16.380kΩ
1～2	25℃	1.581～1.679kΩ
1～2	35℃	1.031～1.095kΩ
1～2	80℃	0.209～0.215kΩ

（4）室内温度传感器

端子	条件	正常值
1~2	0℃	32.25~33.69kΩ
1~2	15℃	13.8~14.4kΩ
1~2	35℃	6.0~6.3kΩ
1~2	90℃	0.8810~0.9429kΩ

（5）压力传感器

用压力表进行检测，低压侧为 0.15~0.25MPa，高压侧为 1.47~1.67MPa。

端子	线色	正常值
B45-3~G156-6	Y/L	小于1Ω
B45-1~G91-20	L/R	小于1Ω
B45-2~车身地	B	小于1Ω

（6）出风模式电机

端　子	正常情况
GJ67-20~蓄电池（＋）GJ67-17~蓄电池（一）	电机正转
GJ67-17~蓄电池（＋）GJ67-20~蓄电池（一）	电机反转

端子	条件	正常值
G91-22~车身地	开空调	约5V
G92-10~车身地	开空调、调节温度（降低）	11~14V
G92-3~车身地	开空调、调节温度（降低）	小于1V
G92-3~车身地	开空调、调节温度（升高）	11~14V
G92-10~车身地	开空调、调节温度（升高）	小于1V
G152-30~车身地	开空调,调节温度	电压信号

（7）鼓风机

端子	条件	正常值
G34-2~车身地	ON挡电按下A/C开关	11~14V
B1D-4~车身地	ON档电按下A/C开关	11~14V
继电器88脚~车身地	始终	11~14V
3~5	1,2脚加蓄电池电压	小于1Ω
3~5	1,2脚悬空	大于10kΩ

（8）内外循环电机

端　子	正常情况
GJ67-3~蓄电池（＋）GJ67-2~蓄电池（一）	电机正转
GJ67-2~蓄电池（＋）GJ67-3~蓄电池（一）	电机反转

端子	条件	正常值
G1522-27~车身地	开空调,调节内外循环	电压信号

（9）主驾空气混合电机

端　子	正常情况
GJ67-15～蓄电池（＋）GJ67-14～蓄电池（一）	电机正转
GJ67-14～蓄电池（＋）GJ67-15～蓄电池（一）	电机反转

端子	条件	正常值
G91-23～车身地	开空调	约5V
G92-1～车身地	开空调、调节温度（降低）	11～14V
G92-8～车身地	开空调、调节温度（降低）	小于1V
G92-8～车身地	开空调、调节温度（升高）	11～14V
G152-15～车身地	开空调,调节温度	电压信号
G92-1～车身地	开空调、调节温度（升高）	小于1V

（10）副驾空气混合电机

端　子	正常情况
GJ67-5～蓄电池（＋）GJ67-6～蓄电池（一）	电机正转
GJ67-6～蓄电池（＋）GJ67-5～蓄电池（一）	电机反转

端子	条件	正常值
G91-24～车身地	开空调	约5V
G92-7～车身地	开空调、调节温度（降低）	11～14V
G92-17～车身地	开空调、调节温度（降低）	小于1V
G92-17～车身地	开空调、调节温度（升高）	11～14V
G152-23～车身地	开空调,调节温度	电压信号
G92-7～车身地	开空调、调节温度（升高）	小于1V

8.4　系统故障诊断

8.4.1　空调维修基本方法

汽车空调系统故障包括电器故障、功能部件的机械故障、制冷剂和冷冻机油引起的故障等，集中表现为系统不制冷、制冷不足、不制热、制热不足或异响等。

（1）基本判断

基本方法是指根据看、听、摸等方式直观感觉到故障的部位。

① 看。

a. 首先查看仪表板上的压力、水温、油压及各性能指示灯是否显示正常。

b. 观察冷凝器、蒸发器及管路连接处是否有油污，如有则说明有制冷剂和冷冻润滑油泄漏。

c. 观察系统部件和管路接头处是否有结霜、结冰现象。

d. 从储液干燥器视液窗观察制冷剂量。

② 听。耳听压缩机、送风机、排风机是否有异常声音。

③ 摸。开启制冷系统 15～20min 后，用手触摸系统部件，感受其温度。

a. 压缩机进、排气管应有明显温差。

b. 冷凝器进、出口管应有温差，出口管温度应低于进口处温度。

c. 储液干燥器进、出口温度的比较。进口温度与出口温度相等时，表示冷气系统正常；进口温度低于出口温度时，表示制冷剂不足；进口温度高于出口温度时，表示制冷剂过多。

d. 膨胀阀进、出口温差应明显。

注意：在用手触摸高压区部位时要防止烫伤；如果压缩机高、低压侧之间没有明显温差，则说明制冷剂泄漏严重。

（2）压力检测

制冷系统工作时，内部压力变化与温度是密切相关的，这是进行诊断的依据。根据压力的变化情况，进一步诊断出系统可能出现故障的原因及部位。对于制冷系统而言，歧管压力表组是最常用的工具。

① 诊断方法。首先将压力表组的高、低压手动阀关闭，然后将压力表组的高、低压软管分别连接到系统的高、低压检修阀上，并利用系统内制冷剂压力排除管内空气。启动空调系统，待压力表指示稳定后即可读取压力值。

② 诊断标准。空调系统压力正常范围，低压侧为 0.15～0.25MPa，高压侧为 1.47～1.67MPa。根据车型不同，测试工况不同，压力范围略有差异。

（3）注意事项

维修空调系统时需要注意以下事项。

① 更换空调零部件后安装新件时应更换接口 O 形圈密封圈。

② 安装空调管路时应在 O 形圈和接口表面涂上足够的压缩机油。

③ 按要求使用压缩机润滑油，不良油品会造成压缩机的损坏。

④ 为了防止灰尘、异物等外部杂质进入内部，分解下来的管路和管接头部位应用柱塞密封好，注意要完全封住各软管，否则压缩机润滑油及储液干燥器将吸收水蒸气。

⑤ 若液体制冷剂接触眼睛和皮肤，则应用冷水冲洗，并注意不要揉眼睛或擦皮肤，在皮肤上涂凡士林软膏；严重的要立刻找医生或医院寻求专业治疗。

⑥ 避免制冷剂过量。若制冷剂过量，则会导致制冷量不良，使能效降低。

⑦ 高压部分检修要遵循电动车安全维修规范。

8.4.2　赛欧 EV 暖风与空调诊断

（1）暖风性能诊断

步骤	操　作	是	否
1	是否根据"症状"或其他诊断表的指示来执行该诊断	至步骤 2	至"症状-自动暖风、通风与空调系统"
2	①将点火开关转至 ON 挡位置 ②选择通风模式 ③选择最暖温度设置 ④选择最大鼓风机转速 ⑤感觉加热器芯进口软管的温度 是否感觉到加热器芯进口软管从暖变热	至步骤 3	至步骤 9

续表

步骤	操作	是	否
3	①选择最小鼓风机转速 ②感觉加热器芯进口及出口软管的温度 是否感觉到加热器进口软管比加热器芯出口软管暖和	至步骤 7	至步骤 4
4	①将温度计安装至仪表板中心出风口 ②将温度计固定在加热器芯出口软管上 ③选择最大鼓风机转速 ④记录以下位置的温度：中央仪表板出风口、加热器芯出口软管 ⑤比较记录的温度 两个温度读数是否大致相等	至步骤 5	至步骤 6
5	①检查车辆以下部位是否有冷气泄漏情况，如有则进行修理：前围板、内循环风门、暖风通风与空调系统模块壳体 ②进行必要的维修 修理是否完成	至步骤 10	—
6	①检查温度风门的运行情况 ②进行必要的维修 修理是否完成	至步骤 10	—
7	①将点火开关转至 OFF 挡位置 ②反向冲洗加热器芯 ③将点火开关置于 ON 挡位置 ④选择通风模式 ⑤选择最小鼓风机转速 ⑥选择最暖温度设置 ⑦感觉加热器芯进口及出口软管的温度 是否感觉到加热器进口软管比加热器芯出口软管暖和	至步骤 8	至步骤 10
8	更换加热器芯 修理是否完成	至步骤 10	—
9	更换加热器芯 修理是否完成	至步骤 10	—
10	对系统进行操作，检验修理效果 是否发现并排除了故障	系统正常	至步骤 2

（2）空调系统诊断

低压侧压力测量读数	高压侧压力测量读数	潜在的原因
低	低	系统制冷剂加注不足
		高压加注伺服阀与压缩机之间堵塞
	低/正常	蒸发器结霜
	高	低压加注伺服阀与高压加注伺服阀之间堵塞，或膨胀阀堵塞
		压缩机卡在最大工作排量位置
高	低	压缩机排量低或压缩机内部故障
	高	冷却风扇故障
		制冷剂过量加注
		低压加注伺服阀和压缩机之间堵塞
		冷凝器前风通过量受到限制
		膨胀阀卡在常开工作位置
		空调系统混有空气
正常/高	正常/高	制冷剂内部污染
		PAG 或 POE 压缩机油过量加注

(3) 赛欧 EV 自动空调执行器重新校准

当暖风、通风与空调系统控制模块自校准时，切勿调整暖风、通风与空调系统控制模块的任何控制装置。自校准中断会导致暖风、通风与空调系统性能不良。

当更换暖风、通风与空调系统控制模块时，需要暖风、通风与空调系统控制模块执行校准程序。当安装暖风、通风与空调系统控制模块时，确保执行以下步骤。

① 将点火开关置于 OFF（关闭）挡位置。

② 断开故障诊断仪。

③ 安装暖风、通风与空调系统控制模块。

④ 连接所有原先断开的部件。

⑤ 车辆处于维修模式。

⑥ 等待 40s 使暖风、通风与空调系统控制模块自校准。

⑦ 确认没有故障诊断码设置为当前故障诊断码。

当更换暖风、通风与空调系统执行器时，叮能需要暖风、通风与空调系统控制模块执行校准程序。当安装暖风、通风与空调系统执行器时，确保执行以下方法之一。

首选方法（使用故障诊断仪）：

注意：当暖风、通风与空调系统控制模块自校准时，切勿调整暖风、通风与空调系统控制模块的任何控制装置，否则自校准中断会导致暖风、通风与空调系统性能不良。

① 清除所有故障诊断码。

② 将点火开关置于 OFF（关闭）挡位置。

③ 安装暖风、通风与空调系统执行器。

④ 连接所有原先断开的部件。

⑤ 启动车辆。

⑥ 使用故障诊断仪，启动"Remote Heater and Air Conditioning Control Module Special Functions（遥控加热器和空调控制模块特殊功能）"菜单的暖风、通风与空调系统执行器重新校准功能。

⑦ 确认没有故障诊断码设置为当前故障诊断码。

替代方法（不使用故障诊断仪）：

注意：当暖风、通风与空调系统控制模块自校准时，切勿调整暖风、通风与空调系统控制模块的任何控制装置，否则自校准中断会导致暖风、通风与空调系统性能不良。

① 清除所有故障诊断码。

② 将点火开关置于 OFF（关闭）挡位置。

③ 安装暖风、通风与空调系统执行器。

④ 连接所有原先断开的部件。

⑤ 拆下暖风、通风与空调系统控制模块熔丝至少 10s。

⑥ 安装暖风、通风与空调系统控制模块熔丝。

⑦ 车辆处于维修模式。

⑧ 等待 40s 使暖风、通风与空调系统控制模块自校准。

⑨ 确认没有故障诊断码设置为当前故障诊断码。

(4) 启用后鼓风模式方法

可使用故障诊断仪启用后鼓风模式。后鼓风模式使得鼓风机电机在发动机关闭以后能够工作。鼓风机电机的这一操作可以保持蒸发器芯干燥，从而减少细菌的滋生，避免因细菌产生难闻的异味。

应用以下程序，以启用后鼓风模式。

① 连接故障诊断仪。

② 在发动机关闭的情况下，将点火开关置于 ON（打开）挡位置。

③ 在车辆上装备故障诊断仪。

④ 选择 "Module Diagnosis（模块诊断）"。

⑤ 选择 "Remote Heater and Air Conditioning Control Module（遥控加热器和空调控制模块）"。

⑥ 选择 "Configuration/Reset（配置/重置）" 功能。

⑦ 选择 "HVAC After Blow Configuration（暖风、通风与空调系统后鼓风配置）"。

当使用故障诊断仪启用后鼓风模式时，执行以下顺序 5 次后，鼓风机电机将以鼓风机满速的 68% 的速度运行，这会持续 1h。

① 鼓风机电机将关闭 7～11min。

② 鼓风机电机将运行 25～30s。

为使暖风、通风与空调系统模块运行后鼓风模式，必须满足以下条件。

① 发动机已经关闭至少 30min。

② 车外空气温度至少为 21℃（70℉）。

③ 在最新的关键周期中，空调压缩机操作时间必须超过 2min，然后才能关闭。

④ 系统电压必须至少为 12V。

8.4.3 空调系统故障分析与排除

(1) 空调压缩机故障维修

① 压缩机无启动声音，电源电流无变化。

原因分析：

a. 12V DC（或 24V DC）控制电源未接入驱动控制器。

b. 控制电源电压不足或超压。

c. 接插件端子接触不良或松脱。

检修步骤：

a. 检查压缩机一体机电源插头端子是否松脱。

b. 检查控制电源到驱动控制器之间的导线是否有短路。

② 压缩机发出异常声音。

原因分析：

a. 电机缺相。

b. 冷凝器风机无正常工作，系统压差过大，电机负载过大。

检修步骤：

a. 检查驱动控制器与电机连接的电源及相关导线，保证其接触良好及导通。

b. 保证冷凝器风机正常工作，待系统压力平衡后再次启动。

③ 压缩机无启动声音，电源电流无变化各端口电压正常。

原因分析：空调控制器未接收到空调系统的 A/C 信号。

检修步骤：

a. 检查 A/C 开关是否有故障。

b. 检查与 A/C 开关相连的导线是否短路。

c. 检查 A/C 开关连接方式是否正常（接地低电平 0~0.8V）。开启压缩机，接高电平或悬空关闭压缩机。

④ 高压压力正常，低压压力偏低。

原因分析：蒸发器表面结满灰尘，蒸发器表面翅片碰伤，温度驱动控制器失灵，鼓风机风量减小（风量开关、变速电阻器损坏）。

检修方法：清洗及整理蒸发器表面，检修温控器、鼓风机、风量开关、变速电阻器，当更换蒸发器时必须向系统内加注 30~50mL 冷冻油。

⑤ 开启空调前后声音变化。

原因分析：当启动空调后，电机与压缩机的旋转均会产生声音，电机转动引起整体振动的频率有微小差异，最后传出的声音有差异；故在车静止时人感觉电动压缩机的声音有差别，个别会认为是异响.

排除方法：首先检查安装部位是否达标，其次判断制冷剂加注量及过程是否符合标准，最后对空调系统中运动件声音检查，判定压缩机工作声音是否正常，可用听诊器直接放在压缩机上听取，若是电机内部零件运转及摩擦声音，则属工作声音正常。

（2）空调系统故障代码

比亚迪唐汽车空调系统故障代码如表 8-6 所示。

表 8-6　比亚迪唐汽车空调系统故障代码

空调控制器故障码	故障描述	可疑部位
B2A20	室内温度传感器断路	室内传感器回路
B2A21	室内温度传感器短路	
B2A22	室外温度传感器断路	室外传感器回路
B2A23	室外温度传感器短路	
B2A24	蒸发器温度传感器断路	蒸发器传感器回路
B2A25	蒸发器温度传感器短路	
B2A2A	模式电机故障(不存储)	模式电机回路
B2A2B	主驾驶冷暖电机故障(不存储)	主驾空气混合电机回路
B2A2C	副驾驶冷暖电机故障(不存储)	副驾空气混合电机回路
B2A2D	主控制器控制的鼓风机故障	鼓风机回路
B2A2F	空调管路压力故障	高低压管路
B2A27	阳光传感器短路	阳光传感器回路
B2A4B-00	内外循环电机故障	内外循环电机
B2A44	主驾驶通道传感器断路	主驾通道传感器回路
B2A45	主驾驶通道传感器短路	
B2A4B	循环电机故障	循环电机
B2A4C	输入电压过低	电源回路
B2A4D	输入电压过高	

续表

空调控制器故障码	故障描述	可疑部位
B2A4E	压力传感器断路	压力传感器回路
B2A4F	压力传感器短路	
B2A50	高压接触器烧结	高压接触器
U0146	与网关失去通信故障（包括车速、水温、放电允许、软关断信号）	网关、线束
U0253	与空调压缩机失去通信故障	空调压缩机、线束
U0254	与 PTC 失去通信故障	PTC、线束
U1103	与安全气囊失去通信故障	SRS、线束
B2AB0	电流采样电路故障	空调压缩机
B2AB1	电机缺相故障	空调压缩机
B2AB2	IPM/IGBT 故障	空调压缩机
B2AB3	内部温度传感器故障	空调压缩机
B2AB4	内部电流过大故障	空调压缩机
B2AB5	启动失败故障	空调压缩机
B2AB6	内部温度异常	空调压缩机
B2AB7	转速异常故障	空调压缩机
B2AB8	相电压过高故障	空调压缩机
B2AB9	负载过大故障	空调压缩机
U2A01	负载电压过压故障	电池包
U2A02	负载电压低压故障	电池包
B2ABA	内部低压电源故障	空调压缩机、线束
U0164	与空调控制器失去通信	线束、空调控制器
U0253	与空调压缩机失去通信	线束、空调压缩机
B1210	左侧散热片温度传感器断路	PTC
B1211	左侧散热片温度传感器短路	PTC
B1212	PTC 驱动组件故障	PTC
B1213	PTC 加热组件故障	PTC
B1216	PTC 回路电流过大	PTC
B1217	控制器内部＋15V 电压异常	线束，电源
B1218	IGBT 组件功能失效	PTC
B121A	1 号 IGBT 驱动芯片功能失效	PTC
B121B	2 号 IGBT 驱动芯片功能失效	PTC
B121C	3 号 IGBT 驱动芯片功能失效	PTC
B121D	4 号 IGBT 驱动芯片功能失效	PTC
B1220	右侧散热片温度传感器断路	PTC
B1221	右侧散热片温度传感器短路	PTC
B122A	冷却液温度传感器断路	PTC

续表

空调控制器故障码	故障描述	可疑部位
B122B	冷却液温度传感器短路	PTC
B1230	左侧散热片温度过热	PTC
B1233	右侧散热片温度过热	PTC
B1236	冷却液温度过热	PTC
B1239	IG2 电源过压	
B123A	IG2 电源欠压	线束、电源
B123B	负载电源过压	动力电池
B123C	负载电源欠压	

PM2.5 故障码	检测项目	故障部位
B1108	PM2.5 速测仪短路	PM2.5 测试仪
B1109	PM2.5 速测仪断路	PM2.5 测试仪
B110A	PM2.5 速测仪 CAN 信号故障	CAN 网络
B110B	PM2.5 速测仪气泵故障	PM2.5 测试仪
B110C	PM2.5 速测仪激光二极管失效	PM2.5 测试仪
B110D	PM2.5 速测仪光电接收模块失效	PM2.5 测试仪
B110F	PM2.5 速测仪电磁阀失效	PM2.5 测试仪

附录
电动汽车常用英文缩写释义

A

A 安培
ABS 防抱死制动模块
A/C 空调
ac 交流电
ACC 自动温度控制，储能器
ACC 附件
ALT 交流发电机
ANT 天线
ATC 空气温度控制
ATCU 自动变速器控制单元
ATF 自动变速器液
AUX 辅助的

B

B Black 黑色
B＋蓄电池正极电压
Bare 屏蔽线
BCM 车身控制模块
BMS 电池管理系统
BT Battery Harness 蓄电池电缆
BUS 数据总线
BY Body Harness 车身线束

C

CAN 控制区域网络
Cav 针（孔）
Cct 电路
CDL 中控门锁

CHSML 中央高位制动灯
Col 颜色
CYL 气缸

D

DC 直流电
DCU 诊断控制单元
DD Driver Door Harness 驾驶员车门线束
DDM 驾驶员侧门组合开关
DDSP 驾驶员侧车门组合开关
DI 转向
DIP 近光
DLC 诊断接口
DSC 动态稳定控制
D/STREAM 下游

E

EAC 电动空调压缩机
EAT 电子自动变速器
EBD 电子控制动力分配
ECM 发动机控制模块
ECT 发动机冷却液温度
ECU 电子控制单元
EEPROM 电子可删除可编程只读存储
EF 前舱熔丝
EL R 紧急锁止收缩卷收器
EM Power Electrics Box Harness 电力电子箱电缆
EPB 电子驻车制动控制单元
EPS 电动助力转向
ETC 电子温度控制单元
EVAP 蒸发

EVP 电子真空泵

MIC 麦克风

F

N

F 乘客舱熔丝

N Brown 棕色

Fast Charger 快速充电口

NTC 负温度系数

FC Facia Harness 仪表线束

O

FM 调频

O Orange 橙色

G

OAT 有机酸技术

G Green 绿色

On Board Charger 慢速充电器

Gateway 网关

P

GIU 变速器接口单元

P Purple 紫色

GND 搭铁

PASS 乘客

GPS 全球定位系统

PCB 印制电路板

GW 网关

PD Passenger Door Harness 副驾驶车门线束

H

PDC 倒车辅助控制单元

HLL 大灯水平

PEB 电力电子箱

HRW 后风窗加热

PMU 电源管理单元

HS 高速

Pos/Poti 位置

I

PTC Controler 电加热模块

ICE 车载娱乐系统

PTC 正温度系数

ICS 充气气帘

PWM 脉冲宽度调节

I/P 仪表板

PWR 供电

IGN 点火

R

ILL/ILLUM 照明

R Red 红色

IMMO 防盗

R 继电器

IPK 组合仪表

RC 中后

ISO 国际标准化组织

REC 循环

K

rev/min 转/每分钟

K Pink 粉色

RF 无线电频率

L

RF/FR 右前

LCD 液晶显示屏

RL/LR 左后

LED 发光二极管

RR 右后

LF/FL 左前

S

LG Light Green 浅绿色

S Slate（Grey）灰色

LIN 本地连接网络

SCU 换挡器控制单元

LSM 灯光控制模块

SCR 屏蔽

LU Light Blue 浅蓝色

SIG 信号

M

SP 速度

SPK 扬声器

MCU 电机控制模块

SRS 保护装置控制单元/辅助约束系统

ST 故障诊断仪，座椅

ST 启动

SW 开关

T

T Tan 棕褐色

TEMP 温度

T-BOX 通信模块

TG Tailgate Harness 尾门线束

TXV 热力膨胀阀

U

U Blue 蓝色

U/STREAM 上游

UBR 经过主继电器的电压

V

V 伏（电压）

VCU 整车控制单元

VICS 车辆信息通信系统

VIN 车辆识别代号

W

W White 白色

WS 轮速

Y

Y Yellow 黄色